中外文化文学经典系列

导读与赏析

老子 庄子

主编／常汝吉　李小燕
编者／王守英　翁莉

现代教育出版社
Modern Education Press

图书在版编目（CIP）数据

《老子》《庄子》导读与赏析 / 王守英, 翁莉编 . -- 北京：现代教育出版社, 2019.1
（中外文化文学经典系列 / 常汝吉, 李小燕主编）
ISBN 978-7-5106-7018-3

Ⅰ. ①老… Ⅱ. ①王… ②翁… Ⅲ. ①阅读课 – 中学 – 课外读物 Ⅳ. ① G634.333

中国版本图书馆 CIP 数据核字 (2019) 第 007619 号

《老子》《庄子》导读与赏析

主　　编	常汝吉　李小燕
出 品 人	陈琦
选题策划	王春霞
本册编者	王守英　翁　莉
责任编辑	魏　星
装帧设计	赵歆宇　钟小明
出版发行	现代教育出版社
地　　址	北京市朝阳区安华里 504 号 E 座
邮　　编	100011
电　　话	（010）64251036（编辑部）
	（010）64256130（发行部）
经　　销	全国新华书店
印　　刷	北京飞达印刷有限责任公司
开　　本	710mm×1000mm　1/16
印　　张	20.25
字　　数	300 千字
版　　次	2019 年 7 月第 1 版
印　　次	2019 年 7 月第 1 次印刷
书　　号	ISBN 978-7-5106-7018-3
定　　价	49.80 元

版权所有　侵权必究

编委会

丛书顾问：

柳　斌　王　富　所广一

主　编：

常汝吉　李小燕

副主编：

朱正伦

编　委（按姓氏笔画排序）：

王志庚　王忠亚　王海明　王素敏　边　境　朱传世
朱建民　任炜东　李　虹　张　涛　陈　谦　吴亚军
吴钟铭　范可敬　庞孝谨　周燕萍　夏　宇　高　琳
柴旭津　葛小峰

把灵魂滋养成晶莹剔透的水晶
——《中外文化文学经典系列》总序

每日里繁忙的学习工作、生活琐事，仿佛让我们心灵蒙上了一层厚厚的积垢，压得人喘不过气来。只有夜深人静之时，在桌前摊开一卷引人入胜的好书，心随书中的主人公一起，遨游在另一个世界中，才得以享受片刻的安宁。趁着这静谧的夜，我们的灵魂从容地沐浴着文学的菁华，慢慢地浸染、陶冶，终将滋养成一块晶莹剔透的水晶。

这就是经典名著的魅力——润物无声，如静水流深，温柔而有力量。

一、何谓经典

《现代汉语词典》上说，"经典"就是"传统的具有权威性的著作"。所谓传统，就是经过了历史的大浪淘沙，从千万著作中脱颖而出。经典作品往往通过作家个人独特的世界观和不可重复的创造，凸显出丰厚的文化积淀和人性内涵，提出一些人类精神生活的根本性问题。它们与特定历史时期鲜活的时代感以及当下意识交融在一起，富有原创性和持久的震撼力，从而形成重要的思想文化传统。

经典的文学作品一般具备以下四个特征：

首先，作品关注的是人类的终极问题，主题直击人性。就像《呐喊》直击民族性格的劣根性，《巴黎圣母院》用四个主人公来探讨外在美与心灵美的四种不同组合……经典的文学作品因其主题的跨时空性，而深受不同时期、不同民族的读者的喜爱，在时间的淘洗下历久弥新。

其次，经典作品的人物形象大多塑造得鲜活丰满，立体而有层次感。《三国演义》中的曹操，虽性情奸诈，但他一统天下、造福百姓的理想和抱负，又令人不得不钦佩。他既有礼贤下士的胸怀，又有借刀杀人的果决，还不乏对酒当歌的豪迈。他的性格多元化，是一个有血有肉、立体丰满的"典型"。

第三，经典作品的情节大都起伏跌宕、扣人心弦。《红楼梦》叙事宏大而巧妙，四大家族的命运、几百个人物的生活经历，以草灰蛇线、伏脉千里的形式，若隐若现，却又清晰可循。

第四，经典作品的笔触细腻，即便是环境描写，也无一处是闲笔。《雷雨》中暴风雨前压抑的气氛，为繁漪面对周朴园时的痛苦、与周萍的感情纠葛营造了绝佳的呈现背景。

二、为什么要读经典

经典文学名著虽然有诸多优秀基因，然而在资讯发达的今天，微信、微博、文化快餐比比皆是，连纸媒的生存都举步维艰，还有多少人能静下心来，读这些大部头的作品呢？甚至，有不少人质疑，今天读经典名著的意义何在？

愚以为，读经典可以让我们在这个喧嚣浮躁的时代，回归安静的思考。当今信息的碎片化，导致读者往往急于了解故事情节，缺乏深度思考，甚至简单片面地看待问题，妄下定论。而潜心品读经典文学作品，细细揣摩作品人物所承载的人性的真善美和假恶丑，会让我们看人、看问题更加全面深入，也让我们自己的灵魂丰盈、闪闪发光。

三、如何阅读经典

经典是在阐释者与被阐释文本之间互动的结果。正所谓"一千个读者心中有一千个哈姆莱特"，各个时代不同读者的解读，共同构成了经典作品独特而丰富的内涵。有些甚至形成了一种专门的学问，就如中国有"红学研究会"，英国有"莎士比亚研究会"一样。中学生阅读经典文学作品，除了自己用心揣摩原文之外，还应该多了解前代读者共性化、多元化的解读。只有这样，才能对作品有更全面的、多角度的理解。这也是我们编选这套丛书的目的——帮助初读经典的中学生们迅速入门。编者在选编文章时有意识地收录同一问题的各家之言，形成争鸣，让学生直观地感受到对于经典的一般认知和个性化解读共存。

让我们在前人的引领下，冲出迷雾，走入辉煌的文学殿堂，感受大师的风采，细品精美的文字所蕴含的丰厚内涵。

王富

捧读经典，打开启迪心智之门

中学时代，是一个人一生中重要的成长阶段。

成长需要阳光雨露、需要呵护与培育，因此，中学时代除了要完成学校课堂作业以外，课外阅读无疑是"雨露滋润"不可或缺的。课外阅读，不仅能让中学生启迪心智、开阔视野、积累知识，而且还是加强人文修养、提高综合素质的重要途径。

习近平总书记可以说是博览群书的楷模。他对读书有自己的独到见解，他说过：我年轻时读了不少文学作品，涉猎了当时能找到的各种书籍，不仅其中许多精彩章节、隽永文字至今记忆犹新，而且从中悟出了不少生活真谛。

读书固然重要，但读什么书更是关键。在浩如烟海的书籍中，中外经典名著无疑是书海中的璀璨明珠，是人类智慧的结晶。因此，读书就要读经典名著。从大量中外名人的成长经历中，我们知道阅读经典名著对他们所起到的重要作用。经典名著可以说是架起青少年与人类代代相传美好传统的心灵桥梁，通过对经典名著的感悟从而形成良好的语言与文字直觉，对提高青少年的表达理解能力更是大有裨益。

习近平总书记指出："文艺深深融入人民生活，事业和生活、顺境和逆境、梦想和期望、爱和恨、存在和死亡，人类生活的一切方面，都可以在文艺作品中找到启迪。文艺对年轻人吸引力最大，影响也最大。"

现代教育出版社根据中央关于"推广群众阅读活动"的精神，结合中学生的成长特点，经过与专家学者的反复研究及听取一线教学老师的建议，精心选编了这套《中外文化文学经典系列》丛书。

打开这套书,读者会走近一个个文学巨匠、走进一篇篇文学名著,真切地感受经典。从《红楼梦》到《边城》,从《红岩》到《平凡的世界》,你会得到许许多多的人生感悟;会懂得许许多多做事和做人的道理;你会领悟到面对困境,要勇于拼搏、奋斗的精神……

跟其他文学经典选读本不同的是,这套丛书具有贴近中学生身心成长的实用性,它着眼于对中学生心灵的净化和思想品质的培养。这种文学名著的陶冶,能使世界观正在形成期的中学生,在文学的浸润中,得到正能量的潜移默化。所以说,此书的编者力求以多层面、多视角来培养学生用发散的思维理解这些经典名著。

读书的真谛是什么,只有在捧读经典中才能感悟。相信每个阅读这套丛书的读者,会在阅读中拉近跟名家的距离,从中得到许多历史文化知识,感知生活的真善美。一个人在成长的道路上,也许会对"心灵鸡汤"感到厌烦,但经典文学名著会打开另一扇启迪心灵之门,让你在寒冬里感受到春风,在黑暗中看到光明,在迷茫中发现希望。这种阅读的妙趣,也只有通过阅读才能体会到。

开卷有益。相信您会喜欢这套丛书的。

名著，还可以这样导读

名著阅读，一直是常说常新的话题。伴随着名著阅读的，自然还有各种导读应运而生，这些导读有些是名家名师的批注，有些是编者的一家之言的赏析，更有甚者，以应试为导向的敲骨吸髓式碎片化阅读。这些导读，"乱花渐欲迷人眼"，特别是那种纯应试的导读，已经退化成教辅材料了。从某种角度而言，这反而在加重学生的阅读负担。

时至今日，经典文学名著中绝大多数的作品和我们的生活已经渐行渐远。学生也好，老师也罢，很多人对于阅读名著总是望而生畏。尽管叔本华说，"没有什么比阅读古典名著更能使我们神清气爽的了。只要随便拿起任何一部这样的经典作品，读上哪怕是半个小时，整个人马上就会感觉耳目一新，身心放松、舒畅，精神也得到了纯净、升华和加强，感觉如饮山泉。"但是，并非所有名著都会让读者"马上就会感觉耳目一新"，也并非所有人都有叔本华的灵气和才情。因此，阅读名著的可取姿态是：可以直接面对名著本身，但不要期望真的就能够读懂。读不懂时，不要硬读。最好为自己寻找一个有品位的遥远的精神导师，跟随这个遥远的精神导师去理解名著背后的"隐微教诲"。经典名著是矗立在你面前的一个巨人。初学者需要对经典名著式的巨人保持必要的敬畏感，同时，找一把"梯子"使你能够爬上巨人的肩膀。现代教育出版社的《中外文化文学经典导读与赏析》丛书就是这样一把能让你爬上巨人肩膀的"梯子"。丛书独辟蹊径，以公开发表的专业名著研究的文献为主要来源，通过分类汇编的专业编辑手法，分门别类为你提供阅读名著的别致"梯子"。

长期以来，经典名著的阅读教学一直沿用传统的接受式学习法、文章学教学法，教学方法单调，教学程式沉闷，重知识传授，轻能力培养，教学效率不高。

学生对经典名著处于一种冷落、疏远的状态，经典文学作品的教学亟需变革。2017年《普通高中语文课程标准》修订中也积极倡导任务群的学习方式，这种方式，本质上是带着"任务"与"问题"研究性学习的方法去研读经典名著。因此，在经典名著阅读教学中开展研究性阅读，是一种有效的提升经典名著作品阅读效率的途径。

在研究性阅读中最需要的是专业文献资源作为"路标"，为名著阅读指路。因为以研究性阅读方式去读名著，阅读之前最好先有自己的问题和假设，然后，带着自己的问题和假设去阅读。如果读者事先没有自己的问题和假设，则需要在阅读名著之前先阅读与名著有关的文献，在这个阅读的过程中需要处处留意，随时提出自己的问题和假设。一旦读者带着问题和假设去阅读文献，读者就不会陷入名著阅读的庞杂与混乱之中。

带着自己的问题和假设去面对名著导读的文献，也许会因为"先入为主"而误解文本。但是，任何阅读都不可避免地带有读者自己的偏见（或前见）。而且，阅读中最值得警惕的倒不是"先入为主"，而恰恰是"六神无主"。如果读者头脑空空、呆头呆脑、无所知地面对文本，那才是最可怕的。所以，在阅读经典名著前，我们需要有一位导师，引导我们避免浅浅的了解表层内容的阅读，帮助我们建立一个阅读的视角。丛书中撷取的许多解读篇章，就有这样的作用，就像一位优秀的阅读导师，启发你理解作品，却并不包办一切。

《中外文化文学经典导读与赏析》丛书避免了单纯的了解性阅读，把选择文献的标准定在作为理解性阅读的支架资源。这样，在名著阅读的跋涉之旅中就有了可靠的"路标"指南，也有了可以登上巨人肩膀一览天下的"梯子"。因此，丛书的定位不是取代名著的阅读，而是通过质量可靠的专业解读指向名著，又并非名著本身。这些解读类似"以手指月"的禅意：不要看手指，要看向月亮。皎洁的月亮悬挂在茫茫的夜空中。

名著导读是一项系统工程，教师需要遵循计划性、理论性、常规性和实践性的原则，将学生的名著阅读活动纳入自己的语文教学中，使名著阅读真正发挥提高学生人文素养和专业素养的巨大作用。就这一点而言，本丛书的内容其实更有利于语文教师文本解读能力的提升。在语文老师的专业活动中，其实最缺乏的就是对文本解读的技术支持。犹如建筑高楼，空有美好的设计，却不知从哪里铸造基石，那么我们造出来的永远是空中楼阁，看着美丽，却虚幻无比。丛书遴选的解读作品对于语文教学的意义也在于此，相比国内许多文本解读的书籍而言，这套丛书就像是一位优秀的导游，恰到好处地讲解，却让你依旧徜徉在名著的风景里，不至于兴味索然。

曾有诗云："苦于跋涉的人类，应该感谢桥啊。"也许，用于现代教育出版社的这套《中外文化文学经典导读与赏析》丛书，是最贴切的。

让经典著作文学作品更好地发挥其精神哺育功能，让学生在研究性阅读过程中学会自主提出问题，学会解决问题，培养能力，张扬个性；让语文教师在指导名著阅读过程中，提高自己的专业素养，增进职业幸福感。

这，是我们编者的最大心愿。

这，也是《中外文化文学经典导读与赏析》丛书最大的价值。

本书编写组
2019 年 1 月

目录

老子

◎ 经典回放·作品简介

4/ 《老子》

5/ 《老子》篇序的新解释·廖名春　李程

◎ 第一章　知人论世·老子是谁

20/ 作者小传：老子

21/ 中国哲学第一人——老子·刘德增

25/ 老子其人：神龙见首不见尾（节选）·夏海

29/ 钱穆与老子其人其书的考证——兼论与胡适的争论·陈勇　杨俊楠

◎ 第二章　辩证思想·走近老子

48/ 重析"小国寡民"——谈道家的现代意义（节选）·赵玉玲

50/ 论《老子》的"道"思想（节选）·马彩红

53/ 上善若水　为而不争——解读《道德经》（节选）·周高德

56/ 老子的"道"与一二三（节选）·张澄清

58/ 大器"晚成"抑或"免成""无成"？（节选）·王中江

61/ 从"无为而无不为"看《老子》"道"的智慧
　　——《老子》第五十一章阅读札记·吴立群

第三章　返璞归真·老子不老

70/ 老子及《道德经》的研究与价值重估（节选）·陆中明

73/ 家庭道德教育的"自明"之路
　　——《道德经》教育思想对家庭道德教育的启迪（节选）·曹继光

80/ 《道德经》与生态美学·赵芃

90/ 道家的生命关怀及其现代价值（节选）·刘固盛　涂立贤

第四章　奇文共赏·比较阅读

94/ 论孔子对老子德育思想的借鉴
　　——基于《论语》与《道德经》的解读（节选）·冯文全　冯碧瑛

100/ 老子与孔子思想比较研究（节选）·陈鼓应

102/ 传统文化的创造性再生——以《周易》《老子》《论语》为中心（节选）·刘大钧

106/ 老·庄之道（节选）·蒲素平

《老子》名言释诵 /108

庄子

经典回放·作品简介

120/ 《庄子》

第一章　知人论世·庄子其人

124/ 作者小传：庄子

131/ "消极"的庄子不消极·徐春根

145/ 庄子生命中的沉痛意识新探·李静

第二章　庄子哲学思想浅析

154/ 论庄子"无待"的自由观·徐春根

168/ 庄子自由思想的四重维度·杨又

176/ 游世的庄子——兼论庄子为何反对避世与入世·王焱

191/ 庄子生命观探析·胡伟力

205/ 庄子"万物一齐"思想探析·张伟

217/ 庄子思想不消极——从《庖丁解牛》谈养生之道·倪金

第三章　《庄子》中的奇人、奇事

220/ 浅析《庄子》寓言故事中的"梦"·李训予

229/ 令人脑洞大开的"浑沌之死"·陈飞宇

232/ 庄子散文中鱼意象的探寻·陈娟

第四章　《庄子》内篇探析

242/ 浅论《庄子》内篇的精神义·刘琪莉

245/ 从《庄子·内篇》看庄子的理想人格·吴宏梅

250/ 《庄子·内篇》"真人"形象探微·胡静

258/ 释"逍遥"之道——以"二虫"与"小大之辩"为例·魏三源

265/ 逍遥游乎人生路——《逍遥游》中庄子的成才观·蔡鑫　蒋亚龄

第五章　奇文共赏·比较阅读

278/ 《伊索寓言》与《庄子》寓言的对比·叶凤霞

282/ 孔子之德与庄子之德——两种不同的政治价值选择·郎宁

296/ 逍遥与虚无——论庄子与萨特的自由观·刘琅

《庄子》名言释诵 /301

老子

中外文化文学经典系列

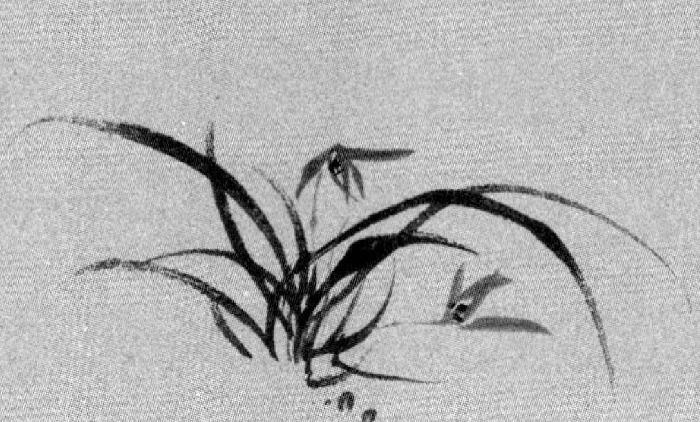

经典回放·作品简介

《老子》

老子在出函谷关前著有五千言的《老子》一书，又名《道德经》或《道德真经》。《道德经》《易经》和《论语》被认为是对中国人影响最深远的三部思想巨著。《老子》一书分为上下两篇，八十一章，前三十七章为上篇《道经》，第三十八章以下属下篇《德经》。全书的思想结构是：道是德的"体"，德是道的"用"。

《道德经》是后来的称谓，最初这本书称为《老子》，其成书年代有争论，至今仍无法确定，不过根据1993年出土的郭店楚简《老子》年代推算，成书年代至晚在战国中前期。（楚简《老子》校注，可参看丁四新著《郭店楚竹书〈老子〉校注》等书。）

《老子》以"道"解释宇宙万物的演变，认为"道生一，一生二，二生三，三生万物"，"道"乃"夫莫之命（命令）而常自然"，因而"人法地，地法天，天法道，道法自然"。除了朴素的唯物主义观点，《老子》一书中还包括大量朴素的辩证法观点，如认为一切事物均具有正反两面，"反者道之动"，并能由对立而转化。此外，书中也有大量的民本思想："天之道，损有余而补不足，人之道则不然，损不足以奉有余"；"民之饥，以其上食税之多"；"民之轻死，以其上求生之厚"；"民不畏死，奈何以死惧之"。其学说对中国哲学发展具有深刻影响。

《老子》篇序的新解释

廖名春　李　程

导　读

《老子》思想博大精深，内容涉及自然与社会政治诸方面，是研究先秦史和中国思想史的重要著作。但有关该书未能解决的疑难之处颇多，如因马王堆三号汉墓甲、乙本帛书《老子》等出土文献所引发的《道经》《德经》二篇顺序问题便是典型。这不仅牵涉到《老子》的形成，牵涉到对老子乃至整个道家思想的重估，更是涉及客观认识出土文献与传世文献关系、正确评价中国古代文明的大问题。

一、《老子》的两种篇序

《老子》传世本大致分为河上公本和王弼本两个系统。朱谦之认为，"河上本近民间系统，文句简古，其流派为景龙碑文、遂州碑本与敦煌本"，"王本属文人系统，文笔晓畅，其流派为苏辙、陆希声、吴澄诸本"。[1]但无论河上公本一系还是王弼本一系，传世本《老子》都是《道经》在前，《德经》居后。典籍记载也是如此。《史记·老子韩非列传》："于是老子乃著书上、下篇，言道德之意五千余言而去。"[2]所谓"上、下篇"与"道德之意五千余言"相配，似乎上篇即《道经》，下篇即《德经》。《经典释文》中《老子道德

---

[1] 朱谦之：《老子校释》"序文"，中华书局，1984年，第1页。
[2] 《史记》卷六十三《老子韩非列传》，中华书局，1959年，第2141页。

经音义》分为《老子道经音义》和《老子德经音义》，其序曰："(老子)为关令尹喜说道德二篇，尚虚无无为，凡五千余言。"[1] 也是《道经》为上，《德经》为下。宋人董思靖《道德真经集解·序说》引刘歆《七略》："刘向定著二篇八十一章，上经三十四章，下经四十七章。"[2] "上经三十四章"显然指《道经》，"下经四十七章"显然指《德经》。如此说来，"《道》上《德》下"篇序，至少从西汉刘向以来就有了。所以在传世文献中《老子》二篇虽篇名不同，或称"上篇""下篇"，或称《道经》《德经》，但篇序排列却高度统一，"《道》上《德》下"是绝对主流，几乎是《老子》篇次排列的唯一顺序。

1973年12月，湖南长沙马王堆三号汉墓出土大批文物，其中最为珍贵的是三十多种帛书和竹、木简。其抄写年代约在战国末期秦统一天下至汉初二三十年间。最令人震撼的是，帛书中居然有两种本子的《老子》，整理者分别称之为"甲本""乙本"。帛书甲本文字介于篆、隶之间，没有避汉高祖刘邦的"邦"字讳，其抄写年代应当早于高祖在位时期，因此推断可能在秦、汉之际；帛书乙本文字是隶书，避"邦"字讳，但仍使用"盈"和"恒"两字，因此推断其抄写年代当在文、景之前。但无论甲本还是乙本，都与传世本"《道》上《德》下"篇序不同，即都是《德经》在前而《道经》在后。如帛书甲本，上、下篇虽然没有篇名，但上篇以"上德不德，是以有德；下德不失德，是以无德"开头，以"故天之道，利而不害；人之道，为而弗争"结尾；下篇以"道，可道也，非恒道也；名，可名也，非恒名也"开头，以"不辱以情，天地将自正"结尾。明显是"《德》上《道》下"。而帛书乙本上篇不但以"上德不德，是以有德；下德不失德，是以无德"开头，且篇末"故天之道，利而不害；人之道，为而弗争"后，还有尾题曰"《德》"，并记字数"三千册一"；下篇不但以"道，可道也，非恒道也；名，可名也，非恒名也"开头，而篇末"不辱以情，天地将自正"后，也有尾题曰"《道》"，

---

[1] 陆德明：《经典释文》卷二十五《老子道德经音义》，上海古籍出版社，2012年，第537页。

[2] 董思靖：《道德真经集解序说》，张继禹主编：《中华道藏》第11册，华夏出版社，2004年，第276页。

并记字数"二千四百廿六"。[1]《德》为上篇，《道》为下篇，更为明显。

北京大学于 2009 年获捐赠入藏一批海外回归的珍贵竹简，共 3300 多枚，包含 17 种古书。这批竹书按照《汉书·艺文志》分类顺序编为 7 卷，其中第 2 卷收录目前发现的简、帛古本中最为完整的《老子》，受到学界广泛关注。整理者认为："西汉竹书中未见汉武帝以后年号，仅在一枚数术类竹简上发现有'孝景元年'纪年。……由书体特征并结合对全部竹书内容的分析，我们推测这批竹书的抄写年代主要在汉武帝后期，下限不晚于宣帝。"《老子》的字体在这批竹书的各种文献中属于相对较早的一种，但仍然晚于银雀山汉简，估计其抄写年代有可能到武帝前期，但不太可能早到景帝。"[2] 这一结论应该可信。

北大汉简本《老子》所谓"《老子上经》"以"上德不德，是以有德"开始，以"人之道，为而弗争也"结束，并记字数"凡二千九百卌二"；其所谓"《老子下经》"以"道可道，非恒殹"开始，以"不辱以静，天地将自正"结束，并记字数"凡二千三百三"。[3] 所谓"《老子上经》"显然就是帛书本的《德》篇，所谓"《老子下经》"显然就是帛书本的《道》篇。非常清楚，北大汉简本《老子》与帛书甲本、乙本一样，《老子》两篇的次序，也是"《德》上《道》下"。

出土简、帛《老子》三种"《德》上《道》下"的篇序，虽不见于主流的河上公本和王弼本，但亦并非毫无痕迹可寻。西汉末年严遵《老子指归》就提供了这方面的信息。《老子指归》在《隋书·经籍志》《经典释文》《旧唐书·经籍志》《新唐书·艺文志》《宋史·艺文志》中皆有著录，不过卷数略有差异，如《隋书·经籍志》为 11 卷，《经典释文》《旧唐书·经籍志》和《新唐书·艺文志》均为 14 卷，晁公武《郡斋读书志》和《宋书·艺文志》则为 13 卷。陆游云："右汉严君平《道德经指归》古文……予求之踰二十年，

---

[1] 湖南省博物馆、复旦大学出土文献与古文字研究中心编纂，裘锡圭主编：《长沙马王堆汉墓简帛集成（壹）》，中华书局，2014 年，第 95—102、140—149 页。

[2] 北京大学出土文献研究所编：《北京大学藏西汉竹书（贰）》，上海古籍出版社，2015 年，第 2、209 页。

[3] 北京大学出土文献研究所编：《北京大学藏西汉竹书（贰）》，第 122、143、144、162 页。

乃尽得之。"[1] 说明南宋乾道二年（1166）时13卷本的《老子指归》尚存。该书之序即《君平说二经目》称"上经四十""下经三十二"，上经多、下经少，与传世本上经少、下经多正好相反。此书所本《老子》上、下经正分别对应传世本《德经》《道经》，前7卷注《老子·德经》，后6卷注《老子·道经》，与诸多传世本《道经》在前、《德经》在后的篇序不同。[2] 为此，曾被人疑为伪书。[3] 现在，三种简、帛《老子》的出土足以证明《老子指归》的篇序是"吾道不孤"矣。[4]

二、三种不同解释及其问题

对于《老子》的篇次，迄今为止大致有三种看法：一是"《道》上《德》下"说。如颜师古说："《道经》象天，所以言上。《德经》象地，所以言下。"[5] 成玄英亦云："上下二卷法两仪之生育，是以上经明道以法天，下经明德以法地。"[6] 陈景元表达得更为清楚："道无为无形，故居化物之先，德有用有为，故在生化之后。道衰而有德，德衰而有五常，是明道德为众行之先、五常之本。故《道经》居前，《德经》次之。上下二卷，法两仪之生育。"[7] 马王堆帛书甲、乙本《老子》出土后，学界仍有不少人坚持传统说法。如饶宗颐就说："《老子》书多次提到'道生之，德畜之'，都是先道后德，'道上德下'是合理的篇序安排。"[8] 严灵峰认为"《道》上《德》下"为《老子》古本篇

---

[1] 陆游：《渭南文集》卷二十六，景印文渊阁《四库全书》，台湾商务印书馆，1986年，第508—509页。

[2] 宋以后该书只存前7卷，详见王德有点校本《老子指归》（中华书局，1994年）。

[3] 王德有：《严君平〈老子指归〉真伪考辨》，《齐鲁学刊》1985年第4期。

[4] 参见《座谈长沙马王堆汉墓帛书》，《文物》1974年第9期。

[5] 颜师古：《玄言新记明老部》，张继禹主编：《中华道藏》第9册，第223页。

[6] 成玄英：《老子道德经开题序诀义疏》，张继禹主编：《中华道藏》第9册，第232页。

[7] 陈景元：《道德真经藏室纂微篇》，张继禹主编：《中华道藏》第10册，第404页。

[8] 饶宗颐：《书〈马王堆老子写本〉后》，陈鼓应主编：《道家文化研究》第3辑，上海古籍出版社，1993年，第297—298页。

序,而"《德》上《道》下"的文本出现是抄写之人无意将两篇倒置所致。[1] 张学方则认为是战国时期的黄老学家根据学派思想所需而改变篇序。[2] 李炳海认为"道上德下"的顺序是成立的,不应依帛书本篇次改动。他对《道经》《德经》的地位和性质的看法与众不同,以为《道经》是本经,应该在前,而《德经》是传,是对本经的解释,理应排在后。[3]

二是"《德》上《道》下"说,此说为今天绝大多数学者所坚持。他们共同的理由:一是帛书甲、乙两本与北大汉简本都是《德经》在前、《道经》在后;二是《韩非子·解老》一文开篇即解释《老子》第三十八章,即《德经》第一章。[4] 不同的理由也有一些。比如徐复观认为:"先秦以至西汉,皆《德经》在前,《道经》在后,这种情形或因老子本人多言德而少言形而上学之道","或者只反映出《德经》集结于先,《道经》集结于后"。[5]

三是"《道》上《德》下"与"《德》上《道》下"两种文本战国期间并存流传说。高亨认为《老子》传本有两种,"一种是《道经》在前,《德经》在后,这当是道家传本","另一种是《德经》在前,《道经》在后,这当是法家传本","大概是道法两家对于《老子》书各有偏重","帛书《老子》的编法属于法家传本一类"。[6] 田昌武持同样观点。[7] 李学勤则认为《史记·乐毅列传》中载老子授受系统为北方老学传流,河上公注可能是出于这一派学者,帛书《德经》在前的《老子》是南方道家系统的传本。[8] 高华平以郭店楚简对待"仁""义""礼""圣"的态度为出发点,认为儒者重视"德",先秦《老子》将《德经》置于《道经》之前反映了编者崇儒抑道(至少是

---

[1] 严灵峰:《马王堆帛书老子试探》,河洛图书出版社,1976年,第11—12页。

[2] 张学方:《〈老子〉古本道德顺序试探》,《北京社会科学》1994年第2期。

[3] 李炳海:《〈老子〉一书的经、传结构及编次》,《东北师范大学学报》1984年第1期。

[4] 参见《座谈长沙马王堆汉墓帛书》,《文物》1974年第9期。

[5] 徐复观:《帛书老子所反映出的若干问题》,《两汉思想史》第3卷,华东师范大学出版社,2001年,第334页。

[6] 高亨、池曦朝:《试谈马王堆汉墓中的帛书〈老子〉》,《文物》1974年第11期。

[7] 田昌武:《再谈黄老思想和法家路线——读长沙马王堆三号汉墓出土帛书札记之二》,《文物》1976年第4期。

[8] 李学勤:《简帛佚籍与学术史》,江西教育出版社,2001年,第24页。

调和儒道）的倾向。[1]

　　以上三者中首先应排除的是第三种意见。因为不同地域、不同学派的不同传本所回答的只是《老子》流传中的问题，而非回答其祖本，即《老子》最原始状态如何的问题。《老子》的作者只能为老子一人，不可能为不同学派的学者所作。后人对《老子》的改编与《老子》书的本来面貌是两回事。

　　传统的"《道》上《德》下"篇序是《老子》本来面貌？这一看法也不能成立。从"先道后德"角度来证明"'《道》上《德》下'是合理的篇序安排"只是想当然而已。事实上《老子》"《道》篇不专言道、《德》篇不专言德"，而是"道德混说"。[2] 所谓"道生之，德畜之"，并非《老子》全书的逻辑主线。以"道"或"德"为主题将《老子》分篇，显然是不合适的。至于说《道经》是本经，应该在前，而《德经》是传，是对本经的解释，理应排在后，这种理解有悖于《老子》的实际，强分经、传而硬定篇序难以服人。无意倒置说同样缺乏理据。我们不能说帛书《老子》甲本无意颠倒了，《老子》乙本也无意颠倒了，北大汉简本又无意颠倒了。世界上哪有这么多的意外？所以这些理由不能证明《道》上《德》下就是《老子》的本来面目。

　　有学者结合韩非所见本、楚简、帛书、汉简进行综合比较研究，认为《老子》古本篇序排列为"《德》上《道》下"，直到刘向校书才将《老子》篇序调整为"《道》上《德》下"。[3] 实际上，郭店楚简《老子》虽有甲本、乙本、丙本之分，但看不出与"《德》上《道》下"或"《道》上《德》下"两种篇序的关系。比如甲本既有王弼本第三、第九、第十五、第十六、第十九、第二十五、第三十、第三十二章的内容，也有第四十、第四十四、第四十六、第五十五、第五十六、第五十七、第六十四、第六十六章的内容。乙本基本上是《德》篇的内容，但也有第十三章的文字。丙本既有第十七、第十八、第三十一章，也有第三十五、第六十四章的内容。用它支

---

[1] 高华平：《楚简本、帛书本、河上公注本三种〈老子〉仁义观念之比较》，《中国历史文物》2003年第1期。

[2] 邵若愚：《道德真经直解·叙事》，张继禹主编：《中华道藏》第11册，第216页。

[3] 丁四新：《早期〈老子〉文本的演变、成型与定型——以出土简帛本为依据》，《中州学刊》2014年第10期。

持"《德》上《道》下"的篇序早出的观点，没有多少说服力。

以韩非《解老》《喻老》所见《老子》版本为"《德》上《道》下"篇序的根据也不可靠。日本学者金谷治早已辨明，韩非《解老》《喻老》引用《老子》篇章凌乱，"无法确认是按照版本顺序而来"，"被作为论据的，下编在前，上编在后那样的事实，无论在《解老篇》或《喻老篇》中都是不存在的"[1]。其说可信。

以帛书《老子》甲本乙本、北大汉简本为据推定《老子》篇序原为"《德》上《道》下"也经不起分析。三种简帛本《老子》中抄写年代最早的是帛书甲本，整理者推断其"可能在秦、汉之际"。但传世本会不会比它晚呢？"《道》上《德》下"篇序会不会是刘向所为？我看未必。陆德明《经典释文》："老子生而皓首，为周柱下史，睹周之衰乃西出关，为关令尹喜说道德二篇，尚虚无无为，凡五千余言。河上公为《章句》四卷，文帝征之，不至。自至河上责之，河上公乃踊身空中。文帝改容谢之，于是授以汉文《老子章句》四篇，言治身治国之要。其后谈论者，莫不宗尚玄言，唯王辅嗣妙得虚无之旨。"[2]这告诉我们，最早的《老子》注是"河上公"的《章句》，而王弼本也出于河上公本。

马叙伦校《老子》时指出，"依河上本以改王本者颇多"，"王注原本盖已不复观"[3]。瓦格纳也说："与王弼的注释一起流传的《老子》并非王弼注释的原本，而是被河上公本《老子》取代了的文本。"[4]因此现在的研究者普遍认为："王弼《老子》是河上公流传谱系上的一种。尽管王弼和河上公的注彼此迥异，但他们的《老子》原文则非常相似，都可以当做河上公本《老子》的样本。指出这点的重要之处在于通行本《老子》，不管我们是指河上公本还是王弼本，本质上都是河上公本《老子》。"[5]所以，传世

---

[1] 金谷治：《关于帛书〈老子〉——其资料性的初步探讨》，陈鼓应主编：《道家文化研究》第3辑，第303页。

[2] 陆德明：《经典释文》卷二十五《老子道德经音义》，第537页。

[3] 马叙伦：《老子校诂·序》，中华书局，1974年，第2页。

[4] 夏含夷主编：《远方的时习：〈古代中国〉精选集》，上海古籍出版社，2008年，第275页。

[5] 鲁惟一主编：《中国古代典籍导读·老子》，李学勤等译，辽宁教育出版社，1997年，第292页。

本《老子》最早的源头就是河上公本。

从《史记》记载看，河上公本《老子》的传承可从西汉上溯至战国时代。《史记·乐毅列传》："其后二十余年，高帝过赵，问：'乐毅有后世乎？'对曰：'有乐叔。'高帝封之乐卿，号曰华成君。华成君，乐毅之孙也。而乐氏之族有乐瑕公、乐臣公，赵且为秦所灭，亡之齐高密。乐臣公善修黄帝、老子之言，显闻于齐，称贤师。"又云："太史公曰：始齐之蒯通及主父偃读乐毅之报燕王书，未尝不废书而泣也。乐臣公学黄帝、老子，其本师号曰'河上丈人'，不知其所出。河上丈人教安期生，安期生教毛翕公，毛翕公教乐瑕公，乐瑕公教乐臣公，乐臣公教盖公。盖公教于齐高密、胶西，为曹相国师。"[1] 太史公将时人曹相国师盖公的《老子》之学，由乐臣公上溯至乐瑕公，再由乐瑕公上溯至毛翕公，进而由毛翕公上溯至安期生，最后追溯到河上丈人，这么具体、清楚，应该有所本，属于实录而非猜测。乐臣公是"赵且为秦所灭，亡之齐高密"之人，乐瑕公、毛翕公、安期生则应该为战国时人，而"河上丈人"为这一系《老子》之学传授的"本师"，更当属战国时人无疑。司马迁虽说"不知其所出"，但从其传《老子》之学的弟子安期生、毛翕公、乐瑕公、乐臣公、盖公看，应是真实历史人物而非神话虚构（"踊身空中"的描写例外）。明白这一点，就知道尽管《老子河上公章句》最早出现于汉文帝时，好像没有帛书甲、乙本早，但其来源、祖本完全可以上溯至战国时代。战国时"河上丈人教安期生"的《老子》，篇序推想应该是"《道》上《德》下"的。从这点看，传世本《老子》篇序也不一定晚于帛书甲、乙本。

我们的假设从出土文献中也可得到印证。南宋谢守灏《混元圣纪》卷三："唐傅奕考核众本，勘数其字，云：项羽妾本，齐武平五年，彭城人开项羽妾冢得。安丘望之本，魏太和中，道士寇谦之得。河上丈人本，齐处士仇岳传家之本，有五千七百二十二字，与韩非《喻老》相参。又洛阳有官本，五千六百三十五字。王弼本五千六百八十三字，或五千六百一十字。河上公本有五千五百五十五字，或五千五百九十字。并诸家之注多少

---

[1]《史记》卷八十《乐毅列传》，第2436页。

参差。然历年既久，或以他本相参，故舛戾不一。"[1] 同时代董思靖《道德真经集解序说》则作："傅奕考核众本，勘数其字，云：项羽妾本，齐武平五年，彭城人开项羽妾冢得之。安丘望之本，魏太和中，道士寇谦之得之。河上丈人本，齐处士仇岳传之。三本有五千七百二十二字，与韩非《喻老》相参。又洛阳官本五千六百三十五字。王弼本五千六百八十三字，或零六百一十，或三百五十五，或三百九十。多少不一。"[2] 两者个别字句有出入，但内容大致相同。是说北齐武平五年，彭城（今徐州）有人盗发项羽妾墓，得到一个《老子》本子，称之为"项羽妾本"。唐太史傅奕《道德经古本篇》即由此而来。傅奕用"项羽妾本"考核众本，与汉魏以来流行的安丘望之本、河上丈人本、洛阳官本、王弼本相参校，强调各本字数舛戾不一、诸家注释多少参差。但傅奕仅强调字句异于其他传本，并未提及其篇次与传世本有何区别。诸参校本皆为《道》上《德》下，若"项羽妾本"分篇不同，傅奕应当有所反映。傅氏一句不提，可见"项羽妾本"篇序与传世本没有什么不同。[3] 如果谢守灏说属实，"项羽妾本"也不会晚于帛书甲本。

三、《道》《德》两篇本单篇别行论

我们认为《老子》的原貌，既不是"《德》上《道》下"，亦非"《道》上《德》下"。《老子》最早并非一部专著，并非一时一地之作，而是后人编成的一部老子的论文集。《道》《德》二篇本为老子在不同时间所作两篇独立文章，分别以单篇形式流传。两篇论文最初没有固定次序，后人汇编《老子》时，对两篇论文的次序并不讲究，既有《道》上《德》下的顺序，亦有《德》上《道》下的排列。这就是《老子》两种篇序的真相。下面从三方面予以证明。

第一，由"古书单篇别行之例"看。余嘉锡《古书通例》中有"古书

---

[1] 谢守灏：《混元圣纪》，张继禹主编：《中华道藏》第46册，第49页。

[2] 董思靖：《道德真经集解序说》，张继禹主编：《中华道藏》第11册，第276页。

[3] 宁镇疆：《〈老子〉"早期传本"结构及其流变研究》，学林出版社，2006年，第173页；刘晗：《今传王弼本〈老子〉分篇分章源流考》，《管子学刊》2014年第2期。

单篇别行之例",认为古之诸子"因事为文,其书不作于一时,其先后亦都无次第。随时所作,即以行世……迨及暮年或其身后,乃聚而编次之","既本是单篇,故分合原无一定"。[1]李学勤通过"对古书的第二次反思",总结古书产生、流传过程中值得注意的十种情况,也肯定"篇章单行""异本并存"的现象。[2]李零指出:"古书往往是随时所作,即以行世,所以多以单篇流行。如今《管子》中的《内业》和《弟子职》,在《汉志》中本来就是作为单独的书。出土的简帛书籍,很多也是单篇。特别是数术、方技之书尤其是如此。"[3]

正因为古书往往"单篇别行",所以才造成分合无定、"异本并存"的结果。刘向《晏子叙录》云:"所校中书《晏子》十一篇,臣向谨与长社尉臣参校雠,太史书五篇、臣向书一篇、臣参书十三篇,凡中外书三十篇,为八百三十八章。"是说"中书"皇家图书馆所藏《晏子》有十一篇,而太史所藏《晏子》只有五篇,刘向所藏《晏子》仅一篇,长社尉杜参所藏《晏子》则有十三篇。《列子叙录》:"所校中书《列子》五篇,臣向谨与长社尉臣参校雠,太常书三篇、太史书四篇、臣向书六篇、臣参书二篇、内外书凡二十篇,以校,除复重十二篇,定著八篇。"[4]"中书"所藏《列子》有五篇,太常所藏有三篇,太史所藏有四篇,刘向所藏有六篇,长社尉杜参所藏有二篇。不论《晏子》还是《列子》,各家所藏篇皆有不同,可谓"异本并存"。

《史记·老子韩非列传》:"韩非疾治国不务修明其法制,执势以御其臣下,富国强兵而以求人任贤,反举浮淫之蠹而加之于功实之上。以为儒者用文乱法,而侠者以武犯禁。宽则宠名誉之人,急则用介胄之士。今者所养非所用,所用非所养。悲廉直不容于邪枉之臣,观往者得失之变,故作

---

[1] 余嘉锡:《古书通例》卷三《论编次》,上海古籍出版社,1985年,第93页。

[2] 李学勤:《简帛佚籍与学术史》,第30—35页。

[3] 李零:《出土发现与古书年代的再认识》,《李零自选集》,广西师范大学出版社,1998年,第28页。

[4] 刘向、刘歆撰,姚振宗辑录,邓骏捷校补:《七略别录佚文·七略佚文》,上海古籍出版社,2008年,第39—40、53—54页。

《孤愤》《五蠹》《内外储》《说林》《说难》十余万言。……人或传其书至秦。秦王见《孤愤》《五蠹》之书,曰:'嗟乎,寡人得见此人与之游,死不恨矣!'李斯曰:'此韩非之所著书也。'"其时韩非仍在世,秦王所见韩非著作并非其全部,而是《孤愤》《五蠹》等篇。由此可知,韩非著作当时也是"单篇别行",编成《韩非子》乃后人所为。其称举之篇序,与今本明显不同。如依今本之序,则当作"《孤愤》《说难》《说林》《内储》《外储》《五蠹》"是也。

《老子》两篇亦如此,其写成时间有先有后,本来是作为单篇各自流传。或有人只得《道》篇而习之,后又得《德》篇;或者反之。或有人得两篇,任意选择其中一篇先抄写之后再抄写另一篇,两篇孰先孰后取舍皆由己意。与其他先秦诸子文章相比(如《墨子》71篇、《庄子》52篇、《韩非子》55篇),《老子》短小,只有二篇五千言,结集最为容易,结集时间也较早。结集之后,《老子》两篇才有了固定次序。但无论哪种篇序,都是后人作为,无关老子本意。

第二,由《老子》的重复、互见看。《道》《德》两篇内容重复、互见之处颇多。前人常因"《道》篇不专言道,《德》篇不专言德"而怀疑《老子》篇章划分的合理性,认为不应分上、下篇,应为一个整体。比如宋人邵若愚就认为:"缘其史有上下篇目之文,后人因之,上卷说道,下卷说德。今以理考,道德混说,无上下篇,此史辞之流言。"[1]确实如此,《老子》中"道"字出现在36章里,凡72次。《德》篇、《道》篇各有18章谈到"道"。[2]《道》篇中有关于"德"的论述,如第二十一章"孔德之容,为道是从",第二十三章"故从事于道者,道者同于道,德者同于德"。《德》篇中亦有论述"道"的重要章节,如第四十二章"道生一,一生二,二生三,三生万物",第四十章"反者道之动,弱者道之用;天下万物生于有,有生于无"。

论者认为《道》《德》两篇虽皆言道德之意,主体思想相近,但二者所论又各有所重:《道》篇多言道,侧重于理论阐发及天地万物;《德》篇多言德,以道治国,以德修身,注重人事方面。但事实上单独看《道》篇,其

---

[1] 邵若愚:《道德真经直解·叙事》,张继禹主编:《中华道藏》第11册,第216页。
[2] 尹振环:《重识老子与〈老子〉——其人其书其术其演变》,商务印书馆,2008年,第62页。

论述依然完整，从第一、四、十四、二十一、二十五、三十二、三十四、三十五、三十七等章，仍然能够理解老子的道论，认识到"道"自身的状态、性质、运动发展反复之规律及其创生万物的情境。至于"道"和"德"的关系，《道》篇仍论及"孔德之容，为道是从"。离开《德》篇，《道》篇完全可作为一个独立体系存在。《德》篇也是如此，其虽然侧重于讲人事、讲治国、修身、用兵，但仍讲到道和德的关系，第五十一章"道生之，德畜之，物形之，势成之。是以万物莫不尊道而贵德。道之尊，德之贵，夫莫之命，而常自然"，仍兼顾"道"这一最高理论根据，使"道德"之说在《德》篇也较为完整。有鉴于此，严灵峰突破两篇限制，将其重新编订为"道体""道理""道用""道术"四篇。[1] 古棣《老子校诂》虽形式上保留上、下二篇之分，但内容上却打破《道》《德》二篇界限，调整章次，将内容相近的部分归并到一处。[2] 此外，作为《老子》重要概念的"无"和"有"，也分别在两篇中都有阐释。《道》篇第一章即说："无，名天地之始；有，名万物之母。"《德》篇第四十章说："天下万物生于有，有生于无。""无为"也时时变换用字闪现在二篇之中。如《道》篇第二章的"不言""不为始"，第三十四章的"不为主"，第三十七章的"道常无为而无不为"。《德》篇第四十七章的"不为""不行"，第六十三章的"不为大"，第六十四章的"以辅万物之自然而不敢为"，第七十七章的"不恃""不处"。

老子尚阴守柔守雌，其书中直接以"水"为喻的两个章节正好分别属于《道》篇和《德》篇，如第八章："上善若水，水善利万物而不争。"第七十八章："天下莫柔弱于水，而攻坚强者莫之能胜。"以"江海"为喻论居下，也分属于《道》《德》二篇。如第三十二章："譬道之在天下，犹川谷之于江海。"第六十六章："江海之所以能为百谷王，以其善下之，故能为百谷王。""守雌"之说主要见于《道》篇第二十八章"知其雄，守其雌，为天下溪"，但是《德》篇第六十一章同样讲到"大国者下流，天下之交，天下之牝。牝常以静胜牡，以静为下"。

---

[1] 严灵峰：《老子章句新编》，中华文化出版事业委员会，1955年。

[2] 古棣、周英：《老子通》上部《老子校诂》，吉林人民出版社，1991年。

《道》篇第二十九章有"天下神器,不可为也。为者败之,执者失之",《德》篇第六十四章有"为者败之,执者失之。是以圣人无为故无败,无执故无失"。奚侗、马叙伦、古棣都认为第六十四章不当有此二句,[1]但帛书本两章皆有,郭简甲本和丙本同。可见前人所谓错简复出当删除的此二句,皆为《老子》旧文。从文义上讲,这两章都讲的是"无为"思想,各有自己的语境,皆与上下文联系密切,作为一个整体不可分割。《道》篇第二章:"万物作焉而不辞,生而不有,为而不恃,功成而弗居。"第十章:"生之畜之,生而不有,为而不恃,长而不宰。"第三十四章:"万物恃之而生而不辞,功成不名有。"《德》篇第五十一章:"生而不有,为而不恃,长而不宰。"第七十七章:"是以圣人为而不恃,功成而不处。"北大汉简本第四十六章:"生而不有,为而不恃。"第七十四章:"万物作而生弗辞,成功而名弗有。"

　　《道》《德》两篇文义、语句上有如此多的重复、互见的内容,难怪邵若愚发"无上、下篇"之论,要否定《道》《德》分篇的必要;严灵峰、古棣进而要重组《老子》的篇章结构。若将《道》《德》看做老子在不同时间写成的两篇相对独立的文章,形式上各有偏重,内容上相互联系,这种重复、互见的问题就好理解了。[2]

　　第三,如何看待《史记·老子韩非列传》的记载。从"至关,关令尹喜曰:'子将隐矣,强为我著书。'于是老子乃著书上下篇,言道德之意五千余言而去"看,《老子韩非列传》确实认为《老子》"上、下篇""五千余言"是老子在函谷关为关令尹喜所迫一时写成的。但这一记载并非实录,而近于小说家言。从下文可知:"盖老子百有六十余岁,或言二百余岁,以其修道而养寿也。"哪有活"百有六十余岁""二百余岁"之人?故太史公用"盖""或"表示疑惑。又下文曰:"老子之子名宗,宗为魏将,封于段干。宗子注,注子宫,宫玄孙假,假仕于汉孝文帝,而假之子解为胶西王卬太傅,

---

[1] 古棣、周英:《老子通》上部《老子校诂》,第301页。

[2] 日本学者武内义雄提出:《老子》给人语句反复的印象,书中不少意义相近、句式相同的语句重复出现,并以此为《老子》非一人一时之作的证据。(参见武内义雄:《老子原始》,江庵侠主编:《先秦经籍考》,国家图书馆出版社,2010年)武内氏《老子》非一时之作说可以肯定,非一人之作说我们不敢苟同。

因家于齐焉。"老子是春秋末期人,到汉文帝时已有300来年,从老子到假,只传五代,人多不信。《史记》关于老子的记载与《老子》本文相比何者为重?我们认为《史记》的记载是二手材料,是外证;《老子》本文是一手材料,是内证。论证老子《道》《德》两篇的性质,还得以《老子》书为主,《史记》的记载只能作为参考。

综上所述,我们认为《老子》由两篇单篇别行的文章构成,这两篇作品非成于一时,内容有交叉而又各有特点。跟《论语》等近似,其篇名源于篇首一章的主题词。《道》篇首章称"道"如何如何,就名之为《道》;《德》篇首章称"德"如何如何,就名之为《德》。后人将《道》《德》结集成《老子》,才有了上下篇之名。由于《道》《德》两篇本无上下先后之别,结集成《老子》时不同人就有不同编法,所以造成战国秦汉时期《老子》的《道》《德》两篇上、下不定的现象。

【作品来源】

《历史研究》2017年第6期。

第一章

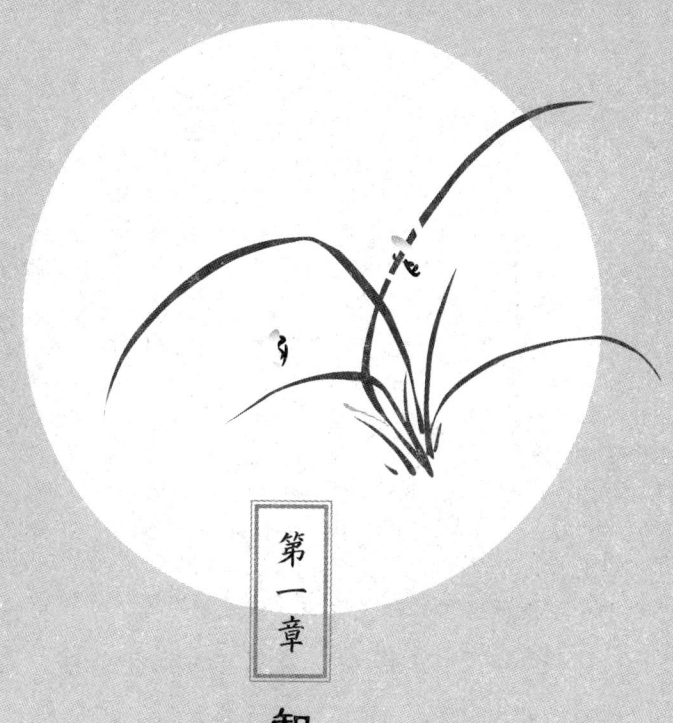

知人论世·老子是谁

作者小传

老子（约公元前571年—前471年）

老子其人其事，传闻多于史料记载。最多的一说是：老子，姓李，名耳，字伯阳。老子有两个可能的身份，一是老聃，一是老莱子。中国春秋时代思想家、哲学家。曾担任守藏史（藏书室室长）。著有《道德经》一书，是道家学派的经典著作。他的学说后被庄周发展。道家后人将老子视为宗师，与儒家的孔子相比拟，史载孔子曾向老子请教关于礼的问题。到了唐朝武宗时期，老子被定为三清尊神之一太上老君的第十八个化身，但是早期的道士却认为老子是太清神的手下。老子与后世的庄子并称老庄。

中国哲学第一人——老子

刘德增

> **导　读**
>
> 　　老子其人其事，传闻多于史实。司马迁《史记》为老子作传，说老子做过周守藏室之史，管理王室图书。周室衰微，辞职西去，至函谷关，在关令尹喜的恳求下，著书上下篇而去，不知所终。在诸子百家创始人中，老子的事迹最不为人所知。民间传说老子寿至160多岁，或云200多岁。司马迁将信将疑，最终还是将这个传说写进了《史记·老子韩非列传》。

　　道家的创始人，姓李名耳字聃（一说字伯阳，聃为谥号），人称"老子"。古时有个叫张君相的诠释说："老，考也。子，孳也。"（《史记·老子韩非列传》司马贞《正义》引）意思是考教众理，孳生万物。司马迁的《史记》为老子立传，说他是楚国苦县厉乡（今河南鹿邑太清宫镇）曲仁里人。苦县这个地方本是陈国地盘，公元前479年，楚灭陈，苦县才并入楚国版图。就在这年，孔子病逝，享年73岁。从孔子与老子的交往来看，老子年长于孔子。陈亡国这年，即使老子还在，也是耄耋之人了。故此，他应是陈国遗民。

　　老子的著作《老子》，又名《道德经》。1973年，湖南长沙马王堆三号汉墓出土一批帛书，其中有两部《老子》。1993年，湖北荆门四方乡郭店一座战国墓出土的竹简，也有《老子》三篇。敦煌出土文献中有60多种《老子》。郭店竹书《老子》最早，最能反映老子的思想；其他版本的《老子》，有道家后学的增删。"老子所贵道，虚无，因应变化于无为。"这是司马迁《史记·老子韩非列传》对老子思想的画龙点睛之笔。老子的这种思想在《老子》一书中有充分的体现。《老子》的"道"为宇宙本体:"道生一,一生二,二生三,三生万物。""道"以"自然"为准则:"人法地,地法天,天法道,道法自然。"老子以大自然的秩序和规律为人类行事的准则与规范。在处理人与自然的关系上,老子的思想可给今人以更多的启迪。春秋战国,诸子蜂起,尽管思想观点各有不同,但其思想建构之目的,用司马迁的话讲,皆"务为治也"(《史记·太史公自序》)。道家亦然。班固说:

  道家者流,盖出于史官,历记成败存亡祸福古今之道,然后知秉要执本,清虚以自守,卑弱以自持,此君人南面之术也。(《汉书·艺文志》)

老子倡言顺乎天道自然,不论是一个人的成长,还是一个社会的发展,都要自然而然,不要强加干预。他主张清静无为,反对有为,认为世道浊乱,皆由有为。"民之难治,以其上有为,是以难治。""无为"并不是不为,而是不妄为,即顺其自然、自然而然。凡是违背了"无为"要求而肆意妄为、强力作为的一切"有为"行为均是老子痛斥和反对的。以"无为"达到"无不为",是老子的理想。"我无为,人自化;我好静,人自正;我无事,人自富;我无欲,人自朴。"他形象地说:"治大国若烹小鲜。"烹小鱼不能多翻动,否则那条小鱼就容易翻烂了。治理一个国家,也是这个道理。无为而治、善待百姓,其积极意义自不待言。战国之时经过"稷下先生"的改造,原始道家思想发展为黄老思想。每当兵燹之后,经济残破,百废待兴,亟须休养生息,无为而治就派上了用场,成为医治战争创伤的灵丹妙药。最成功的实践是刘邦及其子孙。汉承战乱之后,满目疮痍。面对这一现实情况,刘邦君臣轻徭薄赋,约法省禁,与民休息。惠帝二年(前193年),曹参接替萧何出任相国,萧规曹随,奉行无为而治。《史记·曹相国世家》记录了一首民歌:

  萧何为法,颟若画一;曹参代之,守而勿失。载其清静,民以宁一。

由此可见百姓之欢欣。历文帝、景帝至武帝即位,经济繁荣起来。司马迁《史记·平准书》说：

> 至今上即位数岁，汉兴七十余年之间，国家无事，非遇水旱之灾，民则人给家足，都鄙廪庾皆满，而府库余货财。京师之钱累巨万，贯朽而不可校。太仓之粟陈陈相因，充溢露积于外，至腐败不可食。

经济的大繁荣，是因为"汉兴七十余年之间，国家无事"，也即无为而治。这是老子对中国思想史的一大贡献。

当然，老子为实现无为而治而提出的主张也有消极乃至错误的一面，愚民即为其中之一。"古之善为道者，非以明人，将以愚之。民之难治，以其多智。以智治国，国之贼；不以智治国，国之福。"

司马迁《史记·老子韩非列传》记载："孔子适周，将问礼于老子。老子曰：'子所言者，其人与骨皆已朽矣，独其言在耳。'"儒、道两派创始人对礼义上的看法是对立的。从今本《老子》来看，儒家追求的仁义道德，被老子斥为丧身、败家、亡国、乱天下的不祥之物。"六亲不和，有孝慈。国家昏乱，有忠臣。"从考古发现来看，老子与孔子并不两立。如郭店竹书《老子》有这样一句："绝知弃辩，民利百倍；绝巧弃利，盗贼无有。绝为弃作，民复孝慈。""绝知弃辩"，帛书及今本《老子》作"绝圣弃知"；"绝为弃作"，帛书及今本《老子》作"绝仁弃义"。儒、道分道扬镳，可能是战国以后的事。

万物是相反相成的辩证思维，是《老子》的一大特色。

> 曲则全，枉则直，洼则盈，敝则新，少则得，多则惑。祸兮福之所倚，福兮祸之所伏。有无相生，难易相成，长短相形，高下相倾，音声相和，前后相随。将欲翕之，必故张之；将欲弱之，必故强之；将欲废之，必固兴之；将欲夺之，必固与之。

两两对立的概念在《老子》一书中可谓俯拾皆是，如巧拙、动静、盈冲、枉直、少多、敝新、雌雄、轻重、废兴、取与、贵贱、进退、成缺、辩讷、寒热、损益、正奇、虚实、清浊、存亡、亲疏、主客、终始、治乱、成败等等。在对立的双方中，老子特别强调"柔""弱"的一方，鄙夷"坚""强"的一方。

天下莫柔弱于水，而攻坚强者莫之能胜。天下之至柔，驰骋天下之至坚。人之生也柔弱，其死坚强。万物草木生之柔脆，其死枯槁。故坚强者死之徒，柔弱者生之徒。是以兵强则不胜，木强则折，故坚强处下，柔弱处上。弱胜强，柔胜刚。

与贵弱尚柔相辅相成的，是积少成多。"合抱之木，生于毫末；九层之台，起于累土；千里之行，始于足下。"老子厌弃世俗社会，向往那质朴原始、小国寡民的世界。

小国寡民，使有什佰之器而不用，使人重死而不远徙。虽有舟舆，无所乘之；虽有甲兵，无所陈之。使民复结绳而用之。甘其食，美其服，安其居，乐其俗，邻国相望，鸡狗之声相闻，民至老死，不相往来。

老子是体验生活的高手，他总能用他那一双锐利的眼睛发现常人所不及。以《老子》一书为例，老子惯于把天、地、人看作一个有机的整体，他总是善于从生活经验和自然现象中提炼出一些适用于社会和人生的法则。黑格尔说："孔子只是一个实际的世间智者，在他那里思辨的哲学是一点也没有的——只有一些善良的、老练的、道德的教训，从这里面我们不能获得什么特殊的东西。"[1]与孔子不同，《老子》一书五千余言，极具思辨的意义，是一首首哲理诗。在宇宙论、辩证思维、政治智慧、人生哲学、认识论等方面均有深刻、精到的阐述。老子是中国历史上一位大哲学家。

【作品来源】

《走向世界》2009年第13期。

---

[1] 黑格尔:《哲学史讲演录》第1卷，商务印书馆，1978年，第119页。

老子其人：神龙见首不见尾（节选）

夏 海

> **导 读**
>
> 追根溯源，关于老子其人争论的源头还在于司马迁的《史记》。历史上记载老子其人的书籍很多，大多带有神话或传说成分，唯有《史记》比较严谨，具有相当的史料价值。

老子是我国古代伟大的思想家，也是世界文化名人。《老子》一书，亦名《道德经》，是道家思想的奠基之作，同《易经》《论语》一起被认为是对中国人影响最为重大而又深远的思想巨著。然而，千百年来对于老子其人其书却是争议不断、众说纷纭。历史上是否确有老子其人，至今仍是一宗悬案，烟雾缭绕，可谓神龙见首不见尾。

从《史记》记载分析，司马迁明确表达了以下几层意思：春秋时期有老子其人，姓李名耳字聃，为周守藏室之史；老子曾著书上下篇，言道德之意五千余言；老子崇尚无为自化，清静自正；孔子曾问礼于老子；汉初道家与儒家已形成不同学派，相互排斥。

老子所著《道德经》一书及其创立的道家学派，在中国思想史上具有特殊重要的统摄地位，诚如著名史学家吕思勉先生所言："道家之学，实为诸家之纲领。诸家皆于明一节之用，道家则总揽其全。诸家皆其用，而道家则其体。"

老子是哲学家，他创立了道的学说，建构了中华民族的抽象思维和理性思辨的整体框架。黑格尔在《哲学史讲演录》一书中，对老子的思辨哲学作出较高评价，对孔子却颇有微词。他认为，孔子"只是一个实际的世间智者"，其著作不过是"道德的教训"，"在他那里思辨的哲学是一点也没有的"。

孔子创立的儒家学说与老子创立的道家学说还是有着明显差别，孔子学说只有伦理内容，老子学说却具有思辨色彩。孔子学说的主题是人，是人生而不是人的存在。孔子提倡人道有为，关注的是人伦秩序而不是人存在的根据和终极价值，他努力从宗教制度和血缘纽带里探寻政治统治和道德生活的普适准则，这就是仁者爱人的伦理学说，"克己复礼为仁"，"夫仁者，己欲立而立人，己欲达而达人。能近取譬，可谓仁之方也已"。这就是德政与礼治的政治主张，"为政以德，譬如北辰，居其所而众星共之"，而礼治在国家层面，是"君使臣以礼，臣事君以忠"。在家庭层面，是"生，事之以礼。死，葬之以礼，祭之以礼"。这就是家国情怀的道德修养，即"修身齐家治国平天下"。老子学说的主题也是人，却是人的生存而不仅仅是人生。所谓生存，相当于西方哲学的"存在"范畴，并非简单地指"生命的存活"，而是指"生成着的存在"。老子提倡天道无为，关注的是人存在的根据及其终极价值，这就是人作为有生命的存在根据何在，其生命的根源在哪里，人应当如何地生存、怎样生存才符合人之存在的本性等具有高度抽象的问题。

老子通过批判反思和抽象思辨，最后概括升华为道这一哲学范畴。康德指出，哲学是关于可能性的科学的某种纯粹观念，并不以某种具体的方式存在。老子之道正是康德所说的某种纯粹观念，这是老子作为哲学家的重要标志。道是天下万事万物的根源，"道生一，一生二，二生三，三生万物"；道是事物运动变化的规律，"反者道之动，弱者道之用"；道是老子思想的理论基础和逻辑前提。老子以道为核心范畴，注释拓展，创建了道家的哲学体系，构筑起古代中华学术的宏伟大厦，从而对天下万事万物的存在、生长和归宿作出了本原性思考，为人的生存和社会的发展提供了形而上根据和原则。

老子是政治思想家，他提出的"无为而治"政治主张，更深刻地反映了政治统治和社会管理的规律。老子生活的春秋末期，是分封制向郡县制过渡的时期，整个社会经受着严重的政治、经济和精神危机。从社会政治制度分析，周王朝东迁之后，共主衰微、王命不行，旧的贵族等级制度"礼崩乐坏"，于是诸侯兼并、战争频仍。春秋初期是140多个诸侯国纷争，末期则为14国争霸。从经济层面分析，统治者是横征暴敛、恣意妄为，极大地破坏了社会的正常生活。

老子是道教始祖，他创立的道家学说成为道教理论最为重要的渊源，道家哲学乃是道教至为重要的理论基础。老子否定了宗教，否定了上帝和天命，而老子本人却被尊为道教教主，这真是"天命靡常"和绝妙的讽刺！在中国历史上，"道教"一词曾被赋予广泛的含义，最初的意思是指以"道"来教化众生的各种理论学说和实践，先秦思想家都以"道"来指称自己的理论和方法，并自命或被认作是"道教"。作为宗教的道教，是指在古代宗教信仰的基础上，沿袭方仙道、黄老道的某些宗教观念和修持方法，逐渐形成了以"道"为最高信仰，相信人通过某种实践，经过一定修炼有可能长生不死、成为神仙的中国本土的传统宗教。道家与道教具有根本区别，道家是以老子和庄子为代表的哲学派别，而道教乃是在东汉中后期形成的宗教。但是，道教在创立初期，就把老子奉为教主，尊《老子》为主要经典，是教徒们必须习诵的功课；后来又把《庄子》奉为经典，称为《南华经》。这表明道家哲学确实是道教的思想渊源，《魏书·释老志》在谈到道教的本原和宗旨时指出："道家之原，出于老子。其自言也，先天地生，以资万类。上处玉京，为神王之宗；下在紫微，为飞仙之主。千变万化，有德不德，随感应物，厥迹无常。"从这段议论可知，老子之道与道教之道有着密切联系。

老子之道深邃幽远，不可捉摸而又确实存在，即"道之为物，惟恍惟惚。惚兮恍兮，其中有象；恍兮惚兮，其中有物；窈兮冥兮，其中有精。其精甚真，其中有信"。同时，道是"视之不见，名曰'夷'；听之不闻，名曰'希'；搏之不得，名曰'微'。此三者不可致诘，故混而为一"。老子把道作为天地万事万物的根源，且是看不见、听不到、摸不着的超越时空的存在，具有浓厚的神秘色彩，这就接近了宗教思想，为道教从宗教角度进行解释提供了基础。从这个意义上说，老子之道被道教所吸收运用，并不冤枉。当然，道教不是原封不动地搬用老子之道，而是作出了创新性改造，给予了宗教性阐述。在道教看来，道是"神秘之物，灵而有信""为一切之祖首，万物之父母"。因此，我们既要看到老子哲学与道教的联系，更要看到它们之间的本质区别，绝不能混为一谈，否则，就是对老子的亵渎。

拨开历史的迷雾，穿越时空的隧道，我们仿佛看到函谷关的上空仍然盘旋着紫气，仿佛看到一位老人骑着青牛孤独前行。这就是老子，姓李名耳字聃，生活在春秋末期，约在公元前571年至前471年之间。在中华历史的天空中，他是最亮的智慧之星；在人类文明的天空中，他可以和其他任何民族的星宿媲美。

‖作品来源‖

《金融世界》2016年第1期。

钱穆与老子其人其书的考证
——兼论与胡适的争论

陈　勇　杨俊楠

> **导　读**
>
> 　　钱穆考证老子其人其书,承清人汪中、近人梁启超之后。《老子》为晚出之书,汪中已启其疑。然汪氏所疑,主要在《史记》所载老子其人其事,未能深探《老子》本书之内容。至梁启超,始疑及《老子》本书,但仍限于清儒旧辙。钱穆在汪、梁等人考证的基础上,从时代背景、思想线索、文体修辞等方面对《老子》作了全方位、多层次、多视角的考察,认为《老子》一书成于庄子、惠施、公孙龙之后。

　　民国时期,学术界就老子其人其书的问题展开了一场激烈的讨论,胡适是老子"早出说"的代表人物,不赞同其观点并首先向他发难的是老辈学者梁启超,认为《老子》一书晚出,为战国时代的作品。钱穆、顾颉刚、冯友兰等人支持梁启超的观点,在他的基础上续有讨论,成为"晚出说"一方的重要代表人物。本文围绕着钱穆对老子其人其书的考证及其与胡适的争论进行一番学术史的回顾和梳理,并就其"思想线索"的考证方法及其不足进行分析和思考,希望能进一步加深对民国老学史研究的认识和理解。

一、由梁启超引发的老子其人其书的讨论

　　关于老子其人、《老子》其书的成书年代及其真伪问题,在宋代以前虽

有崔浩略有疑及,但总体来说没有太大的争论,人们大多倾向于司马迁"老在孔前"的说法。北宋中叶以来,疑古之风渐兴,有陈师道、叶适、黄震等人怀疑"孔子师事老聃"之说,并进而怀疑《史记·老子韩非列传》的真实性。比如,陈师道把《老子》的成书年代移后,定于"墨、荀之间"[1];叶适认为存世文献记载的有两个老子,一个是授礼孔子的老子,一个是道家视为"博大真人"的老子,并认定著书《老子》的绝非是授礼孔子的老聃。此后清代的毕沅、汪中、崔述等人力主老子"晚出"。汪中在《述学·老子考异》中列举五证,力主《道德经》五千言非孔子所见的老聃所著。20世纪初以来,学界关于老子其人其书的争论转烈,特别是二三十年代,随着疑古史学的兴起和发展,更助长了这一争论。

20世纪二三十年代的这场争论,最先是由梁启超批评胡适《中国哲学史大纲》而引发的。1919年2月,胡适的学术代表作《中国哲学史大纲》(卷上)由商务印书馆出版。在该书《老子略传》中,胡适根据《史记·老子韩非列传》等材料判定老子先于孔子,以老子为孔子师。1922年3月4日,梁启超应邀在北京大学做演讲,对胡适主张老在孔前的观点提出了六点质疑,认为《老子》一书来历不明,恐为战国末期的作品,由此而引发了学术界关于老子其人其书的热烈讨论。

梁启超《老子》"晚出"的观点提出后,立即得到了学术界不少学者的赞同。胡适是引导顾颉刚走向疑古之路的引路人,然而顾颉刚在《老子》成书年代问题上却与其师唱了反调。1921年1月,顾颉刚在给胡适的信中就否认《史记·老子韩非列传》关于老子的记载,认为老子和孔子的关系,"完全是后来人伪造的"。梁启超"晚出说"提出后,立即得到他的响应。1923年2月25日,顾颉刚在给钱玄同的信中说:

> 《老子》决当如梁任公说,是战国末年的书。于梁举的证据外,我又得两个证据。其一,战国后期因为游学之风极盛,诵习简编,要求简练易记,所以大家作"经":墨家有《墨经》,《韩非子》

---

[1] 陈师道:《后山集》卷二十二《理究》,《景印文渊阁四库全书》,第1114册,台湾商务印书馆,1987年,第718页。

上有《内外储说》之经。《老子》之文与此同类，当为好言道妙之士所作之经。若春秋末年及战国前期，则尚不会有此类著作。其二，《老子》痛恨圣知，与《庄子·胠箧》《韩非子·五蠹·显学》，虽归宿不同而出发点则一。实在因为到战国末期，社会上所受的游士的损害重极了，不由得不做一致的呼声。正如现在恨政客一般，甚至要推翻代议制。这种思想在春秋末年及战国初期也不会有。至于"道家"一个名称，我好久疑惑，觉得这个名词起于汉代，非战国所有。[1]

1932年4月，顾颉刚又撰成《从〈吕氏春秋〉推测〈老子〉之成书年代》一长文，把考证老子的成书年代纳入"层累说"的框架中进行考察，提出："《老子》一书非一人之言，亦非一时之作，而由于若干时代的积累而成……其结集之期，大约早则在战国之末，否则在西汉之初。"[2]

冯友兰在1931年出版的《中国哲学史》上册第八章"《老子》及道家中之老学"中也提出了三条证据来支持"晚出说"。他说："一则孔子以前，无私人著述之事，故《老子》不能早于《论语》。二则《老子》之文体，非问答体，故应在《论语》《孟子》之后。三则《老子》之文，为简明之'经'体，可见其为战国时代之作品。"[3]

二、钱穆对《老子》成书年代的考察

在20世纪二三十年代关于《老子》成书年代的争论中，钱穆投身其中，与顾颉刚、冯友兰等人都是"晚出说"一方的有力支持者、鼓吹者。与顾、冯二人所不同的是，钱穆提出了《老子》成书不仅在孔、墨之后，而且在庄子之后的新看法。

---

[1] 顾颉刚：《致钱玄同》，《顾颉刚书信集》卷一，中华书局，2011年，第545页。

[2] 顾颉刚：《从〈吕氏春秋〉推测〈老子〉之成书年代》，《古史辨》（四），上海古籍出版社，1982年，第484–485页。

[3] 冯友兰：《中国哲学史》上册，华东师范大学出版社，2000年，第130页。

钱穆认为，老学、孔学的时代先后问题，关系到先秦诸子学术思想发展演变的顺序，有必要首先加以解决和澄清。他说："老子之伪迹不彰，真相不白，则先秦诸子学术思想之系统条贯终不明，其源流派别终无可言。"[1]钱穆早年读清人汪中《老子考异》时就对老子其人其事发生怀疑，认为汪氏五证为"千古卓识"，足以"破孔子见出关著五千言之老子之传说矣"。1923年夏，他撰成《老子辨伪》一文，对《老子》书成于孔子之前多有批驳，主张将《老子》年代移后，"置之于庄子公孙龙与荀卿韩非之间"。第二年又写成《孔子与南宫敬叔适周问礼老子辨》《老子杂辨》二文，对《史记》所载老子事迹以及老孔关系进行辨证，认为孔子适周问礼于老子是传说而非信史。1926年，钱穆在无锡省立第三师范编《国学概论》，在该书第二章"先秦诸子"中，说老子史实不可信，"按其思想议论，实出战国晚世。大要在于反奢侈，归真朴，承墨翟、许行、庄周之遗绪"。[2]在第十章"最近期之学术思想"中（1928年春完成），对胡适所持的老子"早出说"多有批评，指责其考证多疏。

钱穆后来把早年所写的《老子辨伪》改名为《关于〈老子〉成书年代之一种考察》，发表在1930年《燕京学报》第8期上，力主用"思想线索"的方法来考证《老子》的成书年代。他在文章中指出：

> 大凡一学说之兴起，必有其思想之中心。此中心思想者，对其最近较前有力之思想，或为承受而阐发，或为反抗而排击，必有历史上之迹象可求。《老子》一书，开宗明义，其所论者，曰"道"曰"名"。今即此二字，就其思想之系统而探索其前后递嬗转变之线索，亦未始不足以考察其成书之年代。[3]

关于"道"。钱穆认为，"道"字是《老子》书中一重要观念，为其书中心思想之所在。《老子》一书把"道"看成是宇宙万物的总根源给予论证，

---

[1] 钱穆：《老子杂辨》，《老子辨》，中国书店，1988年，第8页。该书系据大华书局1935年版影印。

[2] 钱穆：《国学概论》，商务印书馆，1997年，第53页。

[3] 钱穆：《关于〈老子〉成书年代之一种考察》，《老子辨》，中国书店，1988年，第32页。

认为"道"是宇宙万物之本,万物皆出于"道"。孔子也言道,不过《论语》言道,范围偏重在人事一端,与《老子》言"道"内容实不相同。而《墨子》一书,只讲义而不言道。就先秦学术思想内容的演进而言,"孔墨言道均浅近,而老独深远。孔墨均质实,而老独玄妙。以思想之进程言,《老子》断当在孔墨之后"。[1]

学术界一般认为《庄子》言道与《老子》同,钱穆认为仔细分析起来也不尽然。据他考证,《庄子·内篇》七篇只有《大宗师》一篇言道"先天地而生",与《老子》言道内容相同,"其他言道,如'道不欲杂','惟道集虚','鱼相造乎水,人相造乎道',凡诸道字,皆与《论语》素朴之义为近,与《老子》深玄之旨为远。则庄生言道,犹为孔墨与老子之过渡"。[2] 至《老子》书出,始将庄子"道生天地"之说发挥无遗,卓然成一系统。《庄子·齐物论》言:"大道不称,大辨不言。"此处以道与言并称,即《老子》道名并提之所本。所以他认为《老子》之书,当成于《庄子·内篇》七篇之后。

关于"名"。钱穆认为,老子言名,异于孔墨。孔子首言正名,所指不过君臣父子人伦间之名分,非名实之名。墨辨论名,乃指名实之名,其含义较孔子远过。孟子拒杨、墨,不论名实。庄子论名又异于墨者。墨家以名实并举,"以名举实"重在"名",庄子谓"名是实宾"重在"实"。这是因为庄子当名家诡辩极盛之时,儒墨之是非相争不息。庄子力图打破这种种"缴绕之言辩",故其言道,"激于当时名实之缴绕,求离实而言之也"。老子以无名言道,"道可道,非常道;名可名,非常名","道通无名","道隐无名",此言道不可以名举。所以老子言道,"病于名之终不可以离实而言之也,求弃实,故曰道。将自道而重返之实,故曰象。于是后之辨实事实物之是非者,不求之于名,而求之于象,此又学术思想转变之一大关捩也"。[3] 以无名言道,此为《老子》言名的第一层含义,《老子》言名的第

---

[1] 钱穆:《关于〈老子〉成书年代之一种考察》,《老子辨》,中国书店,1988 年,第 33 页。

[2] 同上,第 33-34 页。

[3] 同上,第 58-59 页。

二层含义即是以无名言治,此亦承自庄子。此说由庄子开其端,老子畅其说。

钱穆在文中对《老子》书中这两个最主要的思想进行了详细的阐述,在此基础上选择与这两大观念相关的名词范畴,如"帝""天""地""物""大""一""阴阳""气""德""自然""象""法"之类,与先秦诸家典籍和思想相互印证,一一分析其含义,推寻其思想上的来源。

钱穆此文刊出后不久,就受到胡适的注意,胡适在给顾颉刚的信中,就提到此文。1931年3月17日,胡适写信给钱穆,对他考证《老子》提出的"思想线索"论证法提出质疑。该信说:

> 去年读先生的《向歆父子年谱》,十分佩服。今年在《燕京学报》第七期(应为"第八期"——引者)上读先生的旧作《关于〈老子〉成书年代之一种考察》,我觉得远不如《向歆谱》的谨严。其中根本立场甚难成立。……此文的根本立场是"思想上的线索"。但思想线索实不易言。希腊思想已发达到很"深远"的境界了,而欧洲中古时代忽然陷入很粗浅的神学,至近千年之久。后世学者岂可据此便说希腊之深远思想不当在中古之前吗?又如佛教之哲学已到很"深远"的境界,而大乘末流沦为最下流的密宗,此又是最明显之例。[1]

胡适在信末说:"我并不否以《老子》晚出之论的可能性。但我始终觉得梁任公、冯芝生与先生之论证无一可使我心服。若有充分的证据使我心服,我决不坚持《老子》早出之说。"

以上是钱穆与胡适在《老子》成书年代问题上的第一次正面交锋。两人在这一问题上的第二次交锋则是钱穆转入北大历史系任教之后。1932年,钱穆在北大《哲学论丛》上发表《再论〈老子〉成书年代》一文,对《老子》一书进行了全方位考证,力证《老子》五千言是战国末期的晚出书。他的考证具体如下:

第一,从时代背景立论来考证《老子》的成书年代。钱穆首先通过分析《老子》一书主张"不尚贤"理论来推测其时代背景,认为《老子》言"不

---

[1] 胡适:《与钱穆先生论〈老子〉问题书》,《清华周刊》第37卷,第9-10期,1932年。

尚贤,使民不争",主要是针对墨家"尚贤"主张立论的。墨子主尚贤,把"尚贤而使能"视为治国之本,主要是针对春秋时代贵族世袭制度崩溃而发的。他说:"尚贤乃墨家主张,此缘墨子时贵族世袭制以次崩坏,弊害昭显,墨子遂针对时病,发挥尚贤理论。……及战国中期,而学者尚贤的理论,一变而为政治上真实的情况。及尚贤制亦见弊害,乃复有箴对时病而发为不尚贤之教。此则应在战国中期以后。若春秋之际,列国行政,本不以尚贤为体,《老子》何乃遽倡不尚贤之理论?"[1]另外,《老子》言治人曰圣人、侯王、人主、官长,称被统治者为百姓,这种说法不是春秋时代的用语。钱穆认为春秋时代社会之乱,主要在于"贵族之僭越",到了战国晚年,"则患在平民阶级之扰动",《春秋》记二百四十年事,绝少以平民之好动难治为患。《老子》书中讲民之好智多欲好动而轻死,实系王官之学流散入民间,诸子兴起,百家竞鸣,乃始有此现象,这也说明《老子》一书为战国晚期的著作。

第二,从学术思想的系统立论来考察《老子》其书。钱穆认为,先秦学术,以儒墨两家为宗。法家源于儒,农家、名家、道家源于墨,阴阳家则兼融儒道,最为晚出。[2]《论语》重言"仁",《老子》称"失道而后德,失德而后仁",又称"天地不仁",此为《老子》晚出《论语》之证。墨子主尚贤,《老子》则称"不尚贤,使民不争",这是老子思想晚于墨子之证。惠施主张万物一体,庄子也有"天地与我并生,万物与我为一"之说。庄子从"道"的角度立论,惠施则从"名"的角度立论。《老子》一书开宗明义,"道名兼举并重",可知其思想晚于庄惠两家。惠施之后有公孙龙,其学承自惠氏,但不谈万物一体,而辨名实。其曰:"物莫非指,而指非指。"公孙龙所言的"指",与《老子》一书所言的"象"字很近似。就人言之曰"指",就物言之曰"象"。"指"即"名数"之意,其立论思想,尤偏

---

[1] 钱穆:《再论〈老子〉成书年代》,《老子辨》,中国书店,1988年,第61页。

[2] 钱穆认为:"先秦学术,惟儒墨两派。墨启于儒,儒原于故史。其他诸家,皆从儒墨生。要而言之,法原于儒,而道启于墨。农家为墨道作介,阴阳为儒道通圆。名家乃墨之支裔,小说又名之别派。而诸家之学,交互融洽,又莫不有其旁通,有其曲达。"《先秦诸子系年·自序》,中华书局,1985年,第23页。

重在名数之分析上。墨子主兼爱，一变而为惠施的万物一体论，再转化而为庄周的物化论，以及公孙龙的惟名论，最后合并而成《老子》的虚无论。《老子》书中论万物原始及人生论，实系融合、兼采了各家学说。故云："谓天地万物尽于道，此庄周之说也；谓天地万物尽于名，则公孙龙之说也。两说者绝不同，而《老子》乃混而言之。"[1]

钱穆认为，墨子的兼爱论发展而有惠施、公孙龙的名家，其苦行自律的精神，则传而为农家，如许行。而墨子"生勤死薄，其道大觳，使人忧，使人悲"的思想则为宋钘所继承。宋钘有三大主张：一为情欲少不欲多，二为见侮不辱，三为容为心行。《老子》书中言人生涉世之道，实从宋钘而来。《老子》书中所反映的思想，与庄周、公孙龙、宋钘诸家相涉，实博采众家而成。所以，钱穆从学术思想的发展演变推断，《老子》一书当出公孙龙、宋钘同时或稍后。

第三，从《老子》一书所用字语、文体来考证《老子》晚出。钱穆在《关于〈老子〉成书年代之一种考察》中就提出了这一方法。他说："一思想之传布，必有所借以发表其思想之工具。如其书中所用主要之术语，与其著作之体裁与作风，亦皆不能逃脱时代之背景，则亦足为考定书籍出世年代之一助也。"在《再论〈老子〉成书年代》一文中，他将这一方法进一步具体化。

首先，从文字、文句考察。《老子》书中有"道生一，一生二，二生三，三生万物"之语，源自《庄子》。"贵以身为天下，若可寄天下；爱以身为天下，若可托天下"，与《论语》"可以托六尺之孤，可以寄百里之命"近似。"乐杀人者，不可以得志于天下"，与《孟子》"不嗜杀人者能一之"相似。《老子》云："天地不仁，以万物为刍狗。圣人不仁，以百姓为刍狗。""刍狗"一词，取之《庄子·天运》篇。又说，"天下之至柔，驰骋天下之至坚，无有入无间"，取之《庄子·养生主》。凡此种种，钱穆在《再论》中举证甚多。

其次，从著书的文体入手考察。钱穆指出，西周乃王官之学，春秋之际，王官之学未尽坠，学术不及于民间，还不见私家以著述自传者。孔子《春秋》

---

[1] 钱穆：《再论〈老子〉成书年代》，《老子辨》，中国书店，1988年，第74-75页。

本于鲁史,订正礼乐,不出王官六艺之范围。《论语》成于孔门,记言记事,仍是往者史官载笔之旧式。"下逮《孟子》七篇,议辨纵横,亦不脱记事记言之陈法。《庄子》寓言十九,虽有妙论,仍困于往昔记事记言之故式,文体因循,犹未全变。然已能裁篇命题,如《逍遥游》《齐物论》之类,较之《梁惠王》《公孙丑》诸篇远胜。"[1] "至公孙龙荀子书,乃有严正之论体,超脱对话行迹,空所依傍,独抒理见。然荀书如《议兵》诸篇,尚守旧规。《老子》则洁净精微,语经凝练。既非对话,亦异论辩。乃运思既熟,融铸而出。有类格言,可备诵记。颇异乎以前诸家之例矣。"[2] 论及至此,钱穆反问"早出说"论者道:"若《老子》著书早在前,令人不得不疑后起诸家之拙,与文运之久滞而不进也。"[3]

钱穆还从古代文体的演进来论证《老子》为晚出之书,认为先秦文体的演进是先有诗,其后有史,最后才是论,把诗、史、论视为古代文体自然演进的三个阶段。他说:"散文之先为史,史必晚于诗。史之继而有论,论又晚于史。诗、史、论之三者,殆为文学进化自然之三级。至于《老子》书,其文体属论之尤进。而结句成章,又间之以韵,此可谓韵化之论文。其体颇见于《庄子》,而《荀子》益多有,《老子》则竟体以韵化之论文成书也。此其书决不能先于《论语》一类对话之体矣。"[4]

钱穆此文,亦受到了胡适的注意。在北大期间,两人多次就《老子》成书年代问题进行了热烈的讨论。[5] 据作家张中行在《红楼点滴》中回忆,有一次钱胡二人在北大教授会上相遇,钱穆说:"胡先生,《老子》年代晚出,证据确凿,你不要再坚持了。"胡适当即回敬道:"钱先生,你所举的证据还不能使我心服,如果能使我心服,我连我的老子也不要了。"[6] 胡适以"不

---

[1] 钱穆:《再论〈老子〉成书年代》,《老子辨》,中国书店,1988年,第86—87页。
[2][3][4] 钱穆:《再论〈老子〉成书年代》,《老子辨》,中国书店,1988年,第87页。
[5] 钱穆在晚年的回忆录中说:"余与适之讨论老子年代问题,绝不止三数次。"《八十忆双亲·师友杂忆》,生活·读书·新知三联书店,1998年,第165页。
[6] 张中行:《负暄琐话》,中华书局,2012年,第87页。冯友兰在晚年的回忆中也有近似的说法:"有人告诉我说,胡适在北大的讲堂上说:'我反对老聃在孔子之后的说法,因为这种说法的证据不足,如果证据足了,我为什么反对?反正老子并不是我的老子'。"《三松堂自序》,人民出版社,1998年,第210页。

要亲老子"来回敬对方,足见双方争论的激烈。

三、钱穆对老子其人其事的考证

老子生前遗留的史迹不多,后世关于老子其人其事的记载常常含混不清。司马迁在《史记》中,同时为人们立了三个老子的形象:与孔子大致同时的老聃,著书十五篇、言道家之用的楚人老莱子,秦献公时由周入秦的太史儋。不过他基本上倾向于老子就是老聃。所以他在书中说:"老子者,楚苦县厉乡曲仁里人也,姓李氏,名耳,字聃",曾做过周朝的史官,孔子曾向他问过"礼"。钱穆认为《史记》的记载不足取信,故对老子其人其事重新进行梳理和考辨,这些考辨的文字主要见于他早年的考据名著《先秦诸子系年》卷一《孔子与南宫敬叔适周问礼老子辨》、卷二《老子杂辨》,又收入1935年由上海大华书局出版的《老子辨》上编中。

《史记·孔子世家》载有孔子与南宫敬叔适周问礼于老子之事,钱穆认为此事不见于《论语》《孟子》,《史记》所载,实袭自《庄子》。然《庄子》一书寓言十占其九,不足征信。《礼记·曾子问》载孔子之语:"昔者吾从老聃助葬于巷党,及堩,日有食之。"《庄子·天运》篇说,"孔子行年五十有一而不闻道,乃南之沛,见老聃",而将见面的时间系于鲁定公九年(公元前501年),然定公九年并无日食之出现,亦见《曾子问》所载非实。钱穆在引述汪中《老子考异》所疑之后进一步考证说,《庄子》书中所言的老子,仅是南方的一位隐士,并非是周室之守藏史,认为孔子适周问礼于老聃,不仅其年难定,而且其地无据,其人无征,其事不可信,乃为传说,绝非信史。

钱穆认为,战国言老子,实为三人:一为老莱子。这就是孔子所见的老聃,也就是《论语》中的"荷蓧丈人"。莱者,除草之称,老莱子,犹云芸草丈人。此为南方一隐士。孔子南游时,其弟子子路"遇丈人,以杖荷蓧"。子路向他问路,并曾在他家留宿。其后,孔子又让子路去见他,"至则行矣"。孔子见老聃的故事就是由此而衍生出来的。二为太史儋。其人在周烈王时,为周室史官。后去周适秦，见秦献公。此见于秦史记载。后人认为他就是孔子适周所见的老聃，孔子曾向他问礼，于是老聃便成了周朝的史官，又成了去周适秦的隐士。三为詹何。此人为楚国人，与环渊、公子牟、宋玉等并世。秦汉之际有老聃出关遇关令尹的故事。令尹即战国道家环渊，与詹何齐名，其人亦以钓称。于是后人把詹何误混为太史儋，引出老聃出关遇关令尹的传说。

钱穆认为，战国言老子，实为三人，然而后人常常把三人混为一人。以老莱子误太史儋，然后孔子所见之丈人，遂一变而为王室之史。自以环渊误关令尹，然后太史儋出关入秦，遂有人强之著书。钱穆在《老子杂辨》中这样总结道：

> 孔子所见者，乃南方芸草之老人，神其事者由庄周。出关游秦者，乃周室史官儋，而神其事者为属秦人。著书谈道，列名百家者，乃楚人詹何，而神其事者则为晚周之小书俗说。其混而为一人，合而为一传，则始《史记》。[1]

在《老子杂辨》中，钱穆还对《史记》有关老子生平的记载也一一作了考辨。他认为司马迁关于老子名耳、字聃、姓李氏的说法是无根据的。他引用《说文》《老子铭》等古籍加以解释。《说文》："聃，耳曼也。"《诗经·鲁颂·毛传》："曼，长也。"《庄子》书称老聃，《吕氏春秋·不二篇》作"老耽"。《说文》云："耽，耳大垂也。"汉《老子铭》："聃然，老旄之貌也。"古人以耳大下垂为寿者之相，故高年寿者老子称老聃、老耽。又，古书中有离耳的记载。《初学记》引《韩诗》："离，长貌。"《诗经·小雅·湛露》："其实离离。"《传》："离，垂耳。"耳垂在肩上，故称离耳。钱穆认为李耳即离耳，离李声近。聃即离耳，因伪云姓李名耳矣。

由于直接记载老子的材料甚少，钱穆在考证老子其人其事时大多依据文字上音形的通转和意义的互训，推论之处甚多。当年邓广铭读到这一部分考辨文字时不无感叹地说："在全部考辨中，文章最长，曲折最多，而所下的假设也最为大胆的，是卷二中的《老子辨》。……证据来得如是其纤

---

[1] 钱穆：《先秦诸子系年》（上册），中华书局，1985年，第221页。

曲，结论下得如是其爽快，读者至此当会感觉到著者的立说也不免于有些虚玄吧。"[1] 朱希祖读到这一部分时也有批评，以为"臆测附会之辞亦不能免，如以老子为老莱子，而又以老莱子为荷蓧（篠）丈人是也"[2]。

四、胡适对老子"晚出说"的回应与批评

以上是钱穆在当年老子其人其书讨论中所持的基本观点。对于老出孔后，特别是钱穆力倡的"思想线索"的论证法，作为此观点和方法的反对者，胡适并未沉默。1933年5月，胡适发表了《评论近人考据〈老子〉年代的方法》，对坚持"晚出说"的学者考证《老子》年代问题的方法进行全面的检讨和回击。胡适首先对钱穆等人使用"思想线索"论证法考证《老子》晚出提出了严厉批评：

> 从"思想系统"上，或"思想线索"上，证明《老子》之书不能出于春秋时代，应该移在战国时期，梁启超、钱穆、顾颉刚诸先生都曾有这种论证。这种方法可以说是我自己"始作俑"的，所以我自己应该负一部分责任。我现在很诚恳地对我的朋友们说，这个方法是很危险的，是不能免除主观的成见的，是一把两面锋的剑可以两边割的。你的成见偏向东，这个方法可以帮助你向东；你的成见偏向西，这个方法可以帮助你向西。如果没有严格的自觉的批评，这个方法的使用绝不会有证据的价值。[3]

对于文字、术语、文体的论证法，胡适也作了反击。他说："这个方法也是很危险的，因为（1）我们不容易确定某种文体或术语起于何时；（2）一种文体往往经过很长期的历史，而我们也许只知道这历史的某一部分；（3）文体的评判往往不免夹有主观的成见，容易错误。"[4]

---

[1] 邓恭三:《评〈先秦诸子系年〉》,《国闻周报》第13卷第13期,1936年。

[2] 朱希祖:《朱希祖日记》下册,1939年2月12日条,中华书局,2012年,第1000页。

[3] [4] 胡适:《评论近人考据〈老子〉年代的方法》,《胡适论学近著》第一集,山东人民出版社,1998年。

胡适的反击和批评并非没有道理。在直接材料极为缺乏的情况下，使用思想线索来考证古书年代的先后不失为一种有用的方法，但使用这种方法必须要以一定的历史材料作为推论的依据，否则过度使用这种方法，其推证的结论也不免会大打折扣，存在诸多问题的。《论语·卫灵公》中有一段孔子称赞"无为而治"的话，主张老子"早出说"的学者可以利用这段话来说明孔子受到了老子的影响；主张"晚出说"的论者看到《论语》中的话"尽有甚似《老子》的"，也可以利用它来证明《老子》晚出，是该书作者后来袭用孔子的话，由此可以看出思想线索这种论证方法的不严谨性和不精密处。钱穆在致胡适的信中曾说："以思想发展之进程言，则孔墨当在前，老庄当在后。否则老已先发道为帝先之论，孔墨不应重为天命天志之说。何者？思想上之线索不如此也。"胡适反驳道："依此推断，老庄出世之后，便不应有人重为天命天志之说了吗？难道二千年中之天命天志之说，自董仲舒班彪以下，都应该排在老庄以前吗？这样的推断，何异于说'几千年来，人皆说老在庄前，钱穆先生不应说老在庄后，何者？思想上之线索不如此也。'"[1] 另外，一个人自身的思想也往往不一致，不能依一定的线索去寻求。所以，胡适主张对思想线索的论证法应存谨慎的态度。

同样，文字文体的论证方法也存在诸多不足，因为"同一时代的作者有巧拙的不同，有雅俗的不同，有拘谨与豪放的不同，还有地方环境（如方言之类）的不同，决不能由我们单凭个人所见材料，悬想某一时代的文体是应该怎样的"。[2] 胡适在批评冯友兰、顾颉刚使用这一方法时说："冯友兰先生说《老子》的文体是'简明之经体'，故应该是战国时作品。但顾颉刚先生说'《老子》一书是用赋体写出的；然而赋体固是战国之末的新兴文体呵！'同是一部书，冯先生侧重那些格言式的简明语句，就说他是'经体'；顾先生侧重那些有韵的描写形容的文字，就可以说他是'用赋体

---

[1] 胡适：《与钱穆先生论〈老子〉问题书》，《清华周刊》第37卷，第9–10期，1932年。

[2] 胡适：《评论近人考据〈老子〉年代的方法》，《胡适论学近著》第一集，山东人民出版社，1998年。

写出来的'。单看这两种不同的看法,我们就可明白这种文体标准的危险性了。"[1] 钱穆认为古代文体的演进顺序是先有诗,然后才有史和论,他曾面询胡适散文夹韵文应是散文成立以后的事,胡适答道:"韵文成立最早,纯粹散文在后,而《老子》的文体正在过渡时代。"[2]

钱穆称《老子》书屡言"侯王""王侯""王公",非春秋时人用语。他说当春秋时,周王室封建之制犹未全坏,故天子称"天王",其位号与诸侯迥异。及战国梁惠王、齐威王以下,列国相王,而后"侯王""王侯"之称,代"公侯""侯伯"之名而起,故《老子》成书年代,当移到梁惠王、齐威王之后,恐"更近情实"。但考诸史籍,吴子寿梦称王,稍后越亦称王,楚亦称王。又《易经·蛊》之上九"不事王侯,高尚其事",《易经·离》象辞"六五之吉,离王公也"。这些记载,又当何解?

钱穆从时代背景立论来考证《老子》的成书年代,以尚贤为墨家思想,老子主张不尚贤,乃出于墨家思想盛行之后。但反驳者指出:"亲亲尊贤,乃古代政治原理。虞舜起于畎亩,傅说起于版筑,诸侯贡士于天子,是亲亲之中,未尝不尊贤也。《吕氏春秋》言太公治齐,尊贤尚功,知尊贤之道其来久矣。《吕氏春秋》出秦初,疑古者或可以其言为墨家所托,孟子言葵丘之会,亦云尊贤育才矣。且墨子《非儒》曰,亲亲有术,尊贤有等。儒家所言,多因于古。谓贵族政治无尚贤之事者,非也。"[3]

胡适称自己并不反对把《老子》的年代后置,他反对的是在《老子》年代的考证中用推论代替实证的做法。他说他反击"晚出说"的目的是要给他"所最敬爱的几个学者做一个'魔的辩护士'。魔高一尺,希望道高一丈"。他"攻击他们的方法,是希望他们的方法更精密","批评他们的证据,是希望他们提出更有力的证据来"。[4] 在胡适看来,他的批评铿锵有力;对钱穆而言,胡适的批评并未使他真正心服口服。就"思想线索"论证法

---

[1][4] 胡适:《评论近人考据〈老子〉年代的方法》,《胡适论学近著》第一集,山东人民出版社,1998年。

[2] 胡适著、曹伯言整理:《胡适日记全编》第6册,安徽教育出版社,2001年,第101页。

[3] 李源澄:《论〈老子〉非晚出书——并质钱宾四先生》,《制言》1936年第8期。

而言，胡适是这一方法的"始作俑者"，这一点连胡氏本人也不讳言。所以，当他转过头来反对"思想线索"论证法时，令钱穆惊诧不已。他曾当面问胡适："君之《先秦哲学史》(即《中国哲学史大纲》)主张思想必有时代背景。中国古人所谓知人论世，即此义。惟既主老子早于孔子，则老子应在春秋时代，其言亦当根据当时之时代背景而发。君书何乃上推之《诗经》，即就《诗经》来论时代背景……且如老子以下，孔子、墨子各家思想，亦各有其时代背景。君书自老子以下，即以思想承思想，即不再提各家思想之时代背景，又何故？"[1]

五、余论

在20世纪30年代关于老子其人其书的讨论中，钱穆从时代背景、思想线索、文体修辞等方面对《老子》其书作了全方位、多层次、多视角的考察，确定《老子》一书为战国晚期的作品，从方法论的角度来看，还是有积极意义的。郭齐勇、汪学群对此这样评论道：

> 第一，从思想方法上看，他不迷信前人和权威，敢于向他们提出挑战。大胆怀疑，精心考证，这本身就是一种科学的方法，对后人进一步研究和考证《老子》，颇有启发。第二，任何思想都不会是凭空产生的，而是特定社会历史条件下的产物。同时思想本身的前后承接关系也使其具有相对的独立性。钱穆考《老子》一书也遵循这种分析方法。他首先从《老子》书中的思想理论特殊性出发，进一步考证书中思想反映的社会历史背景，正确说明一定思想是一定时代的产物。因此，又把《老子》一书置于先秦诸家思想发展变化的历史与逻辑中去考察，从范畴的演变和思想承接关系为《老子》在诸子百家中定位，从而确定《老子》成书年代。第三，钱穆强调，"非通诸子，不足以知一子"，这种联系的、

---

[1] 钱穆：《八十忆双亲·师友杂忆》，生活·读书·新知三联书店，1998年，第165页。

会通的方法不仅适用于治子学,而且适用于治整个文化思想史。[1]

当然,关于《老子》的成书年代问题,学术界迄今仍众说纷纭,没有一个一致的定论,钱穆的观点仅是一家之说。事实上,当年论辩的双方争论激烈,彼此都没有说服对方。在胡适发表《评论近人考据〈老子〉年代的方法》后不久,作为"晚出说"一方的代表人物冯友兰当即就写了反驳文章。[2]钱穆不仅把他当时辩论老子其人其书的文章汇成《老子辨》一书交上海大华书局出版,而且在1947年还写了《三论〈老子〉成书年代》加以回应。20世纪50年代在香港,他把讨论庄、老思想的文章编为《庄老通辨》一书出版,自认为老在庄后,已成"铁案"。

在20世纪30年代那场激烈的争论中,胡适明确提出在没有寻得充分的证据之前,对老子其人其书应延长侦查的时间,"展缓判决"。他说:

> 怀疑的态度是值得提倡的,但在证据不充分时肯展缓判断(Suspension of judgement)的气度是更值得提倡的。[3]

胡适"展缓判决"的意见,在方法论上尤其值得重视。1973年,湖南长沙马王堆三号汉墓出土了帛书《老子》二种。1993年,湖北荆门郭店楚墓中又出土了竹书《老子》三种。在20世纪二三十年代的讨论中,主张"早出说"和"晚出说"的论辩双方均没有见过这些新出土的资料。当年梁启超等人宣称以仁义对举,那是孟子的"专卖品",孟子之前是没有的,钱穆称梁氏所举例证,"皆属坚强,尤足以资论定"。但郭店简本《老子》的丙本简文云:"故大道废,安有仁义?六亲不和,安有孝慈?邦家昏乱,安有正臣?"此处明明有"仁义"字句连用,这就推翻了仁义连用是孟子"专用物"这一说法。当年顾颉刚断言:"在《吕氏春秋》中只引《黄帝书》而不引《老子》书,在《荀子》中只引《道经》而不引《道德经》,可见当战国之末还没有今本《老子》存在。自秦汉间创设道家,遂集合反儒墨的

---

[1] 郭齐勇、汪学群:《钱穆评传》,百花洲文艺出版社,1995年,第145—146页。

[2] 具体请参见冯友兰:《读"评论近人考据《老子》年代的方法"答胡适之先生》,罗根泽编:《古史辨》(六)下编,上海古籍出版社,1982年,第410—417页。

[3] 胡适:《评论近人考据〈老子〉年代的方法》,《胡适论学近著》第一集,山东人民出版社,1998年,第83、86、87、88、98—99、99页。

各家之言而为《老子》。"[1]马王堆帛书《老子》的出土,使《老子》作于秦汉间的说法不攻自破。

现今,考古界把郭店楚墓的时代定在战国中期末段,即公元前300年前后,在该墓中发现的简本《老子》的书写时间当应早于该墓主下葬的年代,至于书的著作年代自然应更早一些,这就推翻了钱穆等人《老子》成书于战国晚期的说法。

再者,今本《老子》有激烈的反儒言论,如第十九章谓:"绝圣弃智,民利百倍;绝仁弃义,民复孝慈;绝巧弃利,盗贼无有。"帛书本内容大略相同,而简本《老子》甲编中的文字则是:"绝智弃辩,民利百倍;绝巧弃利,盗贼亡有;绝伪弃虑,民复季子。"今本第五章谓:"天地不仁,以万物为刍狗;圣人不仁,以百姓为刍狗。"这则不见于简本。由此看来,老子并不反对"圣",也不反对"仁义",这说明早期的"老学"一派并不是激烈的反礼乐仁义者。由此可以推断,早期的儒、道关系并不像后来那样对立。

当年胡适在《说儒》中称老子是正统的老儒而孔子为革新的新儒的说法,虽然经不起推敲,但是他从老子知丧礼,而孔子曾问礼于老子的记载中推断老孔、儒道在起源及相互关系上可能有密切联系,还是富有启发性的,值得继续探讨。简帛专家也考释出简本《老子》并不像今本那样有激烈的反儒言论,这表明儒道、孔老最初关系还是十分密切的。这也印证了当年胡适的推断是有道理的。[2]换言之,从地下出土的新材料所提供的证据来看,在当年老子其人其书的争论中,似乎更有利于主张"早出说"的胡适。

1958年1月10日,胡适为台北商务印书馆重印其《中国哲学史大纲》写了一个"自记"。他在结尾处颇有感慨地说道:"有一天,我忽然大觉大悟了!我忽然明白:这个老子年代的问题原来不是一个考据方法的问题,原来只是一个宗教信仰的问题!像冯友兰先生一类的学者,他们诚心相信,

---

[1] 顾颉刚:《从〈吕氏春秋〉推测〈老子〉之成书年代》,《古史辨》(四),上海古籍出版社,1982年,第484—485页。

[2] 陈勇、朱恺:《现代学术史上的〈说儒〉之争与原儒真相》,《学术月刊》2010年第2期。

中国哲学史当然要认孔子是开山老祖，当然要认孔子是'万世师表'。在这个诚心的宗教信仰里，孔子之前当然不应该有个老子。在这个诚心的宗教信仰里，当然不能承认一个跟着老聃学礼助葬的孔子。"[1]那么，在当年与胡适争论老子成书年代问题时，钱穆是否也事先就预存着一个尊孔崇儒的先入之见呢？即胡适所言的"老子年代的问题原来不是一个考据方法的问题，原来只是一个宗教信仰的问题"呢？我们认为钱穆并非如此。钱穆早年已是考据名家，他根据传世的文献材料考证老子其人其书，意在求真，弄清事实，绝非出于尊孔崇儒的目的硬要抬高孔子，把他摆上"通天教主"的位置。事实上，钱穆早年的思想是多元的，既尊崇儒家，又喜老庄，在儒学谱系中，既尊朱子，又爱阳明。钱穆曾在致徐复观的信中说，"弟宗主在孟子、阳明，然信阳明而知重朱子，尊孟子而又爱庄周"，因为"晦庵（朱熹）可以救王学之弊，庄子可以补孟子之偏"，[2]故撰《〈中庸〉新义》一文，即以《庄子》来解释《中庸》。当年不赞同他这一观点的唐君毅即说钱穆喜自然主义，生活上喜道家，其思想不是从孟子、《中庸》至宋明理学之心学道学一路而来。[3]所以，若说在当年老子其人其书的争论中，钱穆是出于宗教信仰的目的，出于尊孔崇圣的目的硬要把老子年代移后，恐不符合事实。

‖作品来源‖

《厦门大学学报》（哲学社会科学版）2018年第4期。

---

[1] 胡适:《中国古代哲学史》台北商务印书馆版"自记"，欧阳哲生主编:《胡适文集》(6)，北京大学出版社，1998年，第162页。

[2] 钱穆:《致徐复观书》(1955年9月16日)，《素书楼余沈》，九州出版社，2011年，第297-298页。

[3] 唐君毅:《唐君毅全集》卷二十六《书简》，台湾学生书局，1991年，第98页。

第二章

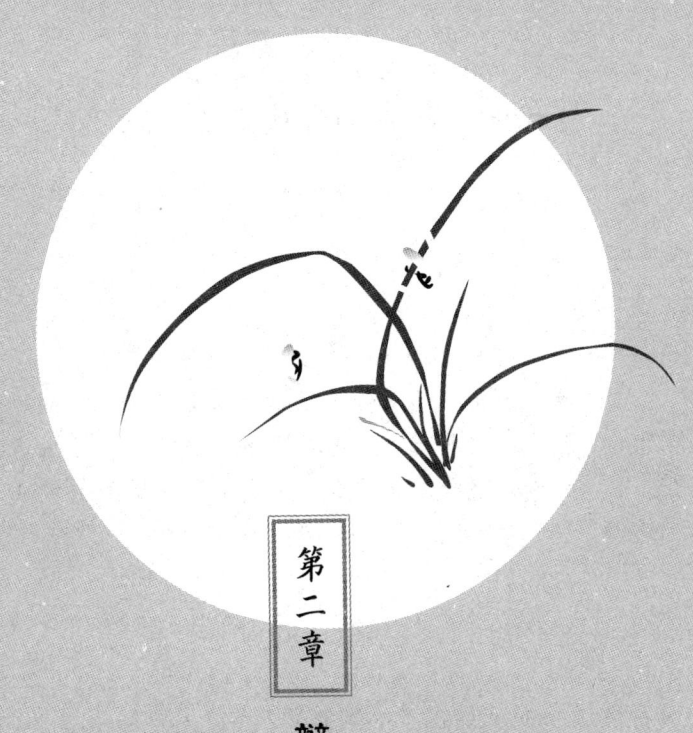

辩证思想·走近老子

重析"小国寡民"
——谈道家的现代意义（节选）

赵玉玲

> **导 读**
>
> "小国寡民"的提出有一定的社会背景，老子告诫人们：文明的发展要顺应符合自然的发展、无为而治。在老子看来，人类对自身的行为要深谋远虑，应在不违背自然规律和持续发展的前提下来发展文明。

我们试着通过字面来透视"小国寡民"。首先要提出的是，古代的"国"和现在的"国"并不是同一个概念。《说文·口部》上说："国，邦也。"《广韵·德韵》也说："国，邦国。"《庄子·逍遥游》则说："国是五等之邦。"这里的"国"代指一个行政区域。《周礼·春官·职丧》上说："凡国谓诸侯国。"《周礼·天官·大宰》："大曰邦，小曰国。邦之所以居亦曰国。"可见，古代的"国"指的是诸侯国。《韩非子·内储说下》中提到"国之利器"。王先慎集解："喻老篇国作邦，此作国，汉人改也。"也就是说，汉代为避汉高祖刘邦讳，改"邦"作"国"。另外，"国"还有城郭的意思。无论怎么解释，古代的"国"都不等同于今天的国家，它只相当于主权政府下的一个政区，也就是古代的诸侯国。故也就不能从"小国寡民"中得出老子要使国家变小、人民变少的结论。仔细研读历史，就会发现"小国寡民"其实就是国家下辖政区的一种管理形式，"从夏商开始，乃至周天下，不论是周王朝，还是周王朝属下的诸侯国，都是小国寡民的城邦"。

"小国寡民"描述的只是一种社会管理方式，老子想通过"小国寡民"

政区治理达到"百谷王"的目的。需要特别说明的是，所谓的"百谷王"不仅预示了国家的繁荣昌盛，也寓指着人类自身的长远发展。在这样的理想社会里，人们顺化自然，自得其乐，生活简单淳朴，弃绝争战，以质朴生活的追求为本真。这并不是说社会的退化落后，而是说要以最自然的方式与自然和谐相处，追求人类自身的长远繁衍发展。从这个意义上说，老子的目光是敏锐超前的，预示了文明进步双刃剑的作用，文明发展在给人类带来物质利益的同时，不可避免地要带来相应的负面影响，人们在改造利用自然的同时，自然也会给人类以无情的报复。如果我们能从最合理有效地利用自然这方面来理解，"小国寡民"思想无疑具有极大的积极意义。

社会发展到今天，人类正在遭受着文明异化所带来的痛苦。北京大学的许抗生教授指出在当代高度发达的工业文明危机下，当代新道家的主旨和目的是提倡三个回归：一是回归自然，二是回归朴实（朴实的人性，或称"返璞归真"），三是回归于和谐。学者们或挖掘道家思想中的科学内涵，或探讨道家思想的生态智慧，重新展现了道家文化在现代社会的魅力。其实，"小国寡民"作为老子思想的分支，同样有其值得我们借鉴的因素。

总之，"小国寡民"并非人们以往所认为的是道家遁世主义反社会进化的表现，而实在是老子对理想社会管理模式的一种描述，是对人类文明弊端的深刻思索，是要在达到与自然和谐共生的情况下来实现人类的文明，这样的文明才是真正的大文明。以老子为首的道家同样对社会发展有着深切的忧患意识，有着对理想社会的渴求，并且有其实现社会理想的相应的主张。在新的社会条件下，重新解释"小国寡民"有一定的时代积极意义。

【作品来源】

《武汉大学学报》（人文社会版）2006年第1期。

论《老子》的"道"思想（节选）

马彩红

> **导　读**
>
> 　　老子的哲学思想深深地影响了整个中国封建社会的意识形态，形成了道家的哲学思想体系，开创了中华哲学思想的先河。

　　老子创造了以"道"为中心的哲学体系，"道"是老子思想体系的最高范畴。老子认为道没有形状和内涵，所以不能给他起名称，正所谓："道可道，非常道；名可名，非常名。"

一、"道"的涵义

　　"道"是老子哲学中一个最重要的概念，"道"字在《老子》中共出现七十三次。其涵义主要有四方面：其一，"道"是万物的本原。"无名，天地之始；有名，万物之母"，"无名"即指"道"。先有"道"，后有天地，然后才产生万物。"有物混成，先天地生……独立而不改，周行而不殆，可以为天下母。吾不知其名，强字之曰道"（第二十五章）。这段文字就明白的告诉我们"道"是天地万物的本原。他还进一步阐述了"道"演化万物的过程："道生一，一生二，二生三，三生万物"（第四十二章）。道首先产生一种事物，这种事物再产生第二种事物，第二种事物又产生第三种事物，第三种事物逐渐演化出天下万物。据此，可以认定老子所说的"道"就是指万物的本原。其二，"道"是指普遍规律，即人们所说的道理。"道可道，非常道",这里的第一个"道"是规律、法则的意思。就是说:可以说出来的规律就不是永远不变的规律。其三,"道"是万物的主宰,指道决定万物的功能。其四,"道"是通向真理之路,即认识真理的门径。

二、"道"的特性

(一)玄妙的特性,也就是对立统一的特性

"故常无,欲以观其妙;常有,欲以观其徼。此两者同出而异名,同谓之玄。玄之又玄,众妙之门"(第一章)。"常无"是说,道既然是从无中产生天地万物,那么想要认识道,就应当经常体验大道没有产生天地之前的虚无状态。道与物是截然不同的,是万物的本原。"同出"指从同一个实体产生出来。"异名"指"有"和"无"不同的名称。这样,"有"和"无"看起来是对立的,但又是统一的。它们的本体是同一的,这就是道。看它的无形无象就是无,看它的化生天地就是有。

"玄"是玄妙,指的就是大道这种既对立又统一的特性。老子认为万物都是从道中分化出来的个体,概无例外。道是永恒的、普遍的、绝对的。"天下皆知美之为美,斯恶已;皆知善之为善,斯不善已。有无相生,难易相成,长短相形,高下相倾,音声相和,前后相随"(第二章)。这段说明道的玄妙主要体现在万事万物的对立统一之中,对立双方总是相反相成的关系。

(二)虚而不穷的特性,即它完全不同于物的特性

"道冲,而用之或不盈。渊兮,似万物之宗"(第四章)。意思是说:大道空虚,但用起来不会穷尽。深不可测,好像是万物的本宗。大道的本体是空虚的,但又不能像认识万物那样去理解它。万物都是实有了才有用。大道与此相反,它是空虚而有用。大道是空虚的,然而正是空虚才能起作用,并且用不完,用不尽。"三十辐共一毂,当其无,有车之用;埏埴以为器,当其无,有器之用;凿户牖以为室,当其无,有室之用"(第十一章)。有和无是对立的存在,他们是相互依存的关系。虚无也有它不可忽视的作

用。老子针对人们不明大道的普遍表现，指出了虚无的重要性。

（三）无私的特性

老子在第五章、第八章、第九章中运用比喻来说明大道的无情无欲、与世无争、普利万物、功成身退的无私特性。"……金玉满堂，莫之能守；富贵而骄，自遗其咎。功成身退，天之道"（第九章），也就是说成功了之后就要急流勇退，不要把住功劳不放。"生之畜之，生而不有，为而不恃，长而不宰，是谓玄德"（第十章），这段足以说明大道的无私特性：生育万物，养育万物，生养了但不自己占有。自己做出了贡献，但不去依赖它，自己管过它，但不去主宰。"万物恃之以生而不辞，功成而不有，衣养万物而不为主"（第三十四章）。老子认为万物都是从大道中化生出来，都接受了大道的施与才能生存。说明大道造化万物，无私无欲。

‖作品来源‖

《中国教师》2007年第S2期。

上善若水　为而不争
——解读《道德经》（节选）

周高德

> **导读**
>
> 老子在《道德经》第八章中说："上善若水。水善利万物而不争，处众人之所恶，故几于道。"水滋润万物但不与万物相争，所以像水这样的品格最接近于老子所指之"道"。

老子用水来比喻"上善"者——"不争"之品格。所谓"不争"，指不争功、不争名、不争利。水，"善利万物"而不争功、不争名、不争利，是谓"不争"；水，"处众人之所恶"（即处下）而不争名，是谓"不争"。世人往往以为"不争"者，必无能。其实不然。对此，老子同样以水为例，论证了水的力量之强大。他说："天下莫柔弱于水，而攻坚强者莫之能胜，以其无以易之。"（第七十八章）天下没有什么事物比水更柔弱的，然而攻克坚强东西（的力量）没有（什么事物）能够胜过它。之所以攻克坚强东西的力量没有什么事物能够胜过它，是因为水柔弱得没有什么事物能够代替它。

老子又说："天下之至柔，驰骋于天下之至坚。"（第三十四章）天下最柔弱的东西，可以在天下最坚硬的东西中畅通无阻。这里老子所言"至柔"之物，也是指水。水，虽然"攻坚强者莫之能胜"或"驰骋于天下之至坚"，但却能随方就圆而不争胜好强，是谓"不争"也。"夫唯不争，故无尤。"（第八章）正是因为像水那样与物不争，所以便没有过错。这是老子之所以教人"不争"的缘由。

老子还在《道德经》第六十六章中指出了"不争"所产生的理想效果，这就是"以其不争，故天下莫能与之争。"值得指出的是，老子教人效法水之"不争"，并非教人无动于衷而无所作为，而是教人要法"道"自然而有所作为。譬如，老子教诲说："居善地，心善渊，与善仁，言善信，政善治，事善能，动善时。"（第八章）即：在对待个人地位上，避高趋下，善于位居众人之后，不计地位卑低；心境，善于保持深沉宁静的状态；与人结交，善于友好、仁爱而不求报答；说话，善于恪守信用；执政，善于做到清正廉洁、公平不倚，达到"清静无为"的境界；处事，善于发挥能力并圆融；行动，善于随顺天时、把握时机、合乎时宜。

不难看出，道教提倡的"七善"，均是从"水"那里得到的启示。可见，道教将水与人格品质、道行修炼做了三个方面的联系与阐述：第一，老子"不争"的思想是根据水"利物""处下""柔弱"等自然特性，使其人格化而来的。第二，"利物""处下""柔弱"，均属于"不争"的范畴，故可以说"利物而不争"（即"为而不争"）、"处下不争""柔弱不争"。如果一个人做到了"利物""处下""柔弱"，那么这个人他也就做到了"不争"。第三，"为而不争"是人生修养的最高境界。老子教人"处下"和"柔弱"是为了避免和防止人们"居高"和"刚强"。

老子在《道德经》最后收笔时写道："圣人之道，为而不争"。由此可知，老子以"为而不争"作为人类的最高行为准则，亦即人生修养的最高境界。如此，则与"道"合一也。

"故道生之，德畜之，长之育之，成之熟之，盖之覆之。生而不有，为而不恃，长而不宰。"（第五十一章）"道"化生万物，"德"——"道"之性——蕴含于万物之中。因而，"道"使万物得以成长发育、使万物得以成熟结果，并像父母给孩子盖被子一样使万物得到关爱与呵护。"道"化生了万物却不占有，使万物得以生存，却不主宰万物。一言以蔽之，"利而不害"（第八十一章）。

值得一提的是，在老子《道德经》一书中，蕴含"不争"思想的经文俯拾皆是，除上述"善下""柔弱"外，还有"不自见""不自是""不自伐""不自矜""功成身退""知足""知止"等等,这些都是从"不争"的思想中所引申出来的。老子还把"不敢为天下先"(第六十七章)"不争"奉为"三宝"之一。这是因为"不争"符合"无为"的思想,为"无为"的表现之一,而"无为"乃"道"之重要特性,"道常无为而无不为"也。因此道教中常以"不争"和"无为"作为一个联用的术语,谓之"无为不争"。

综上所述,老子以"水"象征"上善"者之"不争"品格,十分恰当。"不争"乃"道"之重要特性,而"水"具备之,故言水"几于道"也。"上善若水",这是老子的人生态度,也是老子所倡导的处世哲学。从古至今,道教徒都以"不争"作为其对待社会人生的基本态度,后来成为道教人生观中的重要特征。因此,道教徒常以"上善若水"赠书他人以共勉。

【作品来源】

《中国宗教》2005年第4期。

老子的"道"与一二三（节选）

张澄清

> **导 读**
>
> 　　老子提出了"道"的学说。"道"是老子哲学的最高范畴，它是世界的本原，具有宇宙统一和宇宙发展规律的意义。万物从"道"产生，又复归于"道"。

　　老子看到了"道"分化的倾向、事实和因素，作出了哲学的概括："道生一，一生二，二生三，三生万物。"（第四十二章）其中的一、二、三不是数字的递进，而是始初的、虽不完善但却深刻的哲学思想。老子看到了"道"的分化，但又力图维护其原始统一整体的至高无上的完满性，并从统一整体方面来探索"道"的奥秘。正是以此一以贯之，演绎出老子整个哲学思想体系，显现出它固有的特点，它的成就和缺陷。

　　从宇宙生成方面看，老子的一、二、三标志着万物生成的过程。万物是由"道"产生出来的，一是从"道"中分化出来的最初的东西，是万物中的第一个东西，也是万物的代表，万物是众多的一。但从生成是个过程看，一还不是万物，一要发展成为万物，要分化为二而达到三。老子接着说："万物负阴而抱阳，冲气以为和。"（第四十二章）万物都有阴和阳两个方面，从一分化出来的二，并不是两个东西孤立无关或绝对对立，也不是简单的连续，而是对立的统一。"负"和"抱"联用，有向背的意思，描绘出万物中阴和阳的关系以及万物与阴和阳的关系，隐含着事物中正、反两面的对立与统一。老子还进一步提出了第三者"和"，这样万物生成的过程显示出更深的层次、更合理的展开。道的一、二、三以至万物比之古希腊以数为本原的一、二、三以至十的思想来说，是更高的抽象，更具有哲学思维的特点。

与宇宙生成密切相联系，从认识和逻辑方面看，老子的一、二、三标志着认识分化的过程。老子说过"道"是"大"，并未明确说过"道"是"一"，但在"圣人抱一为天下式"（第二十二章），"昔之得一者，天得一以清，地得一以宁，神得一以灵，谷得一以盈，万物得一以生，侯王得一以为天下贞"（第三十九章）中，"一"就是指"道"。这样，可以把老子思想中的"一"分成两层意思来理解。（1）"一"就是"道"，是指混成的尚未分化的原始统一整体本身，它自根自本，自生自成，是"独立而不改""周行而不殆"（第二十五章）的。"道"是"一"，是太一。《庄子·天下》中称关尹、老聃"主之以太一"。《吕氏春秋·大乐》中说："道也者，至精也，不可为形，不可为名，强为之〔名〕，谓之太一。"（2）"道生一"与"道"是"一"不同，"道生一"的一是分化的开始，是最初的具体的东西。道先要生一，然后"一生二，二生三，三生万物"，这里的一是具体的一，是具体的事物。

老子还提出了发展思想中极为重要的三，但在他那里，三是和，有和谐、调和、柔和之意。通过三，事物又达到了统一。但三并未达到新的更高阶段上的统一，基本上只是一的重复，一的"周行"，与他反复强调的返、复、复归是一致的。在第二十八章等处提到"复归于无物""复归于朴"，更是明显地说出了复归于无名的原始统一的"道"了。老子不能揭示三在发展中的重要意义，不能把对立统一关系推进一步。

作品来源

《厦门大学学报》（哲学社会科学版）1998年第1期。

大器"晚成"抑或"免成""无成"？（节选）

王中江

> **导　读**
>
> "大器晚成"一语出自传世本《老子》第四十一章，后成为中国众多常用成语之一，原意是说巨大的器物需要长时间的造就方能完成，运用到人身上，则寓意有大成就的人要经过长期坚持不懈的积累才能成功。

"大器晚成"这一成语已渗透到了中国人的精神生活中，不时被用来鼓励或夸奖那些成名较晚的人士。面对现代社会热衷于早成、速成的节奏，面对快者先、慢者后的心态，"大器晚成"又增添了一缕时代的光彩。

可是，现在这一成语遇到了"身份"上的问题，被怀疑原本可能不是"大器晚成"，而是"免成"或"无成"。若如此，这一固定化的成语就变成了讹传，《老子》思想中"大器"可成的义理也不存在了。这件事情的起因是，在马王堆帛书《老子》乙本中，通行本流传的"大器晚成"写作"大器免成"（帛书甲本此处残缺）。据此，一些研究者就认为，这是不同于传世本的难得"异文"，断定"大器晚成"乃误抄所致，原文本当是"大器免成"。在义理上，"大器免成"正好又同上下文中的"大方无隅""大象无形""大音希声"相合。笔者则有不同看法。

在《吕氏春秋》中，"大器晚成"同样作"大器晚成"而不作"大器免成"。此书《乐成》篇引用了三句话："大智不形；大器晚成；大音希声。"第一句话不见于《老子》，后两句无疑是出自《老子》。其题目叫《乐成》，作者显然主张"乐于成",而非"乐于不成"。同《韩非子·喻老》篇的解释方式类似,《乐成》也是用事例说明包括"大器晚成"在内的几句话的道理,旨在强调要成就大功、大业,必须不懈而专一地行动,最终让百姓乐享其成。陈奇猷将本篇所要说明的道理,同《韩非子·喻老》的解释结合起来,认为两者属于同类。《韩非子》和《吕氏春秋》这两个文献的记载是非常珍贵的,不能为了论证晚于此书的帛书乙本中的"免"读作"免",就无视这两处的明确记载。

至于在义理上,老子并没有大器"免成"或"无成"的意思。同"大器晚成"前后紧密相连的句子,前一句是"大方无隅",后两句是"大音希声""大象无形"。这四句话不能归为"一类"。能够归为一类的只有"大方无隅"和"大象无形",这两句用的是"无",以完全否定立论。而"大音希声"不等于"大音无声",不能与此划为一类。所有的版本都作"希声"。"希"的意思是"稀少"或"少",但声音再"稀少",也不是"无声"。"大音希声"意谓宏伟的乐章不轻易发出声响,引申为伟大的政令不轻易发出,伟大的声誉总是来得很慢。《老子》第十四章说的"听之不闻,名曰希"的"希",也是指"稀少"。《老子》第二十三章有"希言自然"的说法,"希言"和"希声"的用法一致,不能说"希声"就是"无声"。既然"大音希声"同"大方无隅""大象无形"不完全是一类,"大器晚成"自然也就不能算是例外。

在《老子》一书的其他章节中,同"大方无隅""大象无形"完全一致的句式,只有"大制不割"(第二十八章)一例。《老子》一书描述伟大事物的例子,更多的不是用"完全"否定的方法,而是用"表面上"的否定以对其加以强调。如"大白若辱"和"大成若缺,其用不弊。大盈若盅,其用不穷。大巧若拙,大盛若诎,大直若屈",就是这样的例子。这些用例不同于"大方无隅""大象无形"和"大制不割",它们是以"仿佛"("若")有不足的方式来肯定伟大事物之伟大,而不是用"无"和"不"的方式来否定它们。

"大器晚成"同《老子》其他章节说的巨大的事物需要逐步"积累"

才能实现和完成的意思相一致。如《老子》第六十三章说："图难于其易，为大于其细。天下难事必作于易，天下大事必作于细。"第六十四章说："合抱之木，生于毫末；九层之台，起于累土；千里之行，始于足下。"这里说的通过不断积累来成就伟大，正与"大器"也需要很多时间来积累和完成在义理上完全一致。"大器"之"大"，在老子那里当然不限于具体形器，而是指抽象的伟大事业。总之，根据《老子》一书本身的内容，更多的传抄本和早期的文献记载，帛本的"大器免成"、简本的"大器曼成"读作"大器晚成"是十分恰当和准确的，读作"大器免成"和"大器无成"，既缺乏文献上的有力根据，也不符合老子的义理。

【作品来源】

《中国社会科学报》2013年2月4日第A05版。

从"无为而无不为"看《老子》"道"的智慧
——《老子》第五十一章阅读札记

吴立群

> **导读**
>
> 老子道的思想体系的主轴是"道常无为,而无不为"。以一种超越常识、超越经验的方式来理解《老子》道的"无为"而"无不为",才更能领略《老子》的精神与道家的智慧。

本文试图通过细读《老子》第五十一章,管中窥豹,从中领略道的"无为"而"无不为"的境界,感悟道的深刻与智慧。

一、解读《老子》第五十一章

本章阐发道与德对滋生万物,养育万物,使之定形,使之成长和成熟的伟大作用,重点在三个句子:"万物莫不尊道而贵德",说明道德的伟大;道德"莫之命而常自然",说明道德是自己如此,不假他人;"生而不有,为而不恃,长而不宰",说明道的玄德。

"道生之,德畜之,物形之,势成之"四个分句组成一个由道生—德畜—物形—势成这样一个由上而下的结构层,道生万物,德育万物,万物对道德莫不尊重推崇,而道德对万物的伟大作用却并没有谁能指使它这样做,而是其自然而然的本性和品性如此。"是以万物莫不尊道而贵德"这句,河上公注曰:"道德所为,万物无不尽惊动而尊敬。"[1] 王弼注曰:"道者,物之所由也,德者,物之所得也。由之乃得,故不得不尊。失之则害,故不得不贵也"。[2] 故此,万事万物莫不尊崇道而珍贵德。"道之尊,德之贵,夫莫之命而常自然。"这句是说道德的尊贵,并不是像世俗所封的品秩、爵位那样,而是以虚静无为,任万物之本能,按照自然规律而发展,道德的尊贵也不是世俗品秩、爵位所能比的。本章出现的生、育、长育、养、覆是生命的五个阶段。万物从出生、哺育、长大、成熟到养老送终都是道德的自然施与。

"生而不有,为而不恃,长而不宰"是本章的落脚点。虽然道德生养万物,即"无不为",然而却并不居功自傲,因为它是自然如此,本性如此,即"无为"。这就是"道常无为而无不为"的玄德所在。王弼注曰:"不塞其源,则物自生,何功之有?不禁其性,则物自济,何为之恃?物自长成不吾宰成,有德无主,非玄而何?凡言玄德,皆不德,而不知其主,出乎幽冥。"[3] 刘坤生认为这是王弼注老子中最精彩的文字之一,因为他用具体的简练的语言阐明了老子"无为"哲学的内涵和意义[4]。"不塞其源""不禁其性"意指道以其无为开万物生命之源,顺万物自由之本性。这句可解释为:道产生了万物而不以为己有,创造了万物而不以为有恩德,育成了万物而不为主宰,这就叫"玄德"。

二、"道"的无为而无不为

老子在《道经》的最后一章第三十七章中就已提出"道常无为而无不为"。王弼注"道常无为"为"顺自然也",而"无不为"注为"万物无不由为以治以成之也"。"顺自然"即是大道产生万物的一种"不生之生"。这种"道常无为而无不为"的核心思想在本章中又一次得以清晰地显现。

---

[1] 汉河上公注:《老子道德经》二卷,《四部丛刊》,上海商务印书馆,1936年版。

[2][3] 王弼注:《老子道德真经注》二卷,《诸子集成》,中华书局,1958年版。

[4] 刘坤生:《老子解读》,上海古籍出版社,2004年版。

《老子》本章看上去是说道以其无为自然化育万物,但其落脚点是在"玄德"。老子提出的玄德,即道之无为的境界。老子提倡"致虚""守静",他认为只有这样才能守住"道"。而"无为"就是通过否定感官物欲的放纵,否定人为的观念和理论对人的精神的束缚,返璞归真,归于自然。王弼注曰:"有德而不知其主也,出乎幽冥,故谓之玄德也。"[1] 圣人有德而不使人觉其有德,这正是道家有德的关键,这也正是道的超越性。

老子的无为并不是不为,因为物有常性,物有往来,所以不可强为,不可偏执。"为者败之,执者失之"。[2] 因为,物有常性,事物的常性即其自然之性,它是圆融一体的,如果用强为的方式打破这种常性,分割其圆融自然之性,那么就破坏了它的常性,即"为者败之"。同时,物有往来,诸性无常,用现在的语言来理解就是说构成事物的原因是多方面的,复杂的,如果人们只按照自己的理解自以为是地只执一端,是抓不住事物的本质的,即"执者失之"。老子"无为而不为"的"为"就是那种顺万物之性,因万物之心,畅万物之情,乘万物之势,即顺应自然的"为"。

三、"道"对常识与经验的超越

本章最后两字"玄德"是全文的关键。《老子》中多次提到"玄"和"玄德"。在《老子》五千言中很少有重复之语,而"玄德"在本章与第十章用同样的文字重复申明,"玄德"在《老子》中出现了四次,而"玄"字也出现了十多次,足见老子对"玄德"的重视。"玄""若""或""似"等模糊性的用词恰好表达了《老子》思想的精髓。老子反对的是人为设定的所谓的善恶美丑等价值标准,反对的是人们习以为常的经验与常识,而追求一种无雕琢的自然的朴与真的状态。"昭昭""察察"[3] 这种从常识上看非常得意的气象,在社会层面上人们所要追求的功名利禄,在老子看来恰恰是要抛弃的,而"昏

---

[1] 王弼注:《老子道德真经注》二卷,《诸子集成》,中华书局,1958年版。

[2] 《老子》第二十九章。

[3] 《老子》第二十章。

昏""闷闷""大智若愚"[1]却正是道家超越常识的境界。

（一）否定的方式

对《老子》的解读历来有从宇宙生成论的角度来理解。这本身并没有问题。《老子》中无疑包含着对主体以外的客体本身的探讨，对客观世界原因的探究。哲学本身就起源于对自然、对物质世界的疑问和惊奇。与现代哲学相比，古代哲学更倾向于对客体认识的讨论。但是我们如果仅停留在指实的层面上，来理解"道"的"无为而无不为"，以一种常识的概念框架来理解《老子》，那么，我们离老子的思想就越来越远，也就无法理解老子"道常无为而无不为"的深刻蕴义。

《老子》的"道"是"道可道，非常道"的"非常道"，即是一种非对象化的存在，具有高度的抽象性。老子的道又是作为一种否定的道，冯友兰称之为"负"[2]的方法，王弼把它归为是一种本质的"无"。《老子》不从正面说"道"是什么，而只是在破除了不属于"道"的那些属性之后，让我们慢慢接近"道"的真实品性，从而领悟"道"是什么。本章就是从"生而不有，为而不恃，长而不宰"的这种"无为"的品性，以一种负的方式、破的方式转到最后一句"是谓玄德"，最终体悟道的品性就是这样一种玄妙之德。

老子通篇谈道都是用一种否定的方式，以破的方式、负的方式来试图说明这不可言说的"道"。"无为"否定的是对物欲的放纵，人如果受物欲支配，"生生之厚"的过分求生反而导致过早地夭亡，走向生的反面。"无为"否定的是"智"与"巧"，主张绝圣弃智，回归本然的拙朴。王弼对老子"无为"的理解可谓深刻，他说："物有常性，而造为之，故必败也。"[3]造，就是造作，主宰与把持的结果必然就是虚伪和造作，也就是纯朴本性的丧失。这种否定的思维方式与西方逻辑分析的正的方式截然不同。逻辑分析的方式是从假设出发，一步步接近所要论证的对象。

---

[1]《老子》第二十章。

[2] 冯友兰：《中国哲学简史》，北京大学出版社，1996年，第282页。

[3]《老子》第六十四章。

（二）无分别的方式

道家以直觉出发，让悟道的人感觉"道"的存在，对体道的人却说其不可言说。因为只要一言说，即是要用语言来表述、规定它，就必须要为之名，而一为之名就必然将其对象化，只要将其对象化就产生了分别，那这就和西方逻辑分析别无两样，西方逻辑分析就是一种二元对立的思维方式，而道家的思维方式恰恰是要取消分别的。这样，这种无法言说的道自然就带有神秘的色彩。在这一点上，道家与佛家非常相似，而"道"与"禅"就是这种相似性的具体代表。但是为了了解道，还是必须要言说道，就像禅宗从最初"不立文字"到"不离文字"一样，为了找到一个方便的途径来接近道，就只好强为之名，然而老子始终强调的是一种无分别的存在，而不是一种实体的存在。这种将形而上学与价值学联系起来的思维方式与西方思辨的哲学纯由概念来建立的体系不同，没有对生命的实践体悟是难以求得道的真谛的。老子所说的道是一种超越常识，超越经验的，哲学意义上的存在。如果我们从常识、经验的角度去理解，则永远无法领略道的精深与奥妙。

四、"道"给予我们的启迪

在今天，《老子》的思想已经渗透到人们日常的行为方式当中，人们经常自然而然、脱口而出的很多用语仍是《老子》的话语："千里之行，始于足下"[1]"根深蒂固"[2]"天长地久"[3]"大器晚成"[4]"祸福相倚"[5]"自知之

---

[1]《老子》第六十四章。

[2]《老子》第五十九章。

[3]《老子》第七章。

[4]《老子》第四十一章。

[5]《老子》第五十八章。

明"[1]"出生入死"[2]"天网恢恢"[3]等等。

老子的道和一、有和无、言与不言、名和常、玄妙与玄德等等概念，一个字就蕴含着一个深刻的哲学思想，一句话就给人留下无穷的回味和无尽的思考。这也正是《老子》的魅力所在。千百年来它吸引着历代史学家和哲学家们冥思苦想，穷究其理。古今名家的著作仅流传下来的就有数十家之多，如果搜罗广泛一些，也许可达到百家以上。对《老子》五千言的注释、论证文字也达到了数百万字，各说杂陈，见解不一。老子似乎成了各家老子或老学的各家。各个时代的人对老子有不同的理解，同一时代的不同人对老子也有不同的诠释，甚至同一个人不同的时期读《老子》也有不同的感悟。我想，经典的魅力就在于它能留给人们无尽的想象和发挥的空间吧，超越时空，方显经典。

老子究竟想要说什么，我们已无法实证，尽管历代大家纷纷解老，但终究只是老子他说，未有轻言读懂《老子》者。因此读《老子》并不强求统一，并不非要分出真伪。用一种世俗的尺度来定出方圆规矩，作出价值判断恰恰是与《老子》的思想背道而驰的。老子无为而自然的思维方式在天道和人道中都能显现。

天道无为是自然而然的，人道法天，因而人道无为就面临着客观世界的规律性，人道要顺自然的规律。然而，人之所以为人，是因为人作为一个实践的主体者必然有一个目的性，合规律性与合目的性始终是一个难以解决的二律背反。那么无为自然的"道"能在多大程度上解决这个矛盾呢？天道自然设定的境界如何能在社会人道中凸显出来呢？这一质疑用工具理性的思维就是"道"的无为自然的思维方式的可操作性在哪里？说得更直接些，无为自然的道在现实社会中有什么意义？尽管老子的道具有一种超越性的境界，但如果我们在现实中找不到它的落脚点，那也只能是空中楼阁。顺着这一思路，很容易得出一个结论，道家是非现实性的。

---

[1] 《老子》第三十三章。

[2] 《老子》第五十章。

[3] 《老子》第七十三章。

然而，社会毕竟永远是一个未完成的社会，人性也毕竟永远是一个未完成的人性，我们毕竟不能仅仅停留在一种指实和操作的层面，人性也毕竟不可能仅仅停留在生理的和物理的需求层次上，人毕竟有其之所以成为人的根本属性，那就是对生活方式、价值的追求，在超越生存方式的层面上追求人性的光辉。我们的现实社会难道不需要设定一种超越性的境界，不需要一个理想的灯塔的指引吗？在纷纭复杂，迷乱彷徨的现实中，我们需要有深刻的哲学思想进行批判、反思、引导，以促进社会的前进与发展，道家超验的、超然的、无为自然的思维方式对当今现实人生仍具有一定的指导意义，如果我们能在反观历史中对老子所言说的"道"有所感悟，在比照现实时能对我们的人生有所启迪，那就是《老子》的意义，经典的魅力所在。

‖作品来源‖

《舟山学刊》2005 年第 4 期。

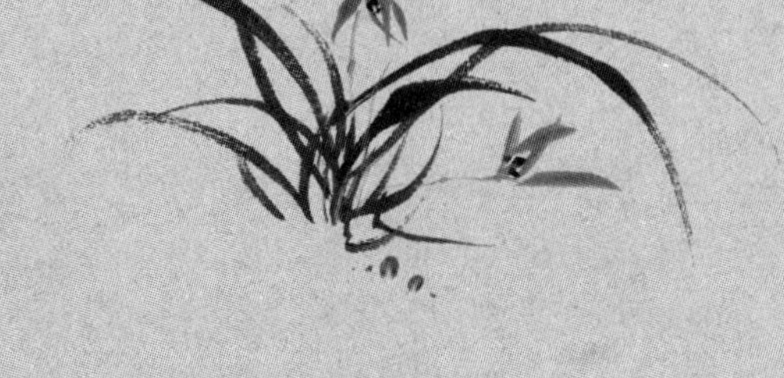

第三章 返璞归真·老子不老

老子及《道德经》的研究与价值重估（节选）

陆中明

> **导读**
>
> 老子是一位值得我们投入更多关注的思想家、哲学家，他的《道德经》是十分重要的先秦文献。任何一个人在认真地学习体会老子的思想之后尽管可能评价各异，但都不得不承认他的思想处于中国古代哲学的高端，其地位是任何人无法取代的。

按照现有的资料，老子年长于孔子，但仍有相交的可能。孔子曾问礼于老子。孔子的记载多而较详细；老子的记载少而模糊，甚至混同于他人，出现难以厘清的疑案。但这恰恰符合这两人各自的特征：孔子带着大批学生，曾经匆匆忙忙地奔走于各国，有时遭冷遇，有时被待为上宾；老子却近乎是一个孤独的隐者，他与学生的关系主要是暂时的个别的接触指导，谈论的问题似也比较玄虚，更带有哲学的意蕴。孔子可能在做教育家的同时更关心政治上的作为，也多次想把握掌权的机会，他的思想也更接近于为政及具体伦理、道德、礼节、语言、技能的掌握与熟习；老子则是在周的守藏史的位置上，熟读历史典籍与分析了整体的天下大势之后，自愿地"退休"，苦思冥想，关注的是天地人的沟通，进行玄虚而又覆盖自然与社会及人的心理行为的整体性思考。老子和孔子的学生与继承他们学说的后学者的思想、行为指向、学识指向也各自殊分，孟子与庄子各方面的差异或许也正是儒道两家差距的指示器。在整个文化系统中，儒道的差距也很明显，儒家的体系逐步上升为官方哲学，且越坐越稳；道家却经过为帝王师与民间宗教的大分化，尽管也有帝王为老子建祠立庙，但其理由或因为李姓同宗，或因为期望长生不老，气功炼丹，或撒豆成兵，法力护国，那其实与老子《道德经》中的理想追求相去何止千万！儒家的"市场"，在伦理、在道德、在教育、在学堂、在考场、在八股文章、在上早朝的辛苦官员中或许还有某些满嘴仁义道德后的无耻勾当——当然这不能怪孔子与儒家，正如有些人欺世盗名、满嘴妖言，也与道家和老子无大相关一样。老庄与《道德经》的"市场"，则主要在退隐、在山居、在心性、在比较自由的呼吸与行走，在优秀的诗人和戏剧家、小说家，在更看重感情而不太看重仕途的人心中，在遭遇亡国之痛，宦途遇挫，或妻离子散大悲大苦感悟人生之后，在山水逍遥、夜间空明月色、抒发性灵之际……

同中有异，异中有同，儒道两家是同一中华之藤上的果实，相差相补，互为基础，有时互有纷争、互相指斥，但也可互相影响、互相过渡、互相依靠，此中天地非三言两语能道尽，它横贯着数千年的历史与文明。但明显道家在批判的力度、心性的自由、灵魂的解放之方向上略胜。可能道家思想体系在今后社会发展的道路上将更受现代人的欢迎，人们可能会更感谢老子这个哲学大家书写的《道德经》为他们在两千多年前所作的精神铺垫与方向指引。

《道德经》表明老子不仅在自己的思考中把握辩证思维，预言发展，警示极端，也将辩证的思维方式以简明的语言叙述告知大众。《道德经》无疑是最早的普及大众哲学的优秀教材："大器晚成，大音希声，大象无形，道隐无名。夫唯道，善贷且成"；"万物负阴而抱阳，冲气以为和"；"有无相生，难易相成，长短相形，高下相倾，音声相和，前后相随"；"天下之至柔，驰骋天下之至坚"。这些辩证哲学的语言可以说哺养了二千多年的文明，使人在困难的时候追求转折，在濒于绝望之时争取希望，大夜弥天之际企盼黎明，精神的力量无穷，道的力量无穷！

老子对辩证原理的理解应该被运用于政治、经济、军事、社会发展各个领域。今天人们的教育成长、人际关系、企业管理、商业贸易都应该能吸收这种哲思的辩证因素，他主张的静、守，是良性且合规律的变化，这一点用"上善若水"四个字可以做出较充分的概括。

　　当然,毋庸讳言,老子及其思想为历代所诟病之处也很多,最主要的应该是"愚民""权术"与"安于小国寡民"这三条"罪状",综合起来用一句曾经时髦的话叫做"开历史的倒车",所以某些现代哲学家才有理由拼命地证实老子是站在"没落的奴隶主贵族阶级立场"一边。对于这样一种非难,笔者以为只要评析老子思想的人能多懂得一些全面地看问题和多懂得一些老子倡言的辩证看问题,应该不难知道老子的真正所指:无为不是消极,有为可能造成灾难;"曲则全,枉则直,洼则盈,敝则新,少则得,多则惑";"不自见,故明;不自是,故彰;不自伐,故有功;不自矜,故能长";"夫唯不争,故天下莫能与之争。古之所谓'曲则全'者,岂虚言哉?诚全而归之"。有人还说老子不讲功利,是保守主义,但老子明明强调说的是"不自伐,故有功;不自矜,故能长",和"生而不有,为而不恃,功成而弗居"是更好的对待功利的态度,是更好的对历史经验的总结性思考。能真正理解以上这些段落,就应该能领悟所谓用"开历史倒车"和"没落的奴隶主贵族阶级立场"的判定词来批评老子"愚民""权术""小国寡民"的说法是否正确了。好在有许多最近新出的注译《老子》的书籍都认真分析了这些问题,此处不再赘言,关键之处是真正领会老子的辩证的理论体系,不作片面的极端的曲解。

‖作品来源‖
《西安外事学院学报》2007年第3期。

家庭道德教育的"自明"之路
——《道德经》教育思想对家庭道德教育的启迪（节选）

曹继光

> **导读**
>
> 　　道德教育是家庭教育中最深刻的内涵之一，然而，在当前的中国，家庭道德教育却显现出"非道德"的德育现象。深究道德教育"非道德"的根本原因，在于教育者脱离了"道"求"德"，将2500年前《道德经》所传授的"道德"教育思想遗失殆尽，缘木求鱼。

一、道德的内涵

　　厘定"道德"的内涵，必须要搞清楚"道"与"德"。《道德经》开篇便言道："道可道，非常道；名可名，非常名。"道"惚恍"地存在着，"视之不见""听之不闻""搏之不得""迎之不见其首，随之不见其后"，是"无状之状""无物之象"（《道德经》第十四章），但是它"有物混成，先天地生。寂兮寥兮，独立而不改，周行而不殆，可以为天地母"（《道德经》第二十五章），它是比天地更久远、没有时间与空间局限的存在。用现代的通俗语言来解释，"道"就是主宰宇宙运行流变的恒常力量，它是绝对真理，是绝对自由。

　　"德"的第一次出现是在《道德经》第十章："生之畜之，生而不有，为而不恃，长而不宰，是谓玄德。"王弼注解"玄"字说，"玄者，冥也，默然无有也"，也就是说，"玄"就是"无"和"有"的叠加状态。"无"和"有"

是《道德经》中最关键的概念:"无,名天地之始;有,名万物之母……此两者同出而异名,同谓之玄。玄之又玄,众妙之门。"(《道德经》第一章)"无"先天地生,"有"生长万物,二者同出于道,只是叫了不同的名字。"玄之又玄"意为奥秘中的奥秘,这个奥秘就是"无有叠加",无有二者叠加,便打开了世间一切妙有的大门。这是因为"道生一,一生二,二生三,三生万物"(《道德经》第四十二章)。道即"一";"一"的特质为"无有叠加",即"二";由"二"导引出来的"有无相生"(《道德经》第二章)和"反者道之动"(《道德经》第四十章)的运动,即"三",就是在"无"和"有"之间自由往返,生出万物。

因此王弼得出"德者,得也。常得而无丧,利而无害,故以德为名焉。何以得德?由乎道也"的结论,直接阐明了"德"的根本内涵。蕴含"无有"精妙的"玄德"直接源自恒常的"道":一方面,"德"是万物从道获得的得以生存的样态;另一方面,"德"是"道"滋养万物的恩德显现。《道德经》第五十一章"道生之,德畜之,物形之,势成之,是以万物莫不尊道而贵德",更加清晰地表明"德"就是"道"畜养万物的功用体现,尊道贵德是万物生长的基本规律。因此,"道"是体,"德"是用,"道之有德,谓之'道德'","德"只能是"合道"的,"离道"的便不是"德"。

二、"自知者明"是家庭道德教育的本质

"教育,就其根本的和宏观的内涵而言,就是按照大自然生我们的规律(道)、养我们的规律(德)来因势利导,帮助人们更好地生存和成长。"教育天然地具有"道性"与"德性",这便规定了道德教育的内涵与合法性源头。道德教育,一方面是将以"道"为体的"德"显现出来,供人遵从学习;另一方面,是道德教育本身具有"道德性"。"道"是"德"之体,"德"是"道"之用,二者合一的教育才能称得上道德教育,这就是道德教育本身的"道德性",也意味着道德教育必须以"道"为范,只有"道"才能作为真正的"德师"。如何才能做到以"道"为范呢?宇宙万物生于"道",人性自然发

端于"道"。这个发端于"道"的人性就是人的本来面目——"自"。因此，人对"道"的认识与遵循必然通过对"自"的认识与把握而实现。

《道德经》第三十三章说"知人者智，自知者明"，一语道破"自"的奥秘。"知人"与"自知"是一组相对的范畴，"知人"是向外看，是个体所获得的关于他人的知识，即"智"；"自知"是向内观，是对"自"的本来面目的反观自照，借由识得自身而照见自己与世界的关系，包括自己与自然、与社会、与他人的关系，这个过程就是树立正确的世界观、人性观、价值观与教育观的过程，即通达"明"之境界。"自知"是"知人"的前提与条件，有"自知"之"明"的人，也就同时获得了对他人的"知"。因此圣人可以达成"不出户知天下，不窥牖见天道"，可以"不行而知"（《道德经》第四十七章），可以"以己身知人身，以己家知人家"（河上公注），也可以"执古之道以御今之有"（《道德经》第十四章），都是因为对自性的深刻直"观"，达成"自知者明"，从而明了"全人性"。

陈建翔认为，"道德教育的本质，是在认识和掌握自然规律的基础上，经由知止、自律而走向人生自由"。知止、自律正是建立在"自知"基础之上的自觉意识，经由摆脱人格中的无意识控制，达成自由意志。家庭是距离人性最近的道场，因此家庭教育更有利于从内向外地显现人性的内在意涵。学校道德教育更多的是从规范化、专业化、特定化的角度规定人发展的外在轨道，这是由学校教育的特质所决定的。家庭道德教育应该责无旁贷地担当起向内发掘的责任，涵养人性，经由"自知"达到道德自觉、自律与自由。

三、"自知"是对生命究竟的直观

自知是人对生命的觉知、省察，穿透角色演饰的外在装裹，进入本体，找寻存在本身及其与世界的关系。这种觉知、省察是通过对人性的直"观"达成的。"'观'的意思是说，以无比的专注观察事物或人，以致观者与被观者之间的区别消失无踪，其结果是洞见被观者的真正本质。"《道德经》

第五十四章中说道:"故以身观身,以家观家,以乡观乡,以国观国,以天下观天下,吾何以知天下然哉?以此。""观"中内含"通达明了"之意涵,从"观"自己出发,以己身推及他人,直至"知天下"。成人想当然地自封为"教育者",成为道德规范的制定者、道德榜样的树立者与道德行为的监督者。然而,缺乏"自知"的无"明"父母只能制定"离道"的规范、树立伪善的榜样、监督受迫的行为,无情地消解孩子先验有之的对世界的一往情深,将一个概念化、刻板化、功利化、庸俗化的虚假世界生生地塞进孩子的拙朴心灵中,造就无"明"的德育,造就被无"明"戕害的孩子,造就道德滑坡、道德崩溃。因此,回归"自知"是解决人类精神流浪的终极办法。

"人法地,地法天,天法道,道法自然"(《道德经》第二十五章),人要效法地,地要效法天,天要效法道,道即"自然"——"道"之本来面目。这个本来面目是什么样子的?老子说"道"是"其上不曒,其下不昧,绳绳不可名,复归于无物"(《道德经》第十四章)、"致虚极,守静笃"(《道德经》第十六章),这里就出现了三个关键词——"无""虚""静"。"无",可以生有;"虚",以虚御实;"静",如如不动。这就是人性的起点与终点,意味着人的本体存在超越空间与时间的局限,进入整体与永恒,就如从一滴水看到一片海,人观到了全人性,理解了全人性,更得以重新建立与世界的关系。

"吾所以有大患者,为吾有身;及吾无身,吾有何患?"(《道德经》第十三章)人之所以患得患失,锱铢必较,就是因为有这个"身"的挂碍。"身"的表层意义指肉体,人往往将肉体当做"自",因此对身体的所有反应都信以为真,认为身体的消失就意味着生命的寂灭,并对此有深深的恐惧。其实,身体是宇宙生命延续过程中一种暂时的存在形式,是浩瀚的生命海洋中一朵小小的浪花,是生命的一个片段插曲,如果人生的意义全部被身体所左右,人就成为了身体的奴隶。"身"更深层的意义是"我"。"自"是"无""虚""静";"我"则是故事性的表演者,是所有情绪、认知、语言、行为的制造者,人所有的欲望、恐惧、计较、痛苦,都源自"我"的执着与膨胀,而人往往将"我"

认作本来面目并深信不疑,这是人对自己最大的误解。庄子在《庄子·齐物论》中讲了南郭子綦"坐忘"的故事,他形如枯槁,凝神遐想,离形去智,他告诉子游"今者吾丧我"。"吾丧我,我自忘矣。我自忘矣,天下有何物足识哉!故都忘外内,然后超然自得。"这个故事阐明了人性自由的通达之道便是去掉"我"执,"物物而不物于物",回归"自"性。"天下皆知美之为美,斯恶已;皆知善之为善,斯不善已。"(《道德经》第二章)标榜美,就意味着恶,标榜善,就意味着不善。标榜自己为美为善,就是人为地规定了美、善的标准,制造了二元对立,是对人性叠加态的抽取与破坏。

"人性是一个复杂的叠加态,其中矛盾的对立方面相生相克,制约平衡,形成对立面的并存、多样化的统一。这就是人性的和谐。人性的和谐一定要包含对立面的相拥而舞。""道"的自然面目就是"和其光,同其尘,湛兮似或存"(《道德经》第四章),只有和光同尘才能长存不亡。"自"不善不恶,不垢不净,不增不减。因此,对于很多我们在道德教育中极力推行的道德习惯、道德规范、道德榜样,都需要进行重新的审视与觉察。例如,一个打磨得完美无缺的规范或者榜样人物、榜样事件,表面上合乎礼制的要求,但是已经离道千里,因为老子说"失道而后德,失德而后仁,失仁而后义,失义而后礼"(《道德经》第三十八章),在相继失去道、德、仁与义之后,只能以礼制加以平衡,但是"夫礼者,忠信之薄而乱之首"(《道德经》第三十八章),礼是外在的表象演饰,远非发乎于内在的道德。"善之与恶相去几何?"(《道德经》第二十章)善与恶又相差多少呢?庄子说"德荡乎名,知出乎争",德之所以流荡丧真,是因为追求仰仗"名",智之所以横生分别,是因为争抢标榜"善"。树立"最美",就意味着制造了"最美"与"不美"或者"不够美"的二元对立,就是在搭建功利主义的伪善表演舞台,争"善"之"名",丧失了道德教育自身的道德性。

再如,一个很有礼节的孩子,却并不一定是个有礼貌的孩子。礼节只是外化行为,可以用行为主义的刺激—反应图式训练出来;而礼貌是内化美德,只有内在充盈,才可能洋溢出真实的而不是表演出来的美德,如果内在匮乏的话,就不可能产生真正的礼貌。年幼的孩子可能会被母亲强迫着"分享",却体验着生命的被剥夺感,那么这个孩子所展示出的"分享"的美德无疑是一种表演,而内在的生命匮乏却诱使他(她)占有与攫取,一但因缘际会成熟,便表现出强烈的非道德或者反道德行为。因此,当人们以道德表演为美时,就是老子所说的"下德不失德,是以无德"(《道德经》第三十八章),意即满嘴仁义道德,却最为不道德,甚至会出现道德底线的失守。

四、从自发到自觉再到自由的"自明"路径——反与观复

老子在《道德经》第三十八章中写道:"上德不德,是以有德;下德不失德,是以无德。"不以德为德,是为"上德";以德为德,是为"下德"。在一些民风淳朴的山野村居之中,自然便有路不拾遗、夜不闭户的民间道德风尚,但是这些淳朴的村民并不认为自己是有道德的,因为他们根本就没有过"道德"这个概念,也就不会有"不道德"的二元对立思想。这种原始的家庭道德教育,是由人性中本自具足的"道"——这个最本原的道德教育者直接生发出来的。"上德"之人就如赤子一样无知无欲,至真至纯地显现着大自然滋养万物的恩惠。但是当"上德"之人离开原始的村庄,来到城镇,看到了声色犬马、物欲横流,很快就不能自持,做出偷盗抢劫之事,成为道德堕落的人。就像赤子逐渐长大,开始从无知到有知,从无欲到有欲,出现占有欲和争抢行为。这其中暗含了一条人性发展的潜在的路径,即赤子不是得道者,"上德"之人不是证道人。赤子、"上德"之人所表现出来的"道德"是一种自发的品性,但并未经过觉察,道的运行并未真正完成。必然要经过"为学日增",从素朴到扩张,再经过"为道日损",从扩张损减到零,才算走完了道的运行之圆轨。也就是说,道德的发展要经历一个出走与回归的路径,在历经万千山水之后,再回到原点,这就是道的运行规律——反。

"反者道之动"(《道德经》第四十章),反意味着在无、有两极之间的自由运动,也意味着返回。因此,在道的统摄下,人性的发展不能只是一往无前的单向度的前进,必须有反,才能找到生命的归宿。与反相近的另一个规律就是"观复"。"万物并作,吾以观复,夫物云云,各复归其根,

归根曰静，是曰复命。复命曰常，知常曰明。"（《道德经》第十六章）观，即对生命的觉知、省察；复，即反、回归。回归到生命原点即达到了生命的恒久，实现了人性之"明"。这正是"自知者明"的论证之路。

在经历了山高水长、世事沧桑之后的赤子和"上德"之人是真正的悟道者、证道者，这时的道德才进入任意穿梭的人性自由王国。这是一条充满了矛盾和悖论的道路，但是生命就是这样的一个"设计"，从自发到自觉，再到自由，因此这又是一条"自明"的道德教育之路。老子用"自知者明"的道理告诉我们，我们终其一生等待的那位最好的道德的教师就是我们自己。

作品来源

《教育理论与实践》2017年第5期。

《道德经》与生态美学

赵 芃

> **导 读**
>
> 《道德经》蕴涵着丰富的生态美学思想，其内容包括生态之道美、生态自然美、生态和谐美等方面。学习《道德经》的生态美学思想，对于我们今天认识自然，保护生态环境，树立生态审美意识，发挥审美在生态建设中的影响，建立中国特色社会主义生态美学具有重要意义。

老子《道德经》不仅是道家与道教的经典，更重要的，它是中华民族思想文化史上光辉灿烂的瑰宝之一，在长达二千多年的发展中，它曾产生了极其深远和广泛的影响。《道德经》具有丰富的审美意味，开启了中国审美艺术之源，奠定了中国美学思想和理论的基础。

一、生态之道美

《道德经》中的自然观和生态思想，是生态之道美的理论基础。对于我们理解《道德经》中之生态系统美，顺应自然生态环境，树立良好的生态审美意识具有重要作用。《道德经》认为：天地万物是一个整体。"道"是天地万物的根源和基础，宇宙间的一切自然之物，都是以"道"为其最大共性的有机统一体。"有物混成，先天地生。寂兮寥兮，独立而不改，周行而不殆，可以为天下母。吾不知其名，强字之曰'道'。"[1] 对于"道"庄

---

[1] 《老子道德经河上公章句》，中华书局，1997年，第101页。

子又作了详细的论述:"夫道有情有信,无为无形,可传而不可受,可得而不可见,自本自根。未有天地,自古以固存,神鬼神帝,生天生地。"[1] "道"被看作生态自然系统运动变化的法则、规律。"天道""地道""人道"之本是"生态"之道。"人法地,地法天,天法道,道法自然。"[2] 既讲了"道"运行的基本规律,又讲了"道"的美学精神和美学原则:"道"遵照的是"自然而然"的原则,"自然而然"就是美。[3] 从而奠定了《道德经》中有关生态系统之"道"美的基本法则。"道之出口,淡乎其无味。视之不足见,听之不足闻,用之不可既。"[4]

以老子"道"为开端的生态自然思想,奠定了《道德经》中的生态美学的基础。同时对于中国传统美学精神和传统美学的形成起到了决定性的作用。"道法自然"形成了"生态之道美"的自然主义审美意蕴,并从"道"出发,为实现生态自然美推出了生生不息、生趣盎然的生态生存本体——道。"道"的意义不仅在于人生与宇宙的生态和谐统一,而且使生命的主体和自然的客体在生态学和美学上实现了象征之美和模糊之美。实现了"天人合一"的生态美的合理结合。"天地不仁,以万物为刍狗",[5] "天道无亲,常与善人"[6] 是这种结合的完美体现。

"道法自然"既是《道德经》中自然观的体现,又是生态美的重要特征。"'大自然'体现了道的原则和精神,所以'天地有大美而不言'。"[7] "道"之本性是自然、生态,"生态之自然"与"道"是相通的,离开了"生态之自然",也就不成其为"道",生态之美就成了无源之水,无本之木。"自然"就是生态、天然、自成、自然而然,表现了一种生态自然美。王弼《道德真经注》曰:"道不违自然,乃得其法。法自然者,在方而法方,在圆而

---

[1] 〔晋〕郭象:《南华真经注疏》,中华书局,1998年,第145页。

[2] 《老子道德经河上公章句》,中华书局,1997年,第102页。

[3] 潘显一:《大美不言》,四川人民出版社,1997年,第120页。

[4] 《老子道德经河上公章句》,中华书局,1997年,第137页。

[5] 同上,第18页。

[6] 同上,第301页。

[7] 潘显一:《大美不言》,四川人民出版社,1997年,第118页。

法圆，与自然无所违也。"就是说，道本身无所作为，而应顺应万物之自然。表现了一种生态自然无为之道。老子之"道"是天道即生态之"道"，自然无为之"道"而非人为之道。这种自然生态的无为之道，体现了一种生态美的意蕴和生态美的萌芽。一是指"道"初始的生态混沌美，即生态的本来的自然之美。在老子看来，"道"与"天"之生态往往是相同的，道即自然生态，天即生态自然，都是万物之本然。"有物混成，先天地生"是指自然生态的变化和发展，生态之"道"混成先天地，是无状之状，无物之象："希言自然。故飘风不终朝，骤雨不终日。孰为此者？天地也。"[1] 这里的"天地"是指生态自然存在的自在物，"是谓恍惚"，是一个"独立而不改"的生态混沌美。二是指生态自然之道的原生美，即纯粹生态的天然之美。自然就是自然而然"以辅万物之自然而不敢为"。[2] 生态自然之道，不是绝对的无为，实际上是一种生态系统自然至上的为，绝对纯粹生态系统的为。"无为"只是说"道"并非有人格意志的神物，它不去主宰和左右生态自然万物，而是一切都顺从生态自然的本性，任其自然而已。因此，"道"是自然生态的也是最美的，它代表了生态美的本质和特性。"道"之生态美奠定了《道德经》的美学基础，并对中国传统美学产生了重要影响，宣告了我国美学系统理论的诞生，同时"道"所蕴含的生态美，也形成了具有中国特色的生态审美文化。

二、生态自然美

《道德经》中生态美思想的本原是"自然美"。老子主张自然无为、真朴淡然的生态美思想表现在自然观上，就是不施作为于自然、顺其自然、纯真素朴、淡然若无，并将其作为审美艺术的最高生命、生态自然的最高审美标准。"天地任自然，无为无造。万物自相治理，故不仁也。""在早

---

[1]《老子道德经河上公章句》，中华书局，1997年，第94页。

[2] 同上，第251页。

于西方一千多年的中国文学中,已有了自然观的完美表露"。[1]老子的这种自然观包含着丰富的生态自然美思想。

(一)生态自然之"朴"美

"朴"即"道"。"道常无名,朴。"[2]《道德经》要求人们树立抱朴守道,遵从自然,素淡清真的生态审美观念。"敦兮其若朴,旷兮其若谷,混兮其若浊。"[3]道"希言自然",是"朴素"的,那么生态审美观在肯定道的生态形式,即"道"自在天然、符合生态,质朴无华,朴素是生态自然的最高生命。即生态自然的本性之"朴"美。"见素抱朴,少私寡欲",[4]自然又名为"朴",而这"朴"是未经任何社会尘染的纯真的生态本性。无饰无华,美在天然本色——"朴"。"乐与饵,过客止。"[5]这句话是告诉人们不要被有形的东西所吸引、为物欲所障蔽而忘记了无形无象的大道,更不能以有形妨碍无形,人们真正应该做的归顺大道,质朴自然。"朴素而天下莫能与之争美",[6]夫美配天者,唯朴素也。"淡然无极而众美从之",[7]顺其生态、自然素朴、淡然若无是《道德经》生态之"朴"美的真正涵义。

(二)生态自然之"真"美

《道德经》认为,生态最重要的特性是"真",真是物质的体现,大自然是真实存在的,一切真的东西是那样美好。"真者,精诚之至也,不精不诚,不能动人","真在内者,神动物外",[8]"信言不美,美言不信;善者不辩,

---

[1] 〔德〕W.顾彬,马树德译:《中国文人的自然观》,上海人民出版社,1990年,第2页。

[2] 《老子道德经河上公章句》,中华书局,1997年,第130页。

[3] 同上,第58页。

[4] 同上,第76页。

[5] 同上,第139页。

[6] 〔晋〕郭象:《南华真经注疏》,中华书局,1998年,第266页。

[7] 同上,第314页。

[8] 陈鼓应:《庄子今注今译》,中华书局出版,1983年,第412页。

辩者不善"。[1]"信者""善者"具有自然纯正与真善美的和谐统一,给人以生态美的最高感受。天地间凡是美的事物,都应该是自然纯真的、未经任何外在力量戕害的。"真"就是天然如此,"真者,所以受于天也,自然不可易也。故圣人法天贵真,不拘于俗"。[2]"为天下溪,常德不离,复归于婴儿",[3]"圣人皆孩之",[4]"常德"即是永恒的"道","圣人"也就是"真人"。与"道"不离、与"道"一体的人就是圣人、真人。圣人与真人的具体精神特征,就是复归于婴儿,使自己返归到婴儿般纯真质朴的原始自然状态。表现了一种生态意义上的人具有的生态真正美。老子"贵真"为特色的生态自然主义审美观,开创了中国美学史上注重"真"与"美"相统一的道家美学传统。

(三)生态自然之"朦"美

《道德经》的生态自然美认为,"道之为物,唯恍唯惚。惚兮恍兮,其中有象。恍兮惚兮,其中有物。"[5]"道"之恍惚是一种素朴而朦胧的模糊审美体验。恍惚不明不昧,无形无状,迎随不得。"其上不皦,其下不昧,绳绳不可名,复归于无物,是谓无状之状,无物之象,是为惚恍。迎之不见其首,随之不见其后。"[6]恍惚是"道"的本体状态,朦胧不定的深层生命律动,正是《道德经》之生态美的生命源泉。"窈兮冥兮,其中有精。其精甚真,其中有信。"[7]表现了生态自然恍惚不定并激活人的审美想象,给人不可言传的美的感受。《道德经》中的生态美就是这样恍惚而迷离、朦胧而又意趣盎然。"朦"之生态美是"道"之生态美的恍惚感悟。

---

[1]《老子道德经河上公章句》,中华书局,1997年,第307页。
[2]〔晋〕郭象:《南华真经注疏》,中华书局,1998年,第586页。
[3]《老子道德经河上公章句》,中华书局,1997年,第113页。
[4] 同上,第190页。
[5] 同上,第86页。
[6] 同上,第53–54页。
[7] 同上,第86页。

（四）生态自然之"纯"美

《道德经》生态自然美非常强调生态之"纯"——自然无为。这种生态自然之"纯"能契合客体的自然天性，达到主客体的自然交融。自然无为是人类社会和宇宙万物生存发展的"纯"生态美。万物任其自然，摆脱人为作用，从而实现生态之"纯"美。天、地、人浑然一体，"道之尊，德之贵，夫莫之命而常自然"。[1] 道之所以受到尊崇，"德"之所以被珍贵，就在于它不加干涉，而"纯"任自然、顺其本性。性真如此，自然之道才能臻至理想的境界，具有最大的"纯"美性。这种自然主义的审美观表明了"纯"自然的即是最美的，最高的审美标准和审美境界就是要合乎自然之道，体现自然无为生态之"纯"。

（五）生态自然之"蓄"美

《道德经》强调的生态自然美是若有若无，呈现出一种深朴含蓄之美。"大音希声，大象无形"，[2] "大"即"道"，即"艺术本体"，是美的极致。世界上最美的声音是无声之音，最美的形象是无形之象，美的极致是看不见、听不见、摸不着的，凡是看得见、听得见、摸得着的物质实体都是不完美的。生态之"蓄"美在于"希声""无形"，美在含蓄，包含着虚实相生的思想。只因为"道"之虚才有了象之大，万物之实。"大音希声，大象无形"的含蓄美，表现了一种阴柔宁静之美。生态之美融会于翠绿的山林、挺拔的高山、翻滚的江河、妖艳的鲜花等自然生态之中，然"道"却柔弱无比，寂寥无形。此柔弱含蓄的自然之"道"，无时不在展现着生态美的本身。

（六）生态自然之"内"美

《道德经》生态自然美是一种生态内在之美，"大成若缺，其用不弊。大盈若冲，其用不穷。大直若屈，大巧若拙，大辩若讷"。[3] 拙朴的外表包

---

[1]《老子道德经河上公章句》，中华书局，1997年，第196页。

[2] 同上，第165页。

[3] 同上，第178页。

藏着内在生态生命之美。在天地之间、宇宙之间，极美和至大都以简朴的形式出现，因而美就在自然而然的生态之内。美丑善恶相互映证，强调内容充盈完美的同时，外表却可以混乱、丑陋、奇异、怪诞、错乱。"天下皆知美之为美，斯恶已；皆知善之为善，斯不善已。"[1] 唯有丑的形式才能更有力地表现"大巧""大成""大辩"，"曲则全，枉则直，洼则盈，敝则新，少则得，多则惑，是以圣人抱一为天下式"。[2] 美即丑，丑不仅在形式和内容上参与美，而且可以从内到外、由表及里的表现并取代美。没有外在的丑的存在，内在的美就不能表现出来，就失去了存在的价值。

三、生态和谐美

《道德经》的生态审美观以超功利的审美体验来理解自然万物，将自然界看作是审美快感的最终来源，从而实现人与生态自然的和谐统一。以老子为代表的道家思想倾向于自然化、生态化，不自觉地从生态系统的角度界定了美的本质。

（一）得一和合美

得一也就是合一，天地、万物、人类皆与大道和合，毫无间隔，得一和合的状态是天地间最完美的境地。《道德经》中有"音声相和""和其光""知和曰常""和大怨""冲气以为和""天地相合""牝牡之合"等论述，是这种生态和谐美的重要体现。老子曰："昔之得一者，天得一以清，地得一以宁，神得一以灵，谷得一以盈，万物得一以生，侯王得一以为天下贞。其致之，天无以清将恐裂，地无以宁将恐发，神无以灵将恐歇，谷无盈将恐竭，万物无以生将恐灭，侯王无以贵高将恐蹶。故贵以贱为本，高必以下为基。"[3] 这里的"清""宁""灵""盈""生""贞"等不但具有自然生态

---

[1]《老子道德经河上公章句》，中华书局，1997年，第5-6页。

[2] 同上，第89-90页。

[3] 同上，第154-156页。

学意义，而且体现了道家特有的生态和谐美思想。庄子更是以自然主义的观点对老子的生态自然美作了如下解释："天地有大美而不言，四时有明法而不议，万物有成理而不说。圣人者，原天地之美而达万物之理。是故圣人无为，大圣不作，观于天地之谓也。"[1]得一和合的最终目的是要回到生态自然的本来状态。"大曰逝、逝曰远、远曰返"。[2]"大""逝""远""返"是生态系统演化的主要状态和基本历程。大是说无处不逝去，逝是说无远不到，远是说返回原始。

（二）天人亲和美

《说文解字》曰："和，相应也。"在中国传统哲学里的"天人"关系，实际上是指人和自然的关系。中国长期以来是农业文明，传统文化特别强调人与自然的亲和与协调，达到"天人合一"。《道德经》是较早提出并阐释"天人合一"思想的著作之一。《道德经》曰："天之道，其犹张弓舆？高者抑之，下者举之；有余者损之，不足者益之。天之道，损有余而补不足。人之道则不然，损不足以奉有余。孰能有余以奉天下，唯有道者。"[3]《道德经》在天之道与人之道的对比中，舍弃"人之道"而崇尚"天之道"，保持天地自然的均衡与和谐，以获得"天人"之亲和。现代生态学理论认为，生物群落与其环境组成的自然生态系统是一个具有再生能力与自我调节机能的"生命网络"。自然界是靠许多年代里不间断的实验而获得的惊人的智慧，发展了自我控制，自我调节，成为一切生命有机体中或多或少地存在的一种调节装置。"天地相合，以降甘露，民莫之令而自均。"[4]《道德经》中贵"天道"而轻"人道"的思想，是生态自然自身整体性、均衡性与自然和谐美的体现，体现了老子对大自然通过自我调节以保持其本身和谐与完整之特征的充分认识。而人生于自然并融于自然，同时，又必须在自然

---

[1]〔晋〕郭象：《南华真经注疏》，中华书局，1998年，第422页。

[2]《老子道德经河上公章句》，中华书局，1997年，第102页。

[3] 同上，第294页。

[4] 同上，第131页。

给予的条件下才能生存，也必须遵循自然的法则才能发展，这是《道德经》生态美学思想理解人和自然关系的基本观点。人在生态的演化过程中成为其中之一："故道大，天大，地大，人亦大。域中有四大，而人居其一焉。"[1] 虽然人为四大之一，但他在宇宙中的地位并不比其他三大更高，只是生态系统之一，天、地、人，亦即自我、社会、自然三者整体和谐统一，体现了一种生态系统的天人亲和美。

（三）阴阳循环美

先秦道家直到汉初《淮南子》都认为天为阳之聚而地为阴之积，直到《素问》的七篇大论，才大讲天阳地阴又各含阴阳。《道德经》中认为："道生一，一生二，二生三，三生万物。万物负阴而抱阳，冲气以为和。"[2] 道形成为一个统一体，这个统一体分裂成对立的两个方面，这对立的两个方面又形成了一个新的东西，新生的东西产生了万物。万物都包含对立的阴阳二气，相互交合就形成了一个新的和谐的统一体。阴阳是宇宙演化过程生生不息的内在动力，由于二者的作用而推动着自然循环往复、不可穷尽的永恒运动。万物以及包括人在内的所有生命，都是在阴阳循环过程中产生出来的，并在这种周期性的动态平衡的节奏中维持其生存。"冲气"是指天地阴阳二气互相碰撞而交相感应的运动状态；"和"指的是阴阳二气交感后形成的"万物负阴而抱阳"的和谐状态。自然界通过自然万物之间的交流融合、协同合作、循环往复最终实现了自然界的和谐共生。"空气、水、植物在生命维持的循环中相互协同，这本身就是美的，并创造着美。"[3] 通过自然界的这种和谐共生共长、自生自灭，生态自然和自然万物生生不息，表现了顽强的生命力，使生态自然焕发出美的光辉。

总之，《道德经》中的生态美学思想是极其丰富的，它对于我们正确

---

[1] 《老子道德经河上公章句》，中华书局，1997年，第102页。

[2] 同上，第168页。

[3] L.K.奥斯丁，余晖译：《美是环境伦理学的基础》，《自然科学哲学问题》，1988年第1期。

认识人和自然的关系，顺应自然，尊重自然，与大自然和睦共处，实现人和环境的协调发展，发挥审美在现代生态环境建设中的作用，加强人们的生态审美修养和环境伦理道德，都具有重要的现实意义。

【作品来源】

《安徽大学学报》（哲学社会科学版）2004年第6期。

道家的生命关怀及其现代价值（节选）

刘固盛　涂立贤

> **导读**
>
> 　　老子认为"道"的作用是无穷无尽的，从时间上讲，它历久不衰，天长地久；从空间上讲，它无处不在，亘古长存。它孕育着宇宙万物且生生不息。所谓"绵绵呵！其若存！用之不堇"，古今亦然。

　　道家对生命的关怀，首先体现在对生命价值的重视上。贵生是老子的重要思想，老子之道，是宇宙的根本之道，也是治国之道，亦是"深根固柢、长生久视之道"。文子对老子的思想又有发挥，出土的残简《文子》有言："道，生也。"把道视为生命的表现方式，将生命与道等同起来。这一提法很有意义，因为它是将生命的价值上升到终极关怀。

　　习近平主席多次在重要场合强调学习、弘扬中国优秀传统文化的重要性，将其作为治国理政的思想来源，看作中华民族的"根"和"魂"。2014年10月15日，他在文艺工作座谈会上再次指出："中华优秀传统文化是中华民族的精神命脉，是涵养社会主义核心价值观的重要源泉，也是我们在世界文化激荡中站稳脚跟的坚实根基。要结合新的时代条件传承和弘扬中华优秀传统文化，传承和弘扬中华美学精神。"道家文化是中国优秀传统文化的重要组成部分，它的特质使得其尤具现代性。正如有的学者所言，道家文化不是明日黄花，更不是博物馆中陈列起来仅供参观的化石，它在现代社会仍然有着鲜活的生命力，"因为它有其自身存在的现实意义和价值，人们还能从中发现医治现代社会顽疾的妙方，它所提出的有些问题与当代人所面临的问题是心有灵犀一点通的，对当代人解决这些问题不无启迪意义"。就生命关怀来说，道家的生命哲学正是现代人所欠缺和需要的。一方面，长期以来，人们对人生价值的认识更多地受儒家文化的影响，偏重于道德教育、理想教育、成才教育等等，而对个体生命的深层价值缺乏应有的认识与理解。另一方面，由于对物质的过度追求，在人与物的关系中，人沦为物质的奴隶，精神长期处于躁动不安之中，人失去了快乐的能力。而道家的生命价值观以及有关生命超越的思想，非常有益于人们树立正确的生命观并获得生命的安顿，无论是处于人生的顺境还是面对人生的困境。下面试谈两点。

一、敬畏生命

将"敬畏"与"生命"联系在一起，就是指人们对生命，包括一切有生命的个体，怀有一种尊崇与畏惧的情绪。人们怀有这样的情绪是因为认识到生命的神圣性与唯一性，因为神圣而尊崇，因为唯一而畏惧，最终形成对生命的敬畏。阿尔贝特·施韦泽指出："只有敬畏生命的信念在其中发挥作用的思想，才能在当今世界开辟和平的时代。"敬畏生命的思想既关乎个体的存在，更影响人类社会的发展。

中国现在处于改革开放的重要时期，社会主义市场经济发展迅速，这使得处于转型期的中国社会在短时期内积累了许多矛盾，其中最主要的就是物质丰富与道德滑坡之间的矛盾。其中一个突出的表现就是对生命的漠视。从民生层面看，人类自身为了追求经济利益最大化，甚至不顾他人生命，生产假冒伪劣商品、有毒食品，人们的基本生命权面临着极大的威胁。从社会层面看，漠视生命的现象更是触目惊心：未成年犯罪率上升，大学生投毒、自杀事件频发，群体性冷漠事件接连发生，各种恶性伤害事件多发。频发的恶性案件加剧了人们的不安全感与对社会的冷漠感，人与人之间的关系也越来越紧张,人们之间的信任越来越淡薄。现实呼唤着我们对生命怀有敬畏之心。

二、养护生命

现代文明带来的最大弊端就是人类的物化和精神生命的萎缩。科技的发展颠覆了人们的生活方式,给人们生活带来种种便利,然而任何事物都具有两面性,我们在享受物质生活富足的同时,也要承担过度物化的后果。为了追求物质利益最大化,人们可以置一切道德、情感于不顾,孤独地面对一切竞争与挑战。人们物质上越富足,精神上反而越空虚无助。因此,人不可过度依赖科技和物质文明,而置自己的精神世界于不顾。其实精神才是人的灵魂,才是人类文明得以延续的源泉。失去了对精神的追求,人就与行尸走肉无异。精神失去了生长的土壤,创造就无从谈起。因为"按照我们人类经验和历史,一切本质的和伟大的东西都只能从人有个家并且在一个传统中生了根中产生出来。"精神萎靡了,唯余被技术架构在半空中而不自知的人类,甚至还在为技术高唱颂歌。

【作品来源】
《马克思主义与现实》2016 年第 1 期。

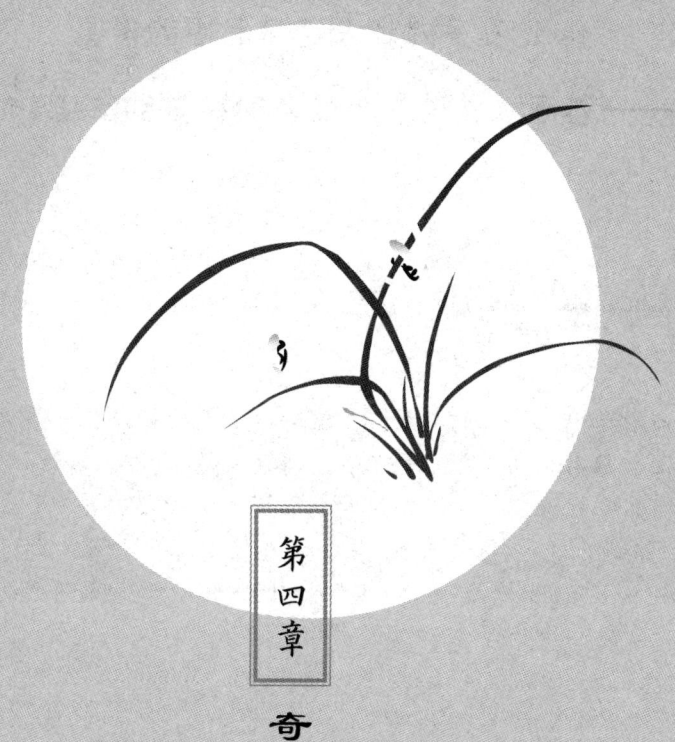

第四章 奇文共赏·比较阅读

论孔子对老子德育思想的借鉴
——基于《论语》与《道德经》的解读(节选)

冯文全　冯碧瑛

> **导 读**
>
> 　　老子以他深沉的智慧、丰富的人生阅历以及饱学多识，用凝练笔墨给我们留下了内涵丰富、深邃玄奥而又博大精深的《道德经》；孔子则以一个思想家和教育家的救世之心开创私学，以他的"礼""仁"之教聚徒讲学，遂成《论语》传诸后世。

　　儒家学说之所以能成为中国传统文化和传统道德教育的主流，与孔子对老子道德教育思想的借鉴与弘扬是分不开的。两位先贤开创了我国古代传统道德教育的先河，只不过他俩采取的方式与途径不同。综观《论语》和《道德经》不难发现，孔子与老子的道德教育思想有惊人的相似之处。

一、求真务实、力戒空谈——道德实践原则

　　老子与孔子都是很内敛、不事空谈、只求平实做人的人。孔子适周曾问礼于老子，老子看到孔子一副年少气盛、春风得意的样子，就以一个长者的身份批评孔子说："吾闻之，良贾深藏若虚，君子盛德，容貌若愚。去子之骄气与多欲，态色与淫志，是皆无益于子之身……"老子这番批评令涉世不深、修养或有欠缺的孔子遭到当头棒喝。但老子这番逆耳忠言使得孔子明白了一些做人立德的道理，孔子在后来的人生道路上，一直奉行

"君子欲讷于言而敏于行"(《论语·里仁》)的做人原则。孔子不但本人轻言重行,而且他也教育他的学生要当躬行君子。一个人有无品德修养,不能只听他说得怎么样,更重要的还要看他做得怎么样,这是孔子在受到了老子的训诫后通过自我反思和在自身教育实践基础上的经验总结。他一再告诫弟子,"君子耻其言而过其行"(《论语·宪问》),"先行其言而后从之"(《论语·为政》),"刚、毅、木、讷近于仁"(《论语·子路》),反复告诫弟子要做"躬行君子"。(《论语·述而》)孔子特别反对那些夸夸其谈的人,说"巧言令色鲜矣仁"(《论语·学而》)。孔子这些观点不独是受到老子那次面对面的教导的影响,而且也是对老子"信言不美,美言不信;善者不辩,辩者不善;知者不博,博者不知"(《道德经》第八十一章)的极富辩证法思想的吸取与融合。

二、不偏不倚、立定中道——道德哲学智慧

老子的"中和"道德观,是孔子"中庸"道德哲学智慧的思想源泉。"中庸"是孔子道德哲学的核心思想,是最高的道德原则:"中庸之为德也,其至矣乎。"(《论语·雍也》)"中庸"一词从字面上理解,即是折中平和之意,故"中庸"又称"中和"。这可以从阐述孔子中庸道德哲学思想的儒家经典《中庸》名篇不解释"中庸"而解释"中和"这一事实看得更加清楚:"喜怒哀乐之未发,谓之中,发而皆中节,谓之和。中也者,天下之大本也;和也者,天下之达道也。致中和,天地位焉,万物育焉。"按照《中庸》的说法,人的喜怒哀乐情感没有表现出来的时候称为"中",表现出来经过修饰合乎常理称为"和"。"中"是天下之根本;"和"是通行天下的原则。一旦达到"中和"的境地,天地便各在其位了,万物便生长发育了。由此可知,孔子的"中庸"即为老子的"中和"思想,虽提法不完全一样,但内在的精神实质却是高度一致的。

"中庸"作为儒家待人处事的基本原则,孔子把它看做君子型理想人格的重要要求和标志。"中庸"要求人们言行要"允执其中",保持在无

过无不及的理想状态。孔子说:"不得中行而与之,必也狂狷乎!狂者进取,狷者有所不为也。"(《论语·子路》)狂即狂妄,狷即拘谨,是两种偏激的品格。一个有道德修养的君子应秉持中庸之道,不狂不狷,尽力做到"乐而不淫,哀而不伤"(《论语·八佾》),"欲而不贪,泰而不骄,威而不猛"(《论语·尧曰》)。孔子为人是"温而厉""恭而安"(《论语·述而》)。

"中庸"也是衡量一个人是否有道德修养的重要标志,"仲尼曰:'君子中庸,小人反中庸',君子之中庸也,君子而时中。小人之中庸也,小人而无忌惮也"。正是在孔子的身教言传下,孔门弟子无不仿效老师而修中庸之德,如弟子有子说,"礼之用,和为贵"(《论语·学而》)。孔子将其在老子那里领悟到的中庸思想,作为自己立身处事的人生哲学,而且在君子型理想人格的塑造方面和在道德教育中推崇和强调中庸风格、提倡中和之美,对我们中华民族的道德心理与民族性格的形成有积极的作用。

三、仁慈、宽容、谦卑——道德美德传统

老子称得上是以慈悲为怀的道德哲学家,而谦卑与宽容是其主要的表现。老子说:"我有三宝,持而保之:一曰慈,二曰俭,三曰不敢为天下先。"(《道德经》第六十七章)老子所谓的"三宝"中,"慈""谦"(即不敢为天下先)二宝是属于仁慈、谦卑、宽容的道德范畴的。"俭"(节俭)则成为我们中华民族克服困难、应对贫苦的传统美德。老子所讲的"慈"即柔慈、慈忍,核心是要有爱心、同情心、宽容心,要善待万物(更勿论人类)。老子不仅对人民的苦难有着深切的同情,而且与人为善,宽厚待人,善待万物。他说:"圣人常善救人,故无弃人;常善救物,故无弃物。"(《道德经》第二十七章)与老子慈爱宽厚品德相联系的是谦卑,老子十分赞赏守柔、守雌的不争之德,所以,"不敢为天下先"。他说:"生而不有,为而不恃,长而不宰,是谓玄德。"(《道德经》第十章)不与人争有、争多,而应该先帮助人、施惠于人,其结果便是"既以为人,己愈有;既以与人,己愈多"。(《道德经》第八十一章)作为最高理想人格的圣人应具备这种

品德:"欲上民必以言下之;欲先民必以身后之……以其不争,故天下莫能与之争"。(《道德经》第六十六章)

　　孔子不仅继承了老子的美德思想,而且进一步将其发扬光大。孔子道德教育思想的主要内容是"礼"与"仁",而"仁"又是"礼"的基础和前提,所谓"人而不仁如礼何?"(《论语·八佾》)由此可见,"仁"是孔子道德教育的核心内容。"仁"从字面上理解,是要处理好人与人之间的关系,其核心思想可见于孔子与樊迟的问答:"樊迟问仁,子曰:'爱人'。"(《论语·颜渊》)"爱"的繁体字是含"心"和"友"两个字的,可见"仁"的内涵与老子讲的"慈"相同,正因为如此,后来我们便将两位先贤的话语合意而用为"仁慈"。"仁"源于"慈"还有有力的论据支撑:老子言"慈故能勇"(《道德经》第六十七章),孔子讲"仁者必有勇"(《论语·宪问》),两者连语言表达形式都是一样的。从品德的心理结构分析,"仁慈"与"勇敢"二者确有必然的联系,因为在"知、情、意、行"四要素中,道德情感是一个人道德认知转化为道德意志与行为的中介和"催化剂",所以,对同类之爱,对弱者之同情,必能激发起护卫同类和保护弱者的勇气。一部《论语》,讲到"仁"的地方竟多达70余处,而核心是"爱人"。在奴隶制向封建制转轨的时期,孔子传承了老子"慈"的伦理思想并在此基础上创造性地提出了"仁者爱人"的道德主张,并且赋予了"泛爱众"的人道主义关怀,不仅在当时来看具有积极的进步意义,而且在今天看来仍具有普适的人类道德价值。

四、不言之教——道德教育方法

　　老子的道德教育主张是由他的天道自然的哲学观决定的。老子明确主张要"处无为之事,行不言之教"(《道德经》第二章)。老子认为,不假言词的教导,就是身体力行的教导,并不是不要教育,而是要重"行"轻"言"的典范教育。老子坚信,少说话的教育是合乎自然之道的教育:"希言自然"(《道德经》第二十三章)。

孔子作为一代思想家和教育宗师，自是懂得对人类道德教育理论与经验的总结和借鉴的，尤其是对老子奉行自然的无为而治的政治主张和行不言之教的道德教育思想完全是"默而识之"的。当季康子问政于孔子时，子曰："政者，正也。子帅以正，孰敢不正？"（《论语·颜渊》）即君臣率先垂范，民众自然响应。如果统治者没有私欲，即便是用奖赏的办法去鼓励偷盗，老百姓也不会去干的，孔子说，"苟子之不欲，虽赏之不窃"，"子为政，焉用杀，子欲善，而民善矣。君子之德风，小人之德草，草上之风，必偃"（《论语·颜渊》）。为官清廉，则民风自朴；政治腐败，则盗贼不止。这是被人类社会的历史所一再证明了的真理。他对学生施行的德教是一种润物细无声的潜移默化的不言之教，正如他自己所说"子欲无言"（《论语·阳货》）。当弟子问他"子如不言，则小子何述焉？"时，孔子与老子一样，立即把天道拿来作比较、打比方："天何言哉？四时行焉，百物生焉，天何言哉？"（《论语·阳货》）

五、自我教育——品德形成途径

在个人道德品质的形成方面，老子高扬人的道德主体性的大旗，教导人们应执着于对人生终极目的"道"的追求，不要受五光十色的外界的诱惑，而要成为一个具有自我修养的自我教育的道德主体。他说："五色令人目盲；五音令人耳聋；五味令人口爽；驰骋畋猎，令人心发狂；难得之货，令人行妨；是以圣人为腹不为目，故去彼取此。"（《道德经》第十二章）老子通过打比方讲事实劝说人们，人应该在充满诱惑的现实社会中控制和把握好自身，不要受感官的蒙蔽，而且个人道德修养的过程恰恰就是个人私欲不断减少的过程，正所谓"为道日损，损之又损以至于无为"（《道德经》第四十八章）。老子教导人们时常要反躬自省："载营魄抱一，能无离乎？专气致柔，能如婴儿乎？涤除玄鉴，能无疵乎？爱民治国，能无为乎？天门开阖，能为雌乎？"（《道德经》第十章）意在劝诫人们做到精神与形体合一，像无欲的婴儿一样纯朴，心地清澈犹如一尘不染的明镜；热爱人民，治理好国家，自己做到自然无为。表现了重道德主体的自觉性、自律精神和不断超越的自我教育法则。

孔子重视道德上的自我教育的主体性教育思想明显打上了老子的烙印。孔子非常强调道德主体的"内省"作用，他告诫弟子要"见贤思齐焉，见不贤而自内省也"（《论语·里仁》）。孔子十分欣赏那些知错能改的人，他说："君子之过也，如日月之食焉；过也，人皆见今；更也人皆仰之。"（《论语·子张》）有过则改，自然是令人称赞的。孔子一生最忧虑担心的是那些不学无术、不善不改、不知自我反省之辈："德之不修，学之不讲，闻义不能徙，不善不能改，是吾忧也。"（《论语·述而》）孔子与老子一样，认为道德品质的形成主要依赖个人的自我修养与自我教育。他说："为仁由己，而由人乎哉？"（《论语·颜渊》）"我欲仁，斯仁至矣。"（《论语·述而》）

【作品来源】

《教育教研》2010 年第 12 期。

老子与孔子思想比较研究（节选）

陈鼓应

> **导 读**
>
> 　　几乎可以毫不夸张地说，老子是中国第一位哲学家，孔子是中国第一位伦理学家。将他们放在一起加以比较，不仅可以看出彼此观念的异同，也可以认识老学先于孔学的顺序，以纠正一般哲学史上孔先老后的错误倒置。

　　老子与孔子同时代，约长于孔子二十岁左右。孔子周游列国时，每到一处便向当地博学广知者请教。《史记·老子韩非列传》还生动地描述了孔子问礼于老子的情景。孔子师事老子之事，先秦著作中《庄子》《吕氏春秋》及儒家典籍《礼记·曾子问》等都有记载。

　　老、孔都是"士"阶层的代表人物，在对待周代礼制的态度上，老子是激进者，孔子是保守者，老子是体制外的抗议者，孔子是体制内的改良者。

　　老、孔都是入世的，只是所采取的方式有所不同而已。老子有句名言："生而不有，为而不恃，功成而弗居。""生""有""为""功成"就是一种入世的积极态度。"不有""不恃""弗居"并不是消极，而是要人不将成果擅自据为己有。老子"为而不争"的名言，就是要人顺任自然，但其成果不必据为己有。处于乱世，无论老、孔还是其他思想家总是时显时隐，总是保持进退之间的入世心态。

　　老子和孔子一样，怀有治国安邦的抱负。《老子》五千言所言多为治道。老子劝告统治阶级为顺任民情万不可强作妄为。这就是他的自然无为的旨意。"治大国，若烹小鲜"成了人类历史上著名的智慧之言。

老子的放任政策与孔子有着根本的区别。孔子积极推行德治，认为在德治之下，人民就可以望风披靡。所谓"君子之德风，小人之德草，草上之风必偃"。在让人民发挥其自由性、自主性这一方面，老、孔的"治"道却有着基本的不同。

老子的政治理想，不仅要安邦，还要"为天下式"。老子"以身为天下"的理想也有一个具体的步骤。《老子》第五十四章提到："修之于身，其德乃真；修之于家，其德乃余；修之于乡，其德乃长；修之于邦，其德乃丰；修之于天下，其德乃普。"由修身而修乡，由修乡而修邦，由修邦而修天下这一进程成为后来儒家"修身齐家治国平天下"的蓝本。

【作品来源】

《哲学研究》1989年第8期。

传统文化的创造性再生
——以《周易》《老子》《论语》为中心（节选）

刘大钧

> **导 读**
>
> 　　《周易》是一部中国古哲学书籍，是建立在阴阳二元论基础上对事物运行规律加以论证和描述的书籍，对中国文化的影响极为深远，奠定了中国哲学的一些基本范畴和基本观念，如"阴阳"、对立统一的思想等等，堪称是中国哲学思想的渊薮。
> 　　《论语》是儒家学派的经典著作之一，由孔子的弟子及其再传弟子编撰而成。它以语录体和对话文体为主，记录了孔子及其弟子言行，集中体现了孔子的政治主张、伦理思想、道德观念及教育原则等。

一、探讨《周易》《老子》《论语》在传统文化中的价值

中国文化至关重要的《周易》《老子》《论语》三著作，分别代表了易文化、儒文化、道文化的精神。这三支文化脉络既异彩纷呈，又在几千年的传统社会中相互融合吸收，汇聚成中华文化的独特品质。某种程度上这三本著作可以代表传统文化之精神取向，谈传统文化创造性再生离不开这三本著作里蕴含的本原精神。

被称为"群经之首"的《周易》，是中华文化基因，诸子百家思想根源皆出自《周易》，易文化源远流长，自伏羲画八卦开始，到孔子整理《易经》，再到历代学者对《易经》解读，都蕴含丰富的哲学思想和高超智慧。

它以普遍的观点与对立统一的方法对事物的发展与变化预先做出吉、凶、悔、吝等判断，达到劝善惩恶，避凶趋吉，化险为夷之目的。中华文明的主流一直伴随着它的影响，不仅有"世历三古"和"人更三圣"之说，而且从根本上深刻影响着中国文化的学术方向和中国人的思维方式及生活方式。

《老子》以其旷达玄远，素为人钟爱，其思想逻辑和《周易》一脉相承，更多地开发了《周易》形上价值，崇尚自然天道。如北宋五子之一的邵雍所说，"老子得易之体"，且道家思想与儒家思想数千年来相互补充，共同汇成中华思想文化的主流。

《论语》是数千年来始终处于"独尊"地位的儒家思想的重要著作，体现在《论语》中的思想特质也始终是儒学理论品质的核心构成。了解和研究儒学，不只是单纯的理论问题，还是一个关乎全面审视和把握我们民族文化传统的问题。故《论语》可以代表传统文化之精神。孔子整理《周易》纳入儒门，并在《论语》中有言："加我数年，五十以学《易》，可以无大过矣。"可见儒家亦受易学影响。沈清松先生在《从利玛窦到海德格尔》一书中记录了传教士将《周易》和《老子》翻译到西方世界后，引起了哲学家共鸣的情况：《周易》对西方哲学家莱布尼茨产生重要影响；《老子》给西方哲学家海德格尔以启发和思考，他对《老子》十分钟爱和推崇。这说明这些著作的魅力之大。"今人不见古时月，今月曾经照古人。古人今日若流水，共看明月皆如此。"文化是流动的历史，让古代的精粹流入今天的生活，古人的哲思照耀今人的征程。传统文化自身的实用价值也蕴含了进行文化创造性再生之必要性。

二、推动传统文化创造性再生之可能性

时代需要为传统文化创造性再生提供契机：进入 21 世纪以来，人类取得了前所未有的成就，但依旧是一个充满矛盾和冲突的时代：人与人、国与国、人与自然的矛盾凸显，人对自身欲望和需求的控制没有理性基础。这些矛盾除去物质因素外，人的内心失衡和人与人之间关系的种种扭曲是

一项基本原因。如何保持这两方面的平衡，乃是应该思考的问题。新的时代条件下，西方的思维模式和秩序逐渐暴露出了弊端，而中国传统文化之精神对解决当前问题价值颇大。中国传统文化注重人与人之间，人与内心之间关系的和谐。时代问题之解决，恰恰需要中国之智慧，贡献中国之方案，这正是传统文化创造性再生契机之所在。

三、传统文化创造性再生之途径

（一）追本溯源

在挖掘《周易》《老子》《论语》之价值方面，每个时代的哲学家都在时代背景下对传统做新的解释，所以每一思想既有从传统继承而来的本原精神，又有主客观条件。故而，只有传统文化中的本原精神具有相对稳定性。我们谈扬弃和创造性再生要从易文化、儒文化、道文化即本原处吸取智慧。这三支文化脉络既异彩纷呈，又在几千年的传统社会中相互融合吸收，汇聚成中华文化的独特品质。第一，《周易》的主要思想是"变易"，正所谓"穷则变，变则通，通则久"，《周易》中天地人的系统观和贯通天人的思想对社会治理具有很大启示。第二，《老子》的"道"不仅蕴含有"反者道之动""弱者道之用"的辩证法，更为我们构建了一个系统的宇宙观。《礼记·中庸》有言，"万物并育而不相害，道并行而不相悖"，其实和《老子》中"孔德之容，惟道是从"有异曲同工之妙，反映了包容精神及和合之道。第三，《论语》作为儒家代表著作，更是集中体现了儒家学者积极作为，担当道义的精神，其天下一家的思想价值和重视品行修养的特点，在今日社会具有理论价值和实践智慧。

（二）摒弃思想成见

传统文化有糟粕亦有精华，首先对于几千年的中国文化，不能抱着成见。东方美先生教我们每读一家哲学必须"先入乎其内，而后出乎其外。对于东西的大传统更要出之于同情理解的态度，取高瞻远瞩的观点，崛其精华，这样自然能够扩宽自己的眼界。不要一上来就心存敌意，吹毛求疵，结果花了许多功夫，还是未能入门，依然故我，于自家分上何有"。传统文化创造性再生的过程也应该是中华文化更积极地走向世界的过程，伴随着当前中国积极融入世界的步伐，中华文化亦应更广泛地导入世界，吸收其他文明优秀成果，在融入自身文化过程中做出创造性转变。

（三）扬弃和创造性再生相结合

以前谈文化取其精华，去其糟粕的"扬弃"，如今谈的是创造性再生。"传统文化未来地位的问题，不仅仅是一个传统的存留问题，而是一个民族和人类的创造性发展问题。未来的发展提出的仍是人类有史以来遇到的基本问题：人与自身、人与人、人与自然、人与社会的关系。"而创造性转变和单纯的扬弃不同，前者更加尊重和宽容地看待自己的文化，且还需要有实践的可操作性，中国传统哲学文化所蕴含的智慧不仅具有理论价值，更是可实践的智慧。扬弃为创造性再生的必要条件，创造性再生是扬弃的必然趋势。没有扬弃就无创造性再生，而无创造性再生的扬弃则容易拘于传统文化的框架里跳不出来。

‖作品来源‖

《报刊荟萃》2018年第2期。

老·庄之道（节选）

蒲素平

导 读

老子和庄子同为道家的两大代表人物，虽然都推崇道，在自然观、天道观方面有其共同点，然而两人对道延伸出的不同的处世之道却相去甚远。如，老子宣称道"常无为而无不为"，主张顺应自然规律来治理国家，同时强调要道法自然，推崇不争、谦和。而庄子则提倡齐物论，在庄子看来，世间的一切差异都是相对的。于是，无名、无功成为人生在世要修养的内容。

老子《道德经》以五千字而绝天下。

老子给后世留下一副大名鼎鼎的对联，上联是：道生一、一生二、二生三、三生万物。下联是：人法天，地法天，天法道，道法自然。

庄子以"庄周梦蝶"飞进我们的脑海，以"安知鱼乐"让我们辗转反思，不得其解，以"物以乘心""独与天地精神往来"令我们的世界顿时豁朗无边。老子在道教中被尊为道祖；庄子是老子哲学思想的继承者和发展者，道教代表人物，先秦庄子学派的创始人。老子和庄子合称老庄，同为道家创始人，他们的思想是连续的，脉络的根部是相通的。然而，又有所不同：老子之愚民，本非愚民，不过使之若愚而已；庄子则以任天地之故，而欲为天地的教育，教人为天为徒，"吾生有涯，而知无涯"。

老子重视无与有的关系，在这个世界上把无与有弄清楚了，一切都明白了。老子说"万物生于有，有生于无"。老子的哲学是对生活的整理和发现，在生活中他说："有之以为利，无之以为用。"有时为了利，而无方为用。《道德经》于其他诸子百家著述不同，读《论语》如沐浴春风般舒畅，读《孟子》可欣赏滔滔不绝的雄辩。读《庄子》能感受到故事寓言的恣肆汪洋，想象瑰丽。而《道德经》精练抽象，不说一国一事一人，无具体所指，写的是事物的核心、概念、定义。《道德经》合辙押韵，对仗工整，容易背诵，但不容易解说，如"道可道，非常道，名可名，非常名"。老子是深谋远虑、机变适应的，又是气定神闲、悠然自得的。

我们常说，无恒产者无恒心。这是对一般人说的，对庄子不适用。庄子在意的是《逍遥游》的梦想狂飞，在意的是做人境界的大小，要"磅礴万物"，就是把万物融于心中，要饮风吸露，驾着飞龙，乘着风云，畅游于四海之外。这就是庄子的境界，独与天地精神往来。如今我们常说，我们的传统文化、精神要内化与心，外化于形。那么，什么是内化与心，外化于形？内化是从庄子的内不化而来，不化就是不管外界如何变化，内心不为所动，要坚持自己内心所遵循的理想；外化就是与外界、与社会保持通达，时刻保持自己的行为与社会、与自然的顺应。独与天地精神往来与顺应自然二者相互融合，是庄子精神的一大特点。怎么才能做到呢？庄子说"有大物者，不可以物"，意思是，你拥有了这个世界，你就不会被外物所左右，凡事不必刻意，顺乎自然就好。每个人的心中都有一面镜子，心对万物既不逢迎，也不拒绝，一切都自然而然。庄子赞成天然，不赞成人为，以天然为自然，以人为为不自然，故一切皆以任天为本。

作品来源

《华北电力》2016 年第 5 期。

《老子》名言释诵

《老子》,又称《道德真经》《道德经》《五千言》《老子五千文》,是中国古代先秦诸子分家前的一部著作,为其时诸子所共仰,相传是春秋时期的老子(李耳)所撰写,是道家哲学思想的重要来源。最早《老子》分上下两篇,不分章,是中国历史上首部完整的哲学著作。

1. 生而弗有,为而弗恃,功成而弗居。夫唯弗居,是以不去。

——《老子》第二章

【释义】有所施为,但不加自己的倾向,功成业就而不自居。正由于不居功,就无所谓失去。

2. 天下皆知美之为美,斯恶已。皆知善之为善,斯不善已。

——《老子》第二章

【释义】天下人都知道美之所以为美,那是由于有丑陋的存在。都知道善之所以为善,那是因为有恶的存在。

3. 挫其锐,解其纷,和其光,同其尘。湛兮,似或存。

——《老子》第四章

【释义】消磨它的锋锐,消除它的纷扰,调和它的光辉,混同于尘垢。隐没不见,似乎又实际存在。

4. 多言数穷,不如守中。——《老子》第五章

【释义】人说的话多,往往会使自己陷入困境,还不如保持虚静沉默,把话留在心里。

5. 天长地久。天地所以能长且久者，以其不自生，故能长生。是以圣人后其身而身先，外其身而身存。非以其无私邪。——《老子》第七章

【释义】天长地久，天地之所以能长久存在，是因为它们不为了自己的生存而自然地运行着，所以能够长久生存。因此，有道的圣人遇事谦退无争，反而能在众人之中领先；将自己置于度外，反而能保全自身生存。这不正是因为他无私吗？所以能成就他的自身。

6. 上善若水，水善利万物而不争。——《老子》第八章

【释义】最善的人好像水一样。水善于滋润万物而不与万物相争。

7. 居善地，心善渊，与善仁，言善信，政善治，事善能，动善时。夫唯不争，故无尤。——《老子》第八章

【释义】最善的人，居处最善于选择地方，心胸善于保持沉静而深不可测，待人善于真诚、友爱和无私，说话善于恪守信用，为政善于精简处理，能把国家治理好，处事能够善于发挥所长，行动善于把握时机。最善的人所作所为正因为有不争的美德，所以没有过失，也就没有怨咎。

8. 持而盈之，不如其已。揣而锐之，不可长保。金玉满堂，莫之能守。富贵而骄，自遗其咎。功成身退，天之道。——《老子》第九章

【释义】执持盈满，不如适时停止；显露锋芒，锐势难以保持长久。金玉满堂，无法守藏；如果富贵到了骄横的程度，那是自己留下了祸根。一件事情做得圆满了，就要含藏收敛，这是符合自然规律的道理。

9. 生而不有，为而不恃，长而不宰。是谓玄德。——《老子》第十章

【释义】产生万物、养育万物而不占为己有，做万物之长而不主宰他们，这就叫做"玄德"。

10. 埏埴以为器，当其无，有器之用。凿户牖以为室，当其无，有室之用。

故有之以为利，无之以为用。——《老子》第十一章

【释义】揉和陶土做成器皿，有了器具中空的地方，才有器皿的作用。开凿门窗建造房屋，有了门窗四壁内的空虚部分，才有房屋的作用。所以，"有"给人便利，"无"发挥了它的作用。

11. 五色令人目盲；五音令人耳聋；五味令人口爽；驰骋畋猎，令人心发狂；难得之货，令人行妨。——《老子》第十二章

【释义】缤纷的色彩，使人眼花缭乱；嘈杂的音调，使人听觉失灵；丰盛的食物，使人舌不知味；纵情狩猎，使人心情放荡发狂；稀有的物品，使人行为不轨。

12. 执古之道，以御今之有。能知古始，是谓道纪。

——《老子》第十四章

【释义】把握着早已存在的"道"，来驾驭现实存在的具体事物。能认识，了解宇宙的初始，就叫做认识道的规律。

13. 致虚极；守静笃。万物并作，吾以观复。——《老子》第十六章

【释义】尽力使心灵的虚寂达到极点，使生活清静坚守不变。万物都一齐蓬勃生长，我从而考察其往复的道理。

14. 见素抱朴，少思寡欲，绝学无忧。——《老子》第十九章

【释义】保持纯洁朴实的本性，减少私欲杂念，抛弃圣智礼法的浮文，才能免于忧患。

15. 不自见，故明；不自是，故彰；不自伐，故有功；不自矜，故长。夫唯不争，故天下莫能与之争。——《老子》第二十二章

【释义】不自我表扬，反能显明；不自以为是，反能是非彰明；不自己夸耀，反能得功劳；不自我矜持，所以才能长久。正因为不与人争，所以遍天下没有

人能与他争。

16. 飘风不终朝，骤雨不终日。孰为此者？天地。天地尚不能久，而况于人乎？——《老子》第二十三章

【释义】狂风刮不了一个早晨，暴雨下不了一整天。谁使它这样的呢？天地。天地的狂暴尚且不能长久，更何况是人呢？

17. 自见者不明；自是者不彰。——《老子》第二十四章

【释义】自逞己见的反而得不到彰明；自以为是的反而得不到显昭。

18. 人法地，地法天，天法道，道法自然。——《老子》第二十五章

【释义】人取法地，地取法天，天取法道，而道纯任自然。

19. 知人者智，自知者明。胜人者有力，自胜者强。知足者富，强行者有志。不失其所者久，死而不亡者寿。——《老子》第三十三章

【释义】能了解、认识别人叫做智慧，能认识、了解自己才算聪明。能战胜别人是有力的，能克制自己的弱点才算刚强。知道满足的人才是富有人，坚持力行、努力不懈的就是有志。不离失本分的人就能长久不衰，身虽死而"道"仍存的，才算真正的长寿。

20. 将欲歙之，必故张之；将欲弱之，必故强之；将欲废之，必故兴之；将欲取之，必故与之。是谓微明。——《老子》第三十六章

【释义】想要收敛它，必先扩张它；想要削弱它，必先加强它；想要废去它，必先抬举它；想要夺取它，必先给予它。这就叫做虽然微妙而又显明。

21. 大丈夫处其厚，不居其薄；处其实，不居其华。

——《老子》第三十八章

【释义】大丈夫立身敦厚，不居于浅薄；存心朴实，不居于虚华。

22. 反者道之动；弱者道之用。天下万物生于有，有生于无。

——《老子》第四十章

【释义】循环往复的运动变化，是道的运动；道的作用是微妙、柔弱的。天下的万物产生于看得见的有形质，有形质又产生于不可见的无形质。

23. 上士闻道，勤而行之；中士闻道，若存若亡；下士闻道，大笑之。

——《老子》第四十一章

【释义】上士听了道的理论，努力去实行；中士听了道的理论，将信将疑；下士听了道的理论，哈哈大笑。

24. 大方无隅；大器晚成；大音希声；大象无形。

——《老子》第四十一章

【释义】最方正的没有棱角；最大的器具最后完成；最大的音乐没有声响；最大的象没有形象。

25. 道生一，一生二，二生三，三生万物。——《老子》第四十二章

【释义】道是独一无二的，道本身包含阴阳二气，阴阳二气相交而形成一种适匀的状态，万物在这种状态中产生。

26. 不言之教，无为之益，天下希及之。——《老子》第四十三章

【释义】"不言"的教导，"无为"的益处，普天下少有能赶上它的了。

27. 天下之至柔，驰骋天下之至坚。——《老子》第四十三章

【释义】天下最柔弱的东西，腾越穿行于最坚硬的东西中。

28. 名与身孰亲？身与货孰多？得与亡孰病？甚爱必大费；多藏必厚亡。故知足不辱，知止不殆，可以长久。——《老子》第四十四章

【释义】声名和生命相比哪一样更为亲切？生命和货利比起来哪一样更为

贵重？获取和丢失相比，哪一个更有害？过分地爱名利就必定要付出更多的代价；过于积敛财富，必定会遭致更为惨重的损失。所以说，懂得满足，就不会受到屈辱；懂得适可而止，就不会遇见危险。这样才可以保持住长久的平安。

29. 大成若缺，其用不弊。大盈若冲，其用不穷。

——《老子》第四十五章

【释义】最完满的东西，好似有残缺一样，但它的作用永远不会衰竭；最充盈的东西，好似是空虚一样，但是它的作用是不会穷尽的。

30. 静胜躁，寒胜热。清静为天下正。——《老子》第四十五章

【释义】清静克服扰动，寒冷克服暑热。清静无为才能统治天下。

31. 以正治国，以奇用兵，以无事取天下。——《老子》第五十七章

【释义】以无为、清静之道去治理国家，以奇巧、诡秘的办法去用兵，以不扰害人民而治理天下。

32. 方而不割，廉而不刿，直而不肆，光而不耀。

——《老子》第五十八章

【释义】方正而不生硬，有棱角而不伤害人，直率而不放肆，光亮而不刺眼。

33. 治大国，若烹小鲜。——《老子》第六十章

【释义】治理大国，好像煎烹小鱼。

34. 美言可以市尊，美行可以加人。——《老子》第六十二章

【释义】美好的言辞可以换来别人对你的尊重；良好的行为可以见重于人。

35. 夫轻诺必寡信，多易必多难。——《老子》第六十三章

【释义】那些轻易发出诺言的,必定很少能够兑现,把事情看得太容易,势必遭受很多困难。

36. 圣人终不为大,故能成其大。——《老子》第六十三章

【释义】圣人始终不贪图大贡献,所以才能做成大事。

37. 慎终如始,则无败事。——《老子》第六十四章

【释义】当事情快要完成的时候,也要像开始时那样慎重,就没有办不成的事情。

38. 其安易持,其未兆易谋;其脆易泮,其微易散。为之于未有,治之于未乱。——《老子》第六十四章

【释义】局面安定时容易保持和维护,事变没有出现迹象时容易图谋;事物脆弱时容易消解;事物细微时容易散失;做事情要在它尚未发生以前就处理妥当;治理国政,要在祸乱没有产生以前就早做准备。

39. 合抱之木,生于毫末;九层之台,起于累土;千里之行,始于足下。
——《老子》第六十四章

【释义】合抱的大树,生长于细小的萌芽;九层的高台,筑起于每一堆泥土;千里的远行,是从脚下第一步开始走出来的。

40. 我有三宝,持而保之。一曰慈,二曰俭,三曰不敢为天下先。
——《老子》第六十七章

【释义】我有三件法宝执守而且保全它:第一件叫做慈爱;第二件叫做俭啬;第三件是不敢居于天下人的前面。

41. 善为士者,不武;善战者,不怒;善胜敌者,不与;善用人者,为之下。
——《老子》第六十八章

【释义】善于带兵打仗的将帅,不逞其勇武;善于打仗的人,不轻易发怒;善于胜敌的人,不与敌人正面冲突;善于用人的人,对人表示谦下。

42. 知不知,尚矣;不知知,病也。圣人不病,以其病病。夫唯病病,是以不病。——《老子》第七十一章

【释义】知道自己还有所不知,这是很高明的。不知道却自以为知道,这就是很糟糕的。有道的圣人没有缺点,因为他把缺点当作缺点。正因为他把缺点当作缺点,所以他没有缺点。

43. 圣人自知不自见;自爱不自贵。——《老子》第七十二章

【释义】有道的圣人不但有自知之明,而且也不自我表现;有自爱之心也不自显高贵。

44. 天网恢恢,疏而不失。——《老子》第七十三章

【释义】自然的范围,宽广无边,虽然宽疏但并不漏失。

45. 天下莫柔弱于水,而攻坚强者莫之能胜,以其无以易之。弱之胜强,柔之胜刚,天下莫不知,莫能行。——《老子》第七十八章

【释义】遍天下再没有什么东西比水更柔弱了,而攻坚克强却没有什么东西可以胜过水,因为没有什么可以真正改变得了它。弱胜过强,柔胜过刚,遍天下没有人不知道,但是没有人能实行。

46. 天道无亲,常与善人。——《老子》第七十九章

【释义】自然规律对任何人都没有偏爱,永远帮助有德的善人。

47. 善者不辩,辩者不善。——《老子》第八十一章

【释义】善良的人不巧说,巧说的人不善良。

48. 信言不美，美言不信。——《老子》第八十一章

【释义】真实可信的话不漂亮，漂亮的话不真实。

49. 知者不博，博者不知。——《老子》第八十一章

【释义】真正有知识的人不卖弄，卖弄自己懂得多的人不是真有知识。

50. 圣人不积，既以为人，己愈有，既以与人，己愈多。天之道，利而不害；圣人之道，为而不争。——《老子》第八十一章

【释义】圣人是不存占有之心的，而是尽力照顾别人，他自己也更为充足；他尽力给予别人，自己反而更丰富。自然的规律是让万事万物都得到好处，而不伤害它们；圣人的行为准则是，做什么事都不跟别人争夺。

材料来源：古诗文网。

庄子

中外文化文学经典系列

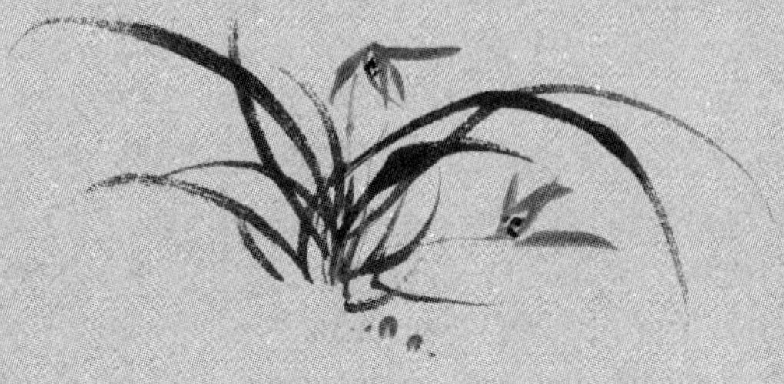

经典回放·作品简介

《庄子》

《庄子》又称《南华经》，共三十三篇，分内篇、外篇、杂篇。内篇七篇为庄子所作，外篇十五篇和杂篇十一篇一般认为是其门人及后学者的伪作。

《庄子》具有很高的文学价值：

其文汪洋恣肆，想象丰富，气势壮阔。庄子的想象力极为丰富，语言运用自如，灵活多变，能把一些微妙难言的哲理说得引人入胜。鲁迅先生称赞："其文则汪洋辟阖，仪态万方，晚周诸子之作，莫能先也。"（《汉文学史纲》）郭沫若也评价说："以思想家而兼文章家的人，在中国古代哲人中，实在是绝无仅有。"因而《庄子》被人称之为"文学的哲学，哲学的文学"。

内篇：

《逍遥游》　《齐物论》　《养生主》　《人间世》　《德充符》
《大宗师》　《应帝王》

外篇：

《骈拇》　《马蹄》　《胠箧》　《在宥》　《天地》　《天道》
《天运》　《刻意》　《缮性》　《秋水》　《至乐》　《达生》
《山木》　《田子方》　《知北游》

杂篇：

《庚桑楚》 《徐无鬼》 《则阳》 《外物》 《寓言》 《让王》
《盗跖》 《说剑》 《渔父》 《天下》 《列御寇》

《庄子》散文的艺术特色：

第一，想象奇幻；

第二，构思巧妙；

第三，善用寓言故事和比喻；

第四，文笔汪洋恣肆，具有浪漫主义风格。

《庄子》散文对后世的影响：

《庄子》在先秦诸子中，无论思想或文风，都属南方一系，即楚国文化的代表，所谓"庄狂屈狷"，正道出了楚文化独具的浪漫主义精神。

李白纵情恣放的诗篇，直承《庄子》；柳宗元主张"参之庄老以肆其端"；龚自珍《病梅馆记》那种追求个性解放的强烈感，显然汲取了庄周《秋水》篇的精神。

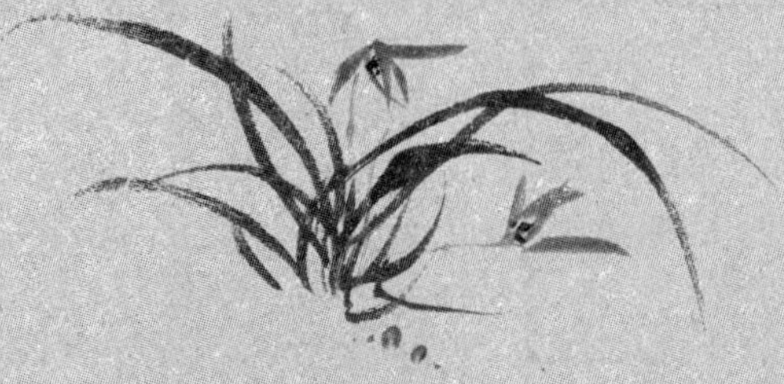

第一章

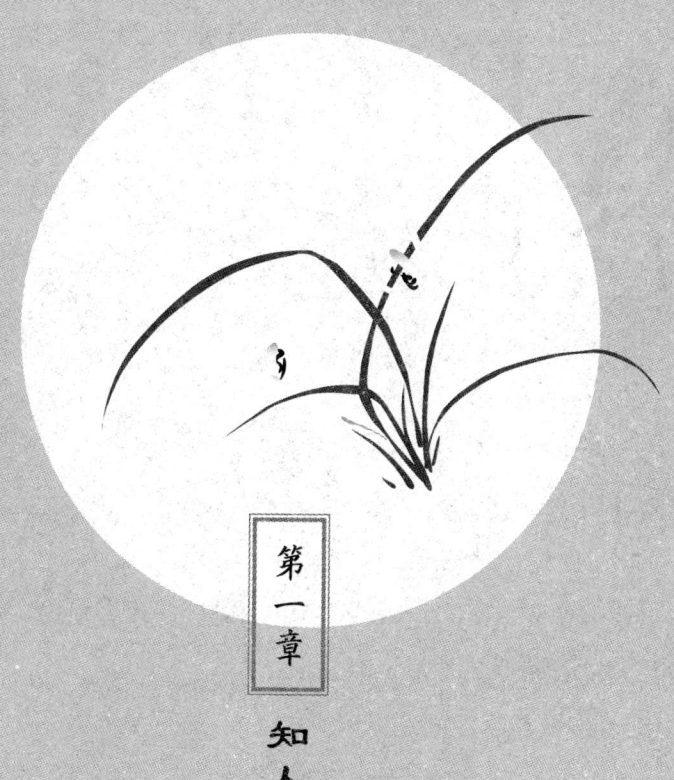

知人论世·庄子其人

作者小传

庄子（约公元前369年—前286年）

庄子，名周。战国时代宋国蒙（河南商丘，一说安徽蒙城）人，曾任漆园吏。著名思想家、哲学家、文学家，道家学派的代表人物，老子思想的继承和发展者。后世将他与老子并称为"老庄"。他也被称为蒙吏、蒙庄和蒙叟。唐玄宗天宝初（742年），诏封庄周为南华真人，称其著书《庄子》为《南华经》。《南华经》在四库全书之中为子部道家类。

一、生平经历

司马迁《史记·老庄申韩列传》载："庄子者，蒙人也，名周。周尝为蒙漆园吏，与梁惠王、齐宣王同时。其学无所不窥，然其要本归于老子之言。故其著书十余万言，大抵率寓言也。……其言洸洋自恣以适己，故自王公大人不能器之。"

根据以上记载，庄子名周。《知北游》中说："周、遍、咸，三者异名同实，其指一也！"这可能是庄子对自己名字的解释。又有说庄子字子休，见于《警世通言》，但司马迁没有记载，《庄子》中也没有相关证据，恐怕不确。

庄子的生活年代，一般认为是公元前369年至前286年。庄子逝世的那年，宋国灭亡。也有人认为庄子活得更长，《庄子》中有"旧国旧都，望之畅然"，显然宋亡以后才称呼"旧国旧都"。1074年蒙城县令建造庄子祠堂，并邀请好友苏轼题词，称《庄子祠堂记》。

庄子属道家，从《庄子》一书的内容看很容易得出这个结论。司马迁说庄子著书十万余言，而今本《庄子》仅33篇6.5万多字，分内篇、外篇、杂篇三部分。《汉书·艺文志》说"《庄子》五十二篇"，可能是在晋代郭象注《庄子》时删去了一部分。以前一般认为《庄子》全部为庄子所著。从宋代起，有人认为内篇为庄子本人所著，而外篇和杂篇是后人托名。总的来说，《庄子》一书除了《说剑》类似纵横家所著以外，其思想还是统一的。庄子写书风格独特，自己称（《寓言》）以不拘一格的寓言写作。

庄子除做过漆园吏以外，没有做过其他官。据《秋水》记载，楚威王曾派人邀请庄周为楚国宰相。庄子以宁为泥里嬉戏的活乌龟，也不愿意为庙堂用以卜卦之死龟为由，拒绝了楚威王的邀请。他一生淡泊名利，主张修身养性，清静无为，顺应自然，追求精神"逍遥无待"。一直过着深居简出的隐居生活。

对于庄子的行为，有些人认为这是真正的逍遥，也有人认为是愤世嫉俗的表现。清代胡文英在《庄子独见》中持后一种观点，他说："人只知三闾之哀怨，而不知漆园之哀怨有甚于三闾也。盖三闾之哀怨在一国，而漆园之哀怨在天下；三闾之哀怨在一时，而漆园之哀怨在万世。"

二、主要成就

（一）思想渊源

庄子和老子都是道家的代表人物，世以"老庄"并称。当然庄子的思想是承继于老子的。相同点主要在"道法自然"的观点中，庄子说："天有大美而不言……是故至人无为，大圣不作，观于天地之谓也。"还有就是无为、反对战争等观点。在养生观点上，虽然老庄都谈养生，但庄子则更为重视，《让王》中就有"两臂重于天下"等主张。

但老庄思想之间还是有区别的。法家的韩非援引《老子》，而庄子抛弃了法家援引老子思想中讲权术的一面。章太炎的《论诸子学》中有"其术似与老子相同，其心乃于老子绝异。故《天下》篇历叙诸家，已与关尹、老聃裂分为二。其褒之以'至极'，尊之以'博大真人'者，以其自然之说，为己所取法也。其裂分为二者，不欲以老子之权术自污也。"

（二）处世哲学

庄子认为人活在世上须旷达，处之泰然，如"游于羿之彀中，中央者，中地也；然而不中者，命也"（《德充符》）。羿，"古之善射者，夫利害相攻则天下皆羿也"，彀指利害得失，"故免乎弓矢之害者，自以为巧，欣然多已，及至不免，则自恨其谬而志伤神辱，斯未能达命之情者也"，中与不中而"知不可奈何而安之若命，唯有德者能之"（《德充符》）。对于君主的残暴，庄子是一再强调的："回闻卫君，其年壮，其行独；轻用其国，而不见其过；轻用民死，死者以国量乎泽若蕉，民其无如矣。"所以庄子不愿去做官，因为他认为伴君如伴虎，只能"顺"。"汝不知夫养虎者乎！不敢以生物与之，为其杀之之怒也；不敢以全物与之，为其决之之怒也；时其饥饱，达其怒心。虎之与人异类而媚养己者，顺也；故其杀者，逆也。"还要防止马屁拍到马脚上，"夫爱马者，以筐盛矢，以蜄盛溺。适有蚊虻仆缘，而拊之不时，则缺衔毁首碎胸"。伴君之难，可见一斑。庄子认为人生应该追求自由。

与佛教相类似，庄子也认为人生有悲的一面。《齐物论》说："一受其成形，不忘以待尽。与物相刃相靡，其行尽如驰而莫之能止，不亦悲乎！终身役役而不见其成功，苶然疲役而不知其所归，可不哀邪！人谓之不死，奚益！其形化，其心与之然，可不谓大哀乎？人之生也，固若是芒乎？其我独芒，而人亦有不芒者乎？"庄子认为如果能做到"齐物"，那么他便能达到"逍遥"的境界。这是庄子哲学中另一个重要概念，这是个体精神解放的境界，即无矛盾地生存于世界之中。庄子并不否认矛盾，只是强调主观上对矛盾的摆脱。庄子用"无为"来解释这一术语。与老子不同，这里"无为"是指心灵不被外物所拖累的自由自在，无拘无束的状态。这种状态，也被称为"无待"，意为没有相对的东西。这时，人们抛弃了功名利禄的追求欲望，"乘天地之正，而御六气之辩，以游无穷"。这句被普遍认为是《逍遥游》一篇的主旨，同时也是《庄子》一书的主旨。这是一种心与"道"合一的境界。

庄子认为一般人很虚伪，"人心险于山川，难于知天。天犹有春秋冬夏旦暮之期，人者厚貌深情"。他批评儒家"以仁义撄人之心"，这样会导致"天下脊脊大乱"。而君主的专制统治和对知识的爱好，只会使人心更加败坏，"民之于利甚勤，子有杀父，臣有杀君，正昼为盗，日中穴阫"。

流沙河认为，庄子的为人主要有四点："一曰立场，站在环中。二曰方法，信奉无为。三曰理想，追慕泽雉。四曰修养，紧守心斋。"所谓环中，就是不持有任何立场。《齐物论》中有"得其环中，以应无穷"，《则阳》中有"得其环中以随成"。"无为"在《庄子》中经常出现，庄子认为无论治国还是做人，都要无为。但无为颇难解释，流沙河认为"为"是"伪"或是"人为"的意思。"泽雉十步一啄，百步一饮，不蕲畜乎樊中"，是追求自由。"若一志，无听之以耳而听之以心，无听之以心而听之以气！听止于耳，心止于符。气也者，虚而待物者也。唯道集虚。虚者，心斋也。"所谓心斋就是要排除心中的种种杂念。

（三）哲学思想

庄子的哲学思想大体可归纳为以道为实体的本体论、"万物齐一"的相对主义认识论，并由此引发出其独有的主观唯心主义倾向和相对主义诡辩倾向。这种本于自然的人性论与伦理观，为后世的中国知识分子提供了另一种生存方式和价值观念的可能性。庄子的哲学提倡破除"肉身我"与"认知我"，追求超然物外的审美态度，于事于物不着痕迹。

在庄子哲学中，万物是一个形而上的存在的部分，他将该存在称为生主。这个存在"存在而无实体"，即"有情无形"。它是一切人类行为、情感的"真正主宰者"。因它驱使万物而不受万物驱使，故它是唯一超然于万物的。所有其他万物都处于驱使、受驱使的循环之中，唯独它不然。人类作为生主的一部分，将自己投入主观中，使自己无法与该形而上的存在一致。人类希求生主以外的事物，希望成为其他的事物，从而被外物所驱使，成了受驱使的，进而破坏了生主的超然性。生主既与万物同时存在，庄子认为作为生主的一部分，人类应当从绝对的分别中抽离出来，并认识到一切的分别都是主观的、虚幻的，这样才可以脱离受外物驱使奴役的境地，保养生主。"道"是宇宙的本体，是一个无限的概念。由"道"而产生了天地万物，"道"本身是万物之源。"夫道有情有信，无为无形，可传而不可受，可得而不可见，自本自根，未有天地，自古以固存，神鬼神帝，生天生地。"人如果得"道"，即获得了无限和自由。

庄子"道通为一"的思想和近代德日进（Teilhard de Chardin）的哲学思想在把宇宙看成一个有机整体的这一点上是相同的。这种看法比起牛顿把宇宙看成像弹球撞击那样的机械论思想，显然是更近于20世纪的科学思想。

（四）政治主张

老庄和儒墨有一点很大的不同，儒家、墨家推崇圣人，而道家则反对推崇圣贤。老子说："不尚贤，使民不争。不贵难得之货，使民不为盗。""绝圣弃智，民利百倍；绝仁弃义，民复孝慈；绝巧弃利，盗贼无有。"庄子说："圣人生而大盗起。"庄子认为圣人的主义学说不过是"窃国大盗"的工具罢了。其中的典型例子就是田成子篡夺了齐国的政权。"田成子一旦杀其君而盗其国，所盗者岂独其国邪？并与其圣知之法而盗之……窃齐国，并与其圣知之法一守其盗贼之身。"对于圣人，庄子借用盗跖之口批评"黄帝尚不能全德……尧不慈，舜不孝，禹偏枯，汤放其主，武王伐纣"，说孔子是"鲁之巧伪人"。庄子还说"凶德有五，中德为首"，所谓"中德"就是有心为德，有心为德就要虚伪，"日出多伪，士民安取不伪"，会导致天下大乱。庄子还对圣人学说的积极性有所怀疑，认为圣人可以使一人变好，也使三人变坏。另外，庄子反对儒家的等级观念，儒家说"君君臣臣父父子子"，庄子认为"道通为一"，认为道在万物，万物平等。

对治国，庄子反对儒家的以礼法治国和法家的以刑罚治国。庄子认为儒家的仁义、礼法违背人性，使百姓"失其朴"。对于刑罚治国，"昔者尧治天下，不赏而民劝，不罚而民畏。今子赏罚而民且不仁，德自此衰，刑自此立，后世之乱自此始矣"。庄子反对儒家和法家的治国方法的核心，是以知治国。庄子认为知是"争之器"，而且知往往会被大盗所利用，所谓"盗亦有道"便是如此。对于以知治国，庄子说："大乱之本，必生于尧舜之间，其末存乎千世之后。千世之后，其必有人与人相食者也。"

所以，庄子与老子一样，主张无为治国，任其自然，认为"绝圣弃知而天下大治"，君主要"无容私"，"汝游心于淡，合气于漠，顺物自然而无容私焉，而天下治矣"。庄子在《庄子》中描写过他心中的"至德之世"："不尚贤，不使能，上如标枝，民如野鹿。端正而不知以为义，相爱而不知以为仁，实而不知以为忠，当而不知以为信，蠢动而相使，不以为赐。是故行而无迹，事而无传。"

（五）文学贡献

老子认为"道可道，非常道"，庄子也认为道不可言。但道不可言，又不得不言，所以庄子采用的是"卮言"的方法，"寓言十九，重言十七，卮言日出，和以天倪"。这种方式让庄子的思想像水一般，不会惧怕后人的肢解。同时让他的观点不会被历史湮没。不同时期拜读，会得更新的意义。庄周梦蝶、混沌开窍、庖丁解牛、惠施相梁、螳螂捕蝉等都是其出色的寓言。庄子的文字，堪称中国文学史上的一苑奇葩，将先秦散文推向了一个新的高峰。

相对老子而言，庄子的思想倾向于对艺术及自由的追求。从庄周梦蝶、濠梁之辩（子非鱼安知鱼之乐）等文章可见。

三、对后世的影响

先秦诸子百家都是在探求真理，即探求世界万物的根据和原则中建立各自的理想和学说的，但是在儒墨道各家及后学支脉中，庄子明显地不同于其他诸子，甚至不同于老子。

老子学说中有鲜明的政治倾向和政治目的。庄子虽然也有自己的社会观、人生观，但他的中心，他的至足之处却是形而上学的、纯粹抽象思辨的哲学本体论。庄子是以抽象思辨的本体论，而非具体某种政治主张，来实现他对宇宙万物的根据和原则的探求的。庄子对于中国古代文化的最重要贡献，也正是在于他对于抽象思辨的哲学本体论的独到关注。

庄子最引人注目的，便是他提出的"逍遥处世"之说，庄子塑造的人生境界，是最飘逸灵性的一种洒脱。正所谓"宠辱不惊，闲看庭前花开花落；去留无意，漫随天外云卷云舒"。

儒学在孔子之后，尤其是在"罢黜百家"之后，支脉层出，义理更生，孔、孟、荀虽不尽同却能源远流长，而庄子却只有后世对他的不理解，对他的改造。

在中国古代，没有任何一个朝代，没有任何一个学者，能对庄子核心内容的形而上学本体论予以阐明、发展。战国时期的形而上学的庄子是真实的存在的，但庄子的后世继承却是一条虚线。

后世道教继承道家学说，经魏晋南北朝的演变，老庄学派取代黄老学派成为道家思想的主流。对于庄子在中国文学史和思想史上的重要贡献，封建帝王尤为重视，庄子其人被神化，并奉为神灵。唐玄宗天宝元年（742年）二月封庄子为"南华真人"，后人即称之为"南华真人"，被道教隐宗妙真道奉为开宗祖师，视其为太乙救苦天尊的化身。《庄子》一书也被诏称为《南华真经》。庄子的文章具有浓厚的浪漫色彩，对后世文学有深远影响。宋徽宗时庄子被封为"微妙元通真君"，进一步被神化。

"消极"的庄子不消极

徐春根

> **导 读**
>
> 一般人总是以为，庄子厌世、避世，对于人生持一种悲观消极态度。我们认为，事实并非如此。庄子乐观，豁达，热爱生活，其积极进取的人生态度，不仅体现在始终追求人格独立与自由、安贫乐道等个人修为上，同时还表现于胸怀天下、悲悯众生，向往着一个自由、祥和、"太和万物"的"至德之世"。

一般人总是以为，庄子逃避现实，厌世、避世，对于人生持一种悲观的消极态度。就连知名学者郭沫若也认为："庄周是一位厌世的思想家，他把现实的人生看得毫无意味。他常常在慨叹，有时甚至于悲号……人生只是一场梦，这已经是说旧了的话，但在古时是从庄子开始的。不仅只是一场梦，而且是一场噩梦。更具体一点，甚至比之为赘疣，为疗疮，为疽，为痈。因而死也是'大觉'，死也就是'决疣溃痈'了。真是把人生说得一钱不值。"[1]

我们认为，判定庄子对人生持一种悲观的消极态度，这只是从表面现象上看问题而得出的结论，与庄子积极进取、勇于开拓的人生态度的实质相去甚远。从上引郭沫若的叙述看，郭老指庄子视人生似梦、视死亡不过是"决疣溃痈"，这本身没有太大的问题，但是结论则出现了严重偏差，至少与庄子的本意很不一致。

---

[1] 郭沫若：《十批判书》，人民出版社，2012年，第149页。

一方面，庄子确实喜谈梦境，最有名的一个梦，即是《庄子·齐物论》（下引该书，仅注篇名）末尾的《庄周梦蝶》。以该梦为例，庄子假借庄周化蝶与蝶化庄周，含蓄地抒发了自己对现实的政治、经济与文化固有或传统架构的愤懑与不满，而其最终目的则是要说明，就像一只毛毛虫羽化而变成一只自由飞翔的蝴蝶，人必须挣脱一切不必要的束缚，才有可能过一种无需任何依附、自由自在的属于自己的随顺大道的幸福生活，庄子谓之"物化"，即所谓顺物之化而与道具化。[1]

基于这种对庄周梦蝶的阐释，我们绝不至于得出结论说，庄子会不加分析地笼统认为，整个人生就是一场噩梦，而让人看不到生活的一丝希望或完全丧失对美好生活的向往。

恰恰相反，诚如陈鼓应先生所分析的那样："在庄子心目中，却丝毫没有这种（悲凉、噩梦——引者注）感觉。庄子以艺术的心态，将人类的存在及其存在的境域，予以无限的美化。因此，宇宙如一个大花园，人生就在这片美景中尽情享受——如蝶儿飞舞于花丛间。因此，在庄子心中所浮现的，便是个美梦。"

另一方面，在《大宗师》中，庄子借孔子之口称子桑户、孟子反、子琴张这些能够"相与于无相与，相为于无相为；登天游雾，挠挑无极，相忘以生，无所穷终"的得道高人为"游方之外者"。这些高人，可谓大彻大悟大觉者，他们视"死生存亡"为一体，即把死亡当作生命的一个组成部分，甚至"以生为附赘悬疣，以死为决㾂溃痈"。而这并不能认为庄子"把人生说得一钱不值"。

我们倒是需要明了，庄子的生死观，与千百年来人们总是不遗余力、痛哭流涕、明知不可为而为之地挽留生者、拒绝生命的终结的惯习很不相同。这显然是一种关于生死观上的空前的意识或观念革命。这种生死观上的意识或观念的革命，能让人"安时而处顺，哀乐不能入"，即能让人在生时坦然地享受生的快乐，在人生之大限即死亡来临之际，也能够保持一种不过是要歇息一段时间的平静心境，用宋代大儒张载的话说就是："存，

---

[1] 徐春根：《试解庄周蝴蝶梦》，《嘉应学院学报》（哲学社会科学）2016年第1期。

吾顺事；没，吾宁也。"这显然是一种乐观、积极地对待生死的态度，而支持这种态度的，则是一种豁达、开明的"指（脂）穷于为薪，火传也，不知其尽也"[1]的"死而不亡"的人生信仰。

当然，仅仅依凭上述针对郭沫若的叙述所做的剖析，不足以让人完全相信庄子持一种积极进取、勇于开拓的人生态度。有鉴于此，我们将简略分析庄子的人格品质、自由观、安贫乐道、社会理想等有关人生观、价值观的思想，试图从最为根本的维度去触及问题本身。

一、人格独立，崇尚自由

人们认为庄子持一种消极的人生态度的主要根据之一是：庄子拒绝楚王的征召而宁愿过一种闲云野鹤般的生活。我们先看有关原文：

> 庄子钓于濮水，楚王使大夫二人往先焉，曰："愿以境内累矣！"
>
> 庄子持竿不顾，曰："吾闻楚有神龟，死已三千岁矣。王以巾笥而藏之庙堂之上。此龟者，宁其死为留骨而贵乎？宁其生而曳尾于涂中乎？"
>
> 二大夫曰："宁生而曳尾涂中。"
>
> 庄子曰："往矣！吾将曳尾于涂中。"

《史记》载："楚威王闻庄周贤，使使厚币迎之，许以为相。"据此，我们基本可以确定，上言楚王乃楚威王（在位时间为公元前340年—前329年），而且，楚威王意欲聘请庄子担任国相。

很明显，庄子如若接受聘请，在一般俗人看来，人臣之尊，将至极点。有学者考证，此时庄子大概年方39岁，正值壮年，按常理，庄子正可借卿相这一舞台，甩开膀子大干一番事业，以求取利禄功名，光宗耀祖，扬名于当时乃至后世。令人不解的是，庄子丝毫不为"千金重利、卿相尊位"所动，出人预料地断然拒聘，依然坚持自己一贯的方式生活。而这样的拒

---

[1] 张远山：《庄子复原本注译》，江苏文艺出版社，2010年，第109页。

聘，一般人将之简单理解为消极避世或持一种悲观的人生态度，显然有失公允。

我们认为，庄子这种拒聘，毫无疑问，是对当时社会的政治生态和所谓主流价值观的否定，而他的"无为有国者所羁""吾将曳尾于涂中"的回答，则具有重构社会基本价值的意味，同时也间接地向世人昭示：人为物累，伤生残性；属于人的真正幸福，不需要太多的理由，更与所谓金钱权势没有关系。我们再略做如下展开性分析。

（一）拒绝助纣为虐

庄子所处的时代，"殊死者相枕也，桁杨者相推也，形戮者相望也"（《在宥》），"天下之无道也久矣"[1]，"腐朽余财不以相分，隐匿良道不以相教，天下之乱，若禽兽然"[2]。

正是在这样一个大的社会背景下，庄子拒绝了楚威王的邀请，实际上，不过是不愿陷于诸侯争霸、相互杀伐的战争游戏，以及为这一游戏而进行的无休无止的财富聚敛的物质准备工作之中而已，简言之，即是拒绝助纣为虐。

作为"其学无所不窥"的庄子，自然也非常明白伴君如伴虎的道理，"桀杀关龙逄，纣杀王子比干"（《人间世》），忠心耿耿的无辜大臣无缘无故地惨遭杀害。所以，庄子深知，在他所处的那个时代，为统治者效命，助纣为虐，效命者本身也很容易招致祸患、付出沉重的代价。

庄子曾借孔子之口云："凡事若小若大，寡不道以欢成。事若不成，则必有人道之患；事若成，则必有阴阳之患。"

即是说，一个人一旦为统治者效命，无论大事小事，总是期望把事情办好，如果事情没有办好，即所谓没有完成使命，轻则被革职、判处徒役，重则招来杀身之祸。即使事情办成了，即所谓不辱使命，那么，事情也没完，一则有可能功高震主，"兔死狗烹"，其结局也异常可怕；二则也很有可能招

---

[1] 钱穆：《论语新解》，生活·读书·新知三联书店，2012年，第73页。

[2] 方勇译注：《墨子》，中华书局，2012年，第85页。

致同僚的嫉妒、嫉恨，其结局，很有可能招致诸如"遭绑架"或"非正常死亡"等不测。即便上述二种不幸的情况暂时都没有发生，当事人基本上也只能生活在惊悸、忧惧之中，很难避免罹患严重的心理或精神性的疾病，此即所谓"阴阳之患"。

（二）保持人格独立

据《史记》载，庄子对前来传达楚王王命的使者说："子亟去，无污我。"显然，协助政治野心家争霸天下、让天下生灵遭荼毒，乃为庄子所深恶痛绝。不要说让庄子参与这样的龌龊的勾当之中，庄子就是听到有人竟然要自己与贪得无厌的野心家、阴谋家为伍，他也会觉得，这是对自己人格的莫大的玷污、侮辱。

庄子知道，人为钱财所累，心为形役，人格必然被扭曲。

有一次，为宋偃王出使秦国的宋人曹商，"其往也，得车数乘；王说之，益车百乘"。当曹商返回宋国后，他对庄子说："夫处穷闾厄巷，困窘织屦，槁项黄馘者，商之所短也；一悟万乘之主而从车百乘者，商之所长也。"

由此可见，曹商德性丧失，得意忘形，竟然无缘无故挖苦安居于陋巷、靠编织草鞋为生、颈项枯瘦、面色苍黄的庄子，活脱脱露出一副小人得志的丑态，何等让人恶心。

面对小人的挖苦，庄子为了教训曹商，同时也是为了表明心志，对曹商说："秦王有病召医，破痈溃痤者，得车一乘；舐痔者，得车五乘；所治愈下，得车愈多。子岂治其痔邪，何得车之多也？子行矣！"成玄英疏谓："庄生风神俊语，志尚清远，既而出此奇辩以挫曹商。"

成玄英谓庄子"志尚清远"，实质是对庄子"举世而誉之而不加劝，举世而非之而不加沮"（《逍遥游》），即无论身处逆境还是顺境，都始终能够保持人格独立的称许。

（三）崇尚自由

庄子拒绝楚威王的征召，"无为有国者所羁"，而宁愿选择过一种体制外的、自己为自己做主的逍遥自在的生活。这种行为本身，实际上向世人揭明：

一方面，诚如前文所述，受制于无道的统治者的生活，总是难免各种有形与无形的患累，犹如一只"以巾笥而藏之庙堂之上"的乌龟，即便是想到溪涧川流小憩，都无可能。

另一方面，体制之外，别有洞天。远离"庙堂之高"，人们倒是获得了自由之身，而可以进入到辽阔的无限可能的生活领域。于是乎，人们可以进行哲学式的反思，可以毫无顾虑地"思"其所"想"，"独与天地精神往来"（《天下》），而不是事事一切照旧，亦步亦趋、人云亦云，更不必纠缠于俗世之是是非非，因而可以尽情开发自身潜在的智慧，以开拓属于自己的幸福生活。而这样一种对于未来全新生活的开拓，尽管前途未卜、充满艰辛，但毕竟充满着无穷的可能，有着无尽的希望，毕竟可以有梦，犹如庄周梦蝶，翩翩然，栩栩然，好不自在！诚如当代学者赵汀阳所说："可能性超越了现实性，以可能性去思考世界意味着一种创世的方式。"

庄子毅然决然地选择了一种全新的体制外的生活，并不无风趣地对楚使者说"吾将曳尾于涂中"。这不过是一个比喻。庄子所欲表征的，就是宁愿过一种没有长官的颐指气使、吆三喝四，更不需要低三下四、唯唯诺诺、奴颜婢膝，而是自己为自己做主的、逍遥自在的生活——一种作为人应该享有的生活。恰恰是这样一种自由的生活，却是充满莫测的风险，如果庄子缺乏大无畏的开拓精神和近乎创世的生活信念，他一定会退缩而选择接受楚王之聘。可是庄子并没有退缩，而是选择了一种近乎创世的生活。而这样的生活选择，我们不可能使用诸如"消极""悲观"等词汇去形容。

二、安贫乐道

人们认为庄子持一种消极的人生态度的另一主要依据是：庄子选择清贫，与世无争。庄子家境确实贫困，有时甚至到了断炊的地步。这在《外物》中有明确的记载："庄周家贫，故往贷粟于监河侯。"

庄子并不是没有发财的机会，如前所述，楚威王就曾高薪聘请庄子担任国相一职。国相一职，位高权重，一般人难免不动心。如果庄子真的想脱贫致富乃至出人头地，那么，他甚至不需要贿赂朝廷的任何高官，更不需要履行任何繁琐不堪的岗前培训，只要简单答应楚威王的邀请，便可轻松就任楚国国相，吃穿住行等生活问题就可迎刃而解。

然而，让一般人颇感意外和困惑的是，庄子偏偏不领楚王的盛情，依然故我，"乘物以游心"（《人间世》），逍遥于"无何有之乡"（《逍遥游》），饶有兴致地与道旁的空髑髅闲聊（《至乐》），垂钓于濮水，在濠水的古梁之上"观鱼辩乐"（《秋水》），游于雕陵之樊睹异鹊之南来（《山木》），与弟子漫步于田野、徜徉于山中，观大树之繁茂（《山木》）、自然之奇伟，现场取材，随缘教化，可谓其乐融融。

从这些情况看，我们不仅不能用消极、悲观等词汇来评价庄子的人生态度，反而可以认为，庄子是一个热爱生活的人，并有着高昂、高雅的人生格调与旷达的审美情趣，有着与众不同的人生坚守和崇高的信仰。

（一）选择清贫，安于平凡

庄子拒聘楚相，选择过体制外的生活，实际上是选择清贫、孤独，与世或与人无争。需要注意的是，选择清贫与迫于无奈而导致的穷苦潦倒或曰落魄，二者有天壤之别。

庄子认为，前者是"贫"，即清贫，是不愿意同流合污、不与当权者合作所致。而后者，则是"惫"，是指一般的士人阶层尽管拥有经世致用的才能和学识，却无用武之地，"未足以逞其能也"，因为社会实在太黑暗了，人们身处"昏上乱相之间"，想要远离或避免潦倒落魄的窘境，都不可能，甚至只要能够免除刑罚的屠戮，已经算是幸运了。[1] 譬如，在历史上，纣

---

[1] 庄子借楚狂接舆之口写道："凤兮凤兮，何如德之衰也！来世不可待，往世不可追也。天下有道，圣人成（成就功业）焉；天下无道，圣人生（苟全性命）焉；方今之时，仅免刑焉。福轻乎羽，莫之知载（承受）；祸重乎地，莫之知避。已乎已乎，临人以德！殆乎殆乎，画地（愚者自拘）而趋！迷阳迷阳，无伤吾行！吾行郤曲（退却、拐弯而行），无伤吾足！"

王的叔父比干因为忠谏惨遭剖心致死，不就是明证吗？

仔细推敲起来，庄子选择清贫，实际上是选择平凡，选择过一种"虚静恬淡寂漠无为"（《天道》），即与世与人无争的平凡的生活。而恰恰由于与世与人无争，反而导致"天下莫能与之争"，反而让庄子变得越来越强大、思想越来越深邃、人生境界越来越超拔，以至于连楚威王都慕其贤能而意欲高薪聘其为相而不得。

实际上，正因为庄子选择平凡，并安于平凡，反而让庄子变得不平凡，反而"朴素天下莫能与之争美"（《天道》）。诚如印度思想家奥修所说："平凡的头脑渴望成为不平凡的，那是平凡的一部分，平凡的头脑想要成为某个特殊的人物，那是平凡的一部分。你或许可以成为一个亚历山大，但是你仍然保持平凡的，那么谁是不平凡的呢？唯有当你不渴求不平凡，那个不平凡才会开始……"

（二）不为穷约趋俗

不过，庄子也明白，选择清贫，安于平凡，谈何容易。世俗社会中流行的所谓学问、思潮、价值观、人生观等"俗学""俗思"之类，很容易左右一个人的性情、思想，很容易让人成为"蔽蒙之民"（《缮性》），即蔽塞昏昧的人。所以，修治性情或修道的人，庄子认为，还是应该以恬淡静定的态度来滋养或涵养自身的智慧，而智慧一旦生成，也不炫耀于外，仍旧以平常心淡然处之，这可以叫做以智慧来滋养或涵养自身的恬淡静定的性情。庄子把这叫做智慧与恬淡静定的性情交互滋养或涵养，如此，人的品格、德性也就易于变得平和、中正而顺乎天道之理。庄子云："无为而尊者，天道也。"（《在宥》）人的品性合于天道，这乃是中国古代先哲包括儒家、道家等共同追求的理想目标。

庄子相信，如果人的品性变得平和、中正而顺乎天道之理，那么，人就能保持在"神全"状态，就能够抵御外物的诱惑、干扰，也就自然能够"不为轩冕肆志，不为穷约趋俗"（《缮性》），即不会因为外在的官爵利禄而放纵或糟蹋自己，免于丧己于物，更不会因为自身穷困而扭曲人格、失性于俗，继而免于成为认幻为真、认贼作父的"倒置之民"(《缮性》),即舍本逐末、头足倒置的可怜人。

庄子曾云:"世俗之人,皆喜人之同乎己而恶人之异于己也。"(《在宥》)庄子本可随大流,人云亦云,坐享高官厚禄,居则妻妾成群,出则前呼后拥。可是,庄子偏不媚俗,不盲从于俗学俗思俗见,甚至对楚相一职也不屑一顾。不难想象,这样一来,庄子很容易被孤立,甚至不可避免地会遭到一些人尤其是当权者们的打击与憎恨。但庄子全然不予理会,并近乎反潮流般地继续前行,继续开拓属于自己的幸福生活。这在相当程度上,是间接地向世人宣示:(1)不要成为当权者、社会黑恶势力的打手、附庸,否则,官迷心窍、钱迷心窍、色迷心窍,必将残性丧生;(2)人生不妨超脱些,只要品性平和、中正,合于自然恬静的天道,即可成为最尊贵的快乐的人。

著名作家王蒙对庄子特立独行、不媚于官僚与世俗的品行,曾大为感慨、赞叹,指出:"只有庄子保持了特立独行的清醒明澈。学好了庄,可以减少许多苦恼,……学好了庄,你才不至于成为'倒置之民',才不至于把自己总是倒悬在房梁下。世人皆醉而我独醒,世人皆浊而我独清,世人倒吊而我独正。庄子独具慧眼,看明白了多少事理,又看穿了多少假相。"[1]

(三)乘天地之正

庄子安于清贫、不媚俗,而不被外物或任何外在的诱惑所动、所烦、所扰,即"万物无足以挠心"(《天道》),关键在于内心有"定海神针"。这个"定海神针"即是道,即是"天地之正"。庄子说:"若夫乘天地之正,而御六气之辩,以游无穷者,彼且恶乎待哉!"(《逍遥游》)

在庄子看来,倘若内心有大道,精神或灵魂世界充盈着天地之正气,就可以随顺世界万有的变化,随顺阴、阳、风、雨、晦、明六气的变化,遨游于无穷无尽的境域,从而"喜怒哀乐不入于胸次"(《田子方》),外在的所谓功名利禄便丝毫影响、搅扰不了自身平静的心灵。

---

[1] 王蒙:《与庄共舞:人生的自救之道》,生活·读书·新知三联书店,2014年,第277页。

大道"清空"了人们心中有生以来积存或层累的物欲、功利心和俗世的虚浮等等，而大道的本质又是"空无"，因此，庄子谓心中充盈"天地之正"或"乘天地之正"的状态，就是老子所描述的"致虚极"（《道德经》），即无我的空无心境。拥有空无心境的人，实际上就是一个"虚己"（《山木》）的"无人"。庄子指出："人能虚己以游世，其孰能害之！"（《山木》）一个"虚己"的"无人"，像无形、无相、无色、无味的空气一样，游于世间，不可能受到伤害，也不可能伤害别人，因此，即便是世间脾气最坏的人，也不可能去伤害一个"无人"，因为他无人可伤害，就像他不可能跟空气发脾气，也不可能伤害空气一样。

　　奥修评论说："当你是'无人'，你就开始变成有很多孔。当你是'无人'，你就真的是一个空，是透明的，每一样东西都能流经你。没有阻碍、没有障碍，也没有抗拒……当你是空的，一切都会降临到你身上，只有空能接受一切……当你变成全然的空，突然间你就会了解到，你就是整体，你就是一切，整体就达成了。"

　　因此，成为一个"虚己"的"无人"，即是"自同于大全"，就是进入了庄子所推崇的"天地与我并生，而万物与我为一"（《齐物论》）的"与道为一""与天和"的至乐（天乐）审美之境。而这样的崇高的审美之境，又怎能用"消极""悲观"等词汇去形容呢？

三、向往"至德之世"

　　庄子积极进取的人生态度，不仅体现在人格独立、追求自由、洁身自好、出淤泥而不染、安贫乐道等个人自身的道德修为上，同时还表现于胸怀天下、悲悯群生、勇于变革社会，并满怀深情地构思和向往着一个自由、祥和、"太和万物"（《天运》）的"至德之世"。

　　庄子在《马蹄》中写道：

　　　　彼民有常性，织而衣，耕而食，是谓同德。一而不党，命曰天放。
　　故至德之世，其行填填，其视颠颠。当是时也，山无蹊隧，泽无舟梁；

万物群生，连属其乡；禽兽成群，草木遂长。是故禽兽可系羁而游，鸟鹊之巢可攀援而窥。夫至德之世，同与禽兽居，族与万物并。恶乎知君子小人哉！同乎无知，其德不离；同乎无欲，是谓素朴。素朴而民性得矣。

乍一看，庄子构思的理想社会即所谓"至德之世"，似乎有让人回到原始社会、开历史倒车的倾向，是一个不可能成为现实的空想，甚至有人觉得还"带有严重的消极虚幻性"，等等。但是，如果我们换一个角度看问题，即从最为广大、苦难深重的普通民众的角度看问题，我们或许隐约可以窥探到庄子对专制独裁社会的反抗、对当权者"烦琐苛政、严刑峻法、扰民乱民、坑害百姓"的丑恶行径的无声控诉，以及对人与人、人与自然和谐相处的美好社会的憧憬。

（一）无以人灭天

在庄子所构思的"至德之世"中，人与人、人与自然和谐相处，普通民众怡然自乐，彼此相敬如宾，人的平静生活不会受到干涉、搅扰，"冬日衣皮毛，夏日衣葛絺"，"织而衣，耕而食"，凿井而饮，"日出而作，日入而息"（《让王》），何等逍遥自在。

在"至德之世"中，人们充分尊重一切自然生命的自足性、完满性、不可替代性，所有的生灵任情纵性于天地自然（"天放"）之间，"禽兽可系羁而游，鸟鹊之巢可攀援而窥"，摒弃了任何形式的"中心主义"，反对自以为是地以所谓"文化""文明"等名义,对其他生命无缘无故地进行伤害，甚至杀戮。

在上段引文前，庄子打了一个"伯乐治马"的比方，可谓发人深省。庄子说："马，蹄可以践霜雪，毛可以御风寒。龁草饮水，翘足而陆，此马之真性也；虽有义台（高台），路寝，无所用之。及至伯乐，曰：'我善治马。'烧之，剔之，刻之，雒之，连之以羁馽，编之以皂栈，马之死者十二三矣！饥之，渴之，驰之，骤之，整之，齐之，前有橛饰之患，而后有鞭策之威，而马之死者已过半矣。"

在残忍、血腥的驯马活动中，伯乐赢得了胜利，获得了巨大的快感和丰厚的物质报酬，并陶醉于被尊称为举世无双的治马能手或高人的光环之中。但是，驯马者的胜利、快感、荣耀，完全是建立在马匹的极度痛苦、忧惧、悲伤、被奴役乃至死亡基础之上的。

如果真正想为马匹考虑，那么，人们应当让马匹栖息于深林，遨游于原野，徜徉在河泽湖畔，如此一来，马匹才能保持它们与生俱来的天性，才能任情纵性于天地自然之中，获得属于它们自己的幸福，即所谓"心意自得"（《让王》）。庄子把这叫做"反（返）其真"，叫做"无以人灭天，无以故灭命"（《秋水》）。

在庄子看来，人们只有秉持这种"无以人灭天，无以故灭命"的尊重生命、尊重他者的思想，不造作、不肆意妄为，"顺之以天理，应之以自然"（《天运》），"以天合天"（《达生》），才有可能实现童话般的"禽兽可系羁而游，鸟鹊之巢可攀援而窥""族与万物并"的人"与天和"（《天道》）的理想。

需要说明的是，庄子"无以人灭天"思想，其中"人"与"天"这一对概念，有其特定内涵。黄克剑教授分析说："庄子之学扬'天'而抑'人'，这'天'指天然或自然，而'人'则指为人之欲求所引动的种种人为造作……人的欲求无休止地拓展着，满足欲求的手段也无休止地创生着，这永在增益着的欲求与永在发明着的满足欲求的手段的相互刺激，使人的欲求加速地趋于膨胀。对于这一点的勘破，是人类文明史上所有宗教或人文教化得以萌发的契机所在，中国先秦道家学说的出现也是如此。"显然，黄教授的分析，不仅有助于我们深入理解庄子思想中"人"与"天"概念的真实含义，而且对我们进一步思考庄子思想、道家思想乃至一般宗教何以建立的问题，也不无启迪。

（二）曲君伸民

关于"天""人"概念，从庄子社会政治思想角度分析，"君"或当权者的权力属于公权力，是通过制度或强力所赋予的，这即是"人"；而"民"

的基本权利是私权利,是与生俱来的或自然天赋的,这即是"天"。因此,庄子强调"无以人灭天"的深层内涵,从社会政治视角看,必然主张自然天赋的权利(民权,即"天")先于并高于通过制度或强力赋予的公权力(君权,即"人"),这也必然内在要求曲君伸民,即有效约束或抑制君权(公权力),充分伸张广大民众的天赋权利(民权),即所谓"畸于人而侔于天"(《大宗师》),最终实现"以天合天"的理想目标。

庄子构思的"至德之世",显然充分贯彻了曲君伸民的政治主张。在"至德之世",普通民众已经完全摆脱了受压迫、受剥削、受奴役、遭摧残的状态,每一个人都保持着自然、淳朴、纯真、厚道、专一的天性,彼此无须结党营私,更无须所谓的阴谋与阳谋,不存在君子与小人之分,也没有所谓的高低贵贱之别。大家只是循道而行,像自然生长着的树木、花朵,沐浴着雨露阳光,没有人打扰,尽情地茁壮成长、任意绽放,逍遥于天地之间,人与大自然融为一体,于是,渺小的个人变得崇高而伟大,生活真正充满了阳光与欢喜。显然,这样一种自由天性得到充分伸张、权利得到充分维护、人格人性之美得以充分展现的生活,简直就是超越道德的审美了。将日常生活当成审美,这或许是生活方式的革命。

让生活变成审美,内在地要求当权者(尤其是君王)必须抑制自身权力过度扩张、抑制自身欲望膨胀,"以天地为宗,以道德为主,以无为为常"(《天道》),即以天地为宗师,以万物为人的尺度,尊道贵德,以无为治天下。这实际上是间接地向当权者(尤其是君王)提出了严肃的正告与呐喊,"虚静恬淡寂漠无为"(《天道》)吧,不滋事、不扰民、不妄为、不折腾、更不能残害民众,"以百姓心为心","善者,善之;不善者,亦善之",充分相信、尊重和发挥广大民众的"自化""自正""自富""自朴"的主观能动性和创造性,唯有如此,才能真正实现"海内服""天下归""通于万物"的"天乐"社会理想。

庄子曲君伸民的政治思想,尽管在现实中难以真正实现或难以完全实现,但其意义在于,让民众可以更为清楚地明了当权者(尤其是君王)的人格修养的至关重要性,让民众更能明白那些意欲称霸天下的诸侯王穷兵黩武、征战杀伐、开疆拓土，于广大的民众有害无益，因而广大的民众大可不必为其任意驱使，而完全可以采取一种非暴力不合作的态度敬而远之，纵性任情于大自然，在那里，广大的民众或许可以找到属于自己的真幸福。

四、余论

弘一法师曾言："世人之积极，不过积极于暂时，佛法乃永久。"这句话套用到对庄子的人生态度的评价上，也基本上是适用的。

世俗所谓积极的人生，往往汲汲以求眼前或短暂的功名利禄，而易于忽视人之所以为人的高尚人格的涵养，更无暇或无意体恤天下苍生的悲欢离合与生存诉求。

庄子积极进取的人生格调，悲天悯人，铁骨铮铮，不媚俗，不唯上，不盲从，反潮流，唯道是从，"弃隶者若弃泥涂"[1]，恬淡寂寞、虚无无为。这种人生格调，在当时，可谓惊世骇俗，不啻是一种人生观上的革命。即便是在当下，其对于那些醉心于官场、狂热地追逐外在的物质利益，而不惜丧失人格、泯灭人性的急功近利、利欲熏心的人士，也不失为当头棒喝，至少具有某种清醒剂或"退烧消炎""清热解毒"的功用。

庄子构思的"至德之世"，主张有效抑制通过制度或强力赋予的公权力，充分伸张天赋之民权，高扬人的素朴天性，倡导天下苍生自由、平等、和乐地诗意栖居于天地之间，直接把生活当成审美。毫无疑问，庄子对理想社会的异常之思，对于今天的人类，化解人与自我及人与世界之间的紧张关系，最终实现把以功利为主导的人生价值取向转换成以审美为导向的人生观，仍然具有重要的启迪意义。

作品来源

《嘉兴学院学报》（哲学社会科学）2017年第3期。

---

[1] 关于"弃隶者若弃泥涂"一语，陆树芝释之曰："为人臣隶而膺爵禄之荣，鄙夫之所恋也，乃弃之如泥土焉，则知身之贵于隶也。"

庄子生命中的沉痛意识新探

李 静

导 读

庄子在后世受到了普遍的关注，后人通过其哲学思想不仅可以了解他的治世主张，还可以体会到他的生命基调。庄子对现实世界的不满以及一生在出世与入世边缘徘徊的表现，展现了庄子生命的痛苦与挣扎。庄子虽选择了游世，但游世却是他在认定人生无路可走后，给予自己精神上的慰藉以及生命上的放逐。庄子最后将痛苦的根源归结为不可捉摸的宿命，在更深层次上为世人印证了其生命底蕴的悲凉。

庄子对后世产生了深远的影响，但影响越是深远，人们对其生命形象的理解若稍有偏差就会产生谬以千里的后果。庄子在后世大都是逍遥游世的形象。但就像朱光潜先生说的那样，"以一笑置之的态度应付人生的缺陷，豁达者在悲剧中看透人生百相，他的诙谐出入于至性深情，所以表面滑稽，而骨子里沉痛……豁达者虽超世而不忘怀于淑世"。[1]这一段话用于评价庄子可谓恰如其分，庄子尽管对世间的一切一笑置之，但却不是冷眼旁观，逍遥洒脱后面隐藏着的是一个身陷乱世硝烟而心在浩渺时空无奈遨游的痛苦形象。

庄学研究者已注意到了庄子的沉痛意识。刘鹗说"《离骚》为屈大夫之哭泣，《庄子》为蒙叟之哭泣"。陈子龙说《庄子》之文"辩激悲抑"。

---

[1] 朱光潜：《朱光潜美学文集》，上海文艺出版社，1982年，第31页。

胡文英亦指出:"庄子最是情深,人只知三闾之哀怨,而不知漆园之哀怨有甚于三闾也。盖三闾之哀怨在一国,而漆园之哀怨在天下;三闾之哀怨在一时,而漆园之哀怨在万世。"[1]陈鼓应说:"《庄子·逍遥游》最后一句话:'安所困苦哉!'从这言外之意里,我们可以体会到他的所谓逍遥,实际上却是一种愤激之情在他生命的底层中波涛汹涌地激荡着。"[2]这些看法都表现了庄子思想中与"逍遥"完全不同的一面,对我们立体地把握庄子思想,理解隐藏在庄子逍遥悠闲背后的沉痛意识具有重要意义。

一、摆脱生存困境的无力感

庄子的沉痛意识首先体现在对摆脱生存困境的无力感上。一般生命中痛苦的滋生首先源于个体对自己生存环境的恐慌,对自己能否活着的忧虑,而庄子就是生活在一个毫无安全感可言的时代。庄子生活在战国中后期,这时诸侯之间的征伐愈演愈烈,一场战争动辄就会有几万人甚至十几万人被杀死。《庄子·则阳》篇中庄子则借戴晋人之口说出了当时惨烈动荡的社会状况:

> 有国于蜗之左角者,曰触氏,有国于蜗之右角者,曰蛮氏,时相与争地而战,伏尸数万,逐北旬有五日而后返。

在这里,庄子对蜗角之战的描述实际上是当时战争的缩影,也是对整个社会情况的概述。在这种环境中,庄子清醒地看到了人们生存的困境:

> 福轻乎羽,莫之知载;祸重乎地,莫之知避。(《人间世》)
> 人之生也,与忧俱生。(《至乐》)

面对如此使人畏惧恐慌的生存环境,庄子试图通过自己的努力来保全人们在乱世中的性命。庄子认为性命的不由己首先源于动荡的社会,而动荡的社会却源于统治者与世人的贪欲。贪欲使人们相互杀伐,相互猜疑,而这贪欲源于人们那颗不再朴实的心,"未成乎心而有是非,是今日适越而

---

[1] 孙克强、耿继平:《庄子文学史研究》,中国文联出版社,2006年,第249页。
[2] 陈鼓应:《庄子今注今译》,中华书局,2009年,第3页。

昔至也"。世人有了各种各样的心思后便汲汲名利，上下囚杀。《在宥》中"喜怒相疑，愚知相欺，善否相非，诞信相讥，而天下衰矣；大德不同，而性命烂漫矣；天下好知，而百姓求竭矣。于是乎斤锯制焉，绳墨杀焉，椎凿决焉。天下脊脊大乱，罪在撄人心"。

为了改变这种重名重利而不顾性命之情的社会现实，庄子提出"坐忘"，努力引导人们拥有一个空明的容纳万物的清虚心境，忘却成心，回归"大道"。庄子认为："诙诡谲怪，道通为一。其分也，成也；其成也，毁也。凡物无成与毁，复通为一。"所以希望人们能做到"外天下""外物""外生"，从而逍遥以游心。庄子试图在精神的世界里消解人生的苦难，但其主张在当时显然是践行无力的，世人只是一味地追逐，"驰其形性，潜之万物，终身不返，悲夫！"处世态度和价值观与庄子的思想显然是背道而驰的。庄子自己在《逍遥游》中写道："肩吾问于连叔曰：'吾闻言于接舆，大而无当，往而不返。吾惊怖其言，犹河汉而无极也；大有径庭，不近人情焉。'"这未尝不是庄子借肩吾之口间接地道出了世人对他自己的评价。另外，《逍遥游》中惠子就直接对庄子说："今子之言，大而无用，众所同去也。"《至乐》中庄子还写道："吾以无为诚乐矣，又俗之所大苦也。"后世司马迁在《史记》中也写到庄子"其言洸洋自恣以适己，故自王公大人不能器之。"[1]作为那个时代对"性命之情"的清醒者，庄子一生都在努力帮助世人脱离困境，却无奈地使自己陷入了一种不自由的境地。他虽然解脱了追逐外物的内心焦虑，却不幸独自承受了世人不理解的黑暗，庄子的生命意识中也就渗透出了无奈与孤苦的色彩。在这种不被理解中，庄子体会着人世间的悲凉和个体的孤独，《秋水》中写道：

  吾在天地之间，犹小石小木之在大山也，方存乎见少，又奚以自多！……计中国之在海内，不似稊米之在大仓乎？号物之数谓之万，人处一焉；人卒九州，谷食之所生，舟车之所通，人处一焉。此其比万物也，不似毫末之在马体乎？

《知北游》中写道：

---

[1] 司马迁：《史记》，中华书局，1982年，第2144–2145页。

人生天地之间，若白驹过隙，忽然而已。注然勃然，莫不出焉。

已而化生，又化而死，生物哀之，人类悲之。

所以，庄子认为"以其至小求穷其至大之域，是故迷乱而不能自得也"。天地悠悠，人处在一个广大的时空背景下会感到一种空茫与无力，人间的恩怨萦绕心中，而这恩怨不是代表着私人之间的利害矛盾，而是整个社会的悲凉与不平。所以，在心理固守与现实之间的强烈冲突下产生的这种无力感，使庄子最终无可奈何而又必然地陷于生命的痛苦与挣扎中。

二、在出世与入世边缘地带的游离

陈鼓应在他的《庄子的悲剧意识和自由精神》中有一段对庄子的评价："一般以为庄子消极、出世，其实这是一种很表面的看法……在庄子的哲学中，从无另一世界之说，他从不希望寄希望于彼岸世界。他写《人间世》以及《天下》篇所论'与世俗处'可以为证。我们可以说庄子是以出世的精神入世。"这种观点产生了很大的影响，但也有人认为这种看法仍未能准确地把握庄子精神的实质，庄子的思想表面上看来是出世的，但是在出世的后面蕴藏的精神实质却是入世的，所以更准确的说法应当是"庄子是以入世的精神出世"。这两种观点我们不能武断地评价谁对谁错，毕竟庄子作为一位耀眼的思想文化巨人，他的性格和情怀都可能是复杂多面的。但从上面的两种观点中我们可以推断出，庄子不管是出世还是入世，他都没有做到彻底。由于他自身的矛盾行为，使后人产生了不同的看法，对他的仕宦态度不能够进行明确的界定。

庄子一方面认为人们应该学会"坐忘"，学会"心斋"，逍遥处世，平等地对待世间的一切事物，这样就可以像藐姑射山的神人一样，不被世间的一切所影响、伤害。《庄子·秋水》中写道：

庄子钓于濮水，楚王使大夫二人往先焉，曰："愿以境内累矣！"
庄子持竿不顾，曰："吾闻楚有神龟，死已三千岁矣。王以巾笥而藏之庙堂之上。此龟者，宁其死为留骨而贵乎？宁其生而曳尾于涂中乎？"二大夫曰："宁生而曳尾涂中。"庄子曰："往矣！吾将尾曳于涂中。"

我们可以看到庄子"吾将尾曳于涂中"的志向，但庄子虽没有入朝为官直接参与政事，却一直活跃于政治官场所能够辐射到的地带。庄子的好朋友惠施在政治上就很活跃，他曾在魏国为相多年，很得梁惠王的信任，如果庄子真正逍遥于江湖，便会寻求志同道合的人，那么他的朋友就很难会是惠施了。《庄子》一书中也多次记载庄子远离官场后的政治活动：庄子曾与商太宰论"仁"（《天运》），访魏相惠施（《秋水》），见魏王（《山木》）。

从庄子拒绝为官到庄子对政治的关心，可以看出庄子一方面不愿与统治者同流合污，希望逍遥于世间，保全性命；另一方面却对个体生命充满着热爱，不断思考如何在乱世中安顿众生性命。庄子以矛盾的态度嘲讽着世间的一切，展现给后人的就是在出世与入世边缘地带的游离。庄子就像一个矛盾的集合体，而正是庄子身上的这种矛盾让我们看到了隐藏在庄子内心深处的悲痛意识。

三、宿命论的归结

庄子一生都在矛盾与纠结中找寻救世的方法，但庄子人生哲学的非现实性和纯抽象性，使其在为失意者寻求人生出路、寻找实现人性自由的途径方面都彻底失败了。庄子的主张在世人中践行的失败使庄子对自己产生了怀疑："人之生也，故若是芒乎？其我独芒，而人亦有不芒者乎？"在无限和永恒的苍茫世界中，人们被无情地抛掷其间，无可奈何地承受着这一切，痛苦着世事的无情。源于对命运、对生命无法掌控的感觉，加重了庄子的沉痛意识。在这种不断加深的痛苦意识下，庄子最终合乎逻辑地陷入深深的无奈、绝望和不自由的境地。在孔子那里，我们看到孔子认为"今之从政者殆而"，但他对现实世界仍持有幻想，尽管"往者不可谏"，但"来者犹可追"的希望仍在。到了庄子这里，则变成了"来世不可待，往世不可追"，既否定了往世，也不寄希望于来世。庄子的这种无奈、绝望和不自由，使他最终不得不把自己的一切交给不可捉摸、无法把握的宿命。苦难仿佛就是从看不见底的黑暗深渊里层出不穷地浮现出来，这就让人找不到生命死亡的怨怼对象。仅仅就个人而言，这种死亡与困难又是无理由的，就像颜世安先生说的那样："对于个人来说，灾难的原因既然不是某种直接的东西，而是隐蔽在遥远的地方，那么这种原因就已经不重要了，原因实际上消失在黑暗混沌的背景之中。有时，过于遥远的原因就如无原因一样，实质是蛮横地把个人无力承受的灾难无来由地强加给个人。所以，庄子文中所有关于人类灾难起因的讨论，都不能解除来自个人感受的深刻创伤。"[1]但是庄子找到了一个说服世人同时借以安慰自己的理由，那就是"命"。庄子在《德充符》中写道：

知不可奈何，而安之若命，唯有德者能之。游于羿之彀中。

中央者，中地也；然而不中者，命也。

《大宗师》中写道：

死生，命也，其有夜旦之常，天也。

《德充符》中写道：

死生存亡，穷达富贵，贤与不肖毁誉，饥渴寒暑，是事之变，命之行也。

这显然都是宿命论的思想。他认为世间的一切，都是出于"天"，出于"命"，人是无法抗拒的，只能在自己的意识中进行消解。人在自己的意识中消解掉这一切也就自由了。而就像叶朗说的那样："这种宿命论，完全否定了人的主观能动性，完全否定了人的能动的创造，也就完全否定了人的自由。人在现实生活中，是命运的奴隶，对发生的一切都无可奈何，完全没有自由。只不过在精神生活中借助心斋坐忘，获得一种虚假的自由。"[2]只有在现实生活中处处碰壁，对自己的意志和能力等彻底失去信心、对未来彻底绝望的人才会产生这样的思想和行为。而庄子宿命论的归结，又一次深刻证明了庄子一生无奈绝望的彻底。

---

[1] 颜世安：《庄子评传》，南京大学出版社，2006年，第66页。

[2] 叶朗：《中国美学史大纲》，上海人民出版社，1985年，第116页。

因此，统观庄子一生，他清醒地看到了人间的不平，世事的艰险，世人生存的困境。他试图挽救人们于水深火热之中，但却使自己深陷于痛苦的漩涡，庄子的一生和着一种无可奈何的安命与"求其为之者而不得"的矛盾与痛苦，在精神的世界里放逐自己。所以，逍遥洒脱的背后是庄子沉痛寂寥的一生。

‖作品来源‖

《襄阳职业技术学院学报》2017年第1期。

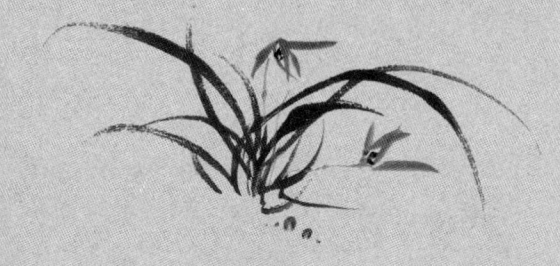

第二章 庄子哲学思想浅析

论庄子"无待"的自由观

徐春根

> **导读**
>
> 　　庄子一生追求"无待"的自由观。庄子认为,实现人的自由,必须摆脱金钱与地位的诱惑,把握事物"固然"之理,挣脱非自然的思想情感和心理上的束缚,摒弃传统偏狭的成见,超越生死,才有可能达至"无待"的与道相通的自由的理想境界:"天人合一"。

　　马克思指出:"一个种的全部特性、种的类特性就在于生命活动的性质,而人的类特性恰恰就是自由的自觉的活动。"[1]对于马克思说来,人的"自由"是人的世界亦即人文世界得以创发之所在。人的自由自觉的活动规定着人的本质。在一定的意义上,人的自由与人的存在在本质上具有同一性。

　　庄子一生追求逍遥游(自由)。他认为,人一旦狂热地追逐名利,就容易被名利所束缚,因而就很难有自由可言。庄子的自由理念有着非常丰富的内涵,它既牵涉到物质经济、名誉地位层面,也涉及人的道德修养、精神心理乃至认识论问题,同时还与人的生死、宇宙观密切相关。认真研读《庄子》(以下引《庄子》内容仅注篇名),才能了解庄子超然物外的、明静心境观照的"无待"自由观。庄子"无待"的自由理念,也就是对物质、地位等无所依附,无所依赖的理念,我们可以从如下几方面进行分析,并试图从中得到一些有益的启示。

---

[1]《马克思恩格斯全集》第42卷,人民出版社,1972年,第96页。

一、实现人的自由，
就要摆脱金钱与地位的诱惑

在庄子看来，金钱与地位本无善恶、贵贱之分。"以道观之，物无贵贱"（《秋水》），贫富穷达，是"命之行""物之情"，自然而然，因而，对待贫富穷达的明智态度也只能是自然而然，有"道"的人的态度是自然任之（《德充符》）。如果被俗世诱人的功名利禄所束缚，就会像"郊祭""衣以文绣"的黄牛，即便是想做一只孤独的小猪，也没有可能，更不要说追求最为宝贵的属于人的意志与行为的自由了（《史记·老子韩非列传》）。

庄子深知金钱与地位虽然诱人，但是，如果一味地追求它们，反而会失去自由。"伯夷死名于首阳之下，盗跖死利于东陵之上。二人者，所死不同，其于残生伤性，均也。"（《骈拇》）所以，庄子对待金钱和地位的态度是：做官发财不过是用隋侯之珠去弹麻雀罢了，损失是巨大的，得到的却十分微小（《让王》）；人要获得真正的自由，就应该不为金钱和地位所动，宠辱不惊，宠辱皆忘，"举世而誉之而不加劝，举世而非之而不加沮"（《逍遥游》）。世间的毁誉对自己没有任何影响，当然更不会成为自己的精神负担。

庄子心目中的理想生活，是摆脱了金钱与地位的诱惑，亲近大自然的自然而然的自由逍遥的生活："立于宇宙之中，冬日衣皮毛，夏日衣葛絺。春耕种，形足以劳动；秋收敛，身足以休食。日出而作，日入而息，逍遥于天地之间，而心意自得。"（《让王》）如果斤斤计较于金钱与地位的得失，那么，人就只能在某种人身的依附关系下生活，并为保住眼前的所得而患得患失，疲于奔命，诚惶诚恐，从而沦为金钱与地位的奴隶。

庄子借老子之口说道："以富为是者，不能让禄；以显为是者，不能让名。亲权者，不能与人柄，操之则栗，舍之则悲，而一无所鉴，以窥其所不休者，是天之戮民也。"（《天运》）在庄子看来，一味地求富求爵求权求名的人，得到了想要得到的一切，又担心失去它们而整日诚惶诚恐，战战兢兢，而一旦失去曾经拥有的一切，则又悲悲戚戚，难免受到痛苦的煎熬。庄子认为，这些患得患失的人，实际上已经沦为了功名的奴隶，是"天之戮民"，也就是要承受自然大道惩罚的人，这样的人根本没有自由可言。

所以，庄子为了获得自由而选择放弃钱财和地位，宁愿过一种"平易恬淡""寂漠无为""少私而寡欲"(《刻意》)的自由自在的乡野田园式的生活。《秋水》里记载了这样一件事，"庄子钓于濮水。楚王使大夫二人往先焉，曰：'愿以境内累矣！'庄子持竿不顾，曰：'吾闻楚有神龟，死已三千岁矣。王以巾笥而藏之庙堂之上。此龟者，宁其死为留骨而贵乎？宁其生而曳尾于涂中乎？'二大夫曰：'宁生而曳尾涂中。'庄子曰：'往矣！吾将曳尾于涂中。'"持竿垂"钓于濮水"，呼吸清新的空气，享受自然的阳光雨露，全无名利之累，不为"外物所役使"，自在逍遥。这种自由自在的生活，即便现代人也日夜思慕、心向往之！

二、实现人的自由，要把握事物"固然"之理，挣脱非自然的情感和心理的束缚

在庄子看来，实现人的自由，不仅要摆脱因为追逐金钱与地位而导致的人身和利益的依附关系，还要把握事物的规律、挣脱非自然的情感上和心理上的束缚。

在黑格尔看来，"必然只是在它没有被了解的时候才是盲目的"，自由是对于必然的认识。恩格斯进一步指出，"自由不在于在幻想中摆脱自然规律而独立，而在于认识这些规律，从而能够有计划地使自然规律为一定的目的服务"[1]。显然，这一思想在实践认识论层面上是完全成立的。

上述深刻思想，庄子在两千多年前已经认识到了。《养生主》有这样的记述："文惠君曰：'嘻，善哉！技盖至此乎？'庖丁释刀对曰：'臣之所好者道也，进乎技矣。始臣之解牛之时，所见无非全牛者。三年之后，未尝见全牛也。方今之时，臣以神遇而不以目视，官知止而神欲行。依乎天理，

---

[1] 恩格斯：《反杜林论》，人民出版社，1972年，第111–112页。

批大郤，导大窾，因其固然，枝经肯綮之未尝，而况大軱乎？良庖岁更刀，割也；族庖月更刀，折也。今臣之刀十九年矣，所解数千牛矣，而刀刃若新发于硎。彼节者有间，而刀刃者无厚，以无厚入有间，恢恢乎其于游刃必有余地矣。是以十九年而刀刃若新发于硎。虽然，每至于族，吾见其难为，怵然为戒，视为止，行为迟，动刀甚微，謋然已解，如土委地。提刀而立，为之四顾，为之踌躇满志，善刀而藏之。'"

由上述事例，我们可以清楚地得知，在庄子看来，事物运行机理都有其内在的"道"，都有其内在的"固然"之理（必然规律），人们只有认识了这些隐藏在事物后面的内在的"道"、"固然"之理（必然规律），才可能有思想行动上的"以神遇而不以目视，官知止而神欲行"的游刃有余的自由。

庄子还认为，非自然的思想情感上的过于依赖，也是不会有真正的自由的。庄子打了个比方，他说："泉涸，鱼相与处于陆，相呴以湿，相濡以沫，不如相忘于江湖。"（《大宗师》）其中至少包含这样一层意思，保持生命活力的源泉都快要干涸、枯竭了，人们倚赖非自然的（不是发自内心的、无奈的）感情上相互体贴纵使能够苟延残喘，也得不到真正的自由。倘若要获得真正的自由，只有消除一切人为建构、相互忘却——"相忘以生""相忘乎道术"，保持思想情感上的独立，回到及守护人的本真，"独与天地精神往来"，"上与造物者游，而下与外死生无终始者为友"（《天下》），才有可能实现人的自在逍遥，"乘道德而浮游"于"万物之祖"（《山木》）。

庄子认为，非自然心理上人为的障碍，也是不会有真正的自由的。在庄子看来，心理上的障碍和顾虑，也还是证明心里有"鬼"，仍然属于"有所待"，不能达到自由。《徐无鬼》有这样的记述，庄子送葬，过惠子之墓，顾谓从者曰："郢人垩漫其鼻端若蝇翼，使匠人斫之。匠石运斤成风，听而斫之，尽垩而鼻不伤，郢人立不失容。宋元君闻之，召匠石曰：'尝试为寡人为之。'匠石曰：'臣则尝能斫之。虽然，臣之质（质：对象、对手）死久矣！'自夫子之死也，吾无以为质矣，吾无与言之矣！"匠人"运斤成风"砍削郢人"鼻端若蝇翼"般的白土，"尽垩而鼻不伤，郢人立不失容"，证明匠人和鄙人心理上无任何的顾虑、障碍，彼此都非常的自信，同时也绝对地相信对方，这样，才能有双方身体与心理上的绝对放松，技艺得到淋漓尽致的发挥，即真正有"无所待"的自由。

简言之，挣脱非自然的思想情感和心理上的束缚，实际上就是实现心理和人格上的独立（self-con-tained）和自主（self-directed），意味着无论他人、社会善待你与否，肯定、褒奖你与否，都能宠辱不惊，始终保持一颗平静、安宁、自信、执着的心，如此，你便可能获得内心的安定，继而才可能有行动的"从心所欲而不逾矩"的自由。

三、实现人的自由，必须摒弃传统偏狭的成见

庄子借北海若之口说："井蛙不可以语于海者，拘于虚也；夏虫不可以语于冰者，笃于时也；曲士不可以语于道者，束于教也。"（《秋水》）意思是说，井里的青蛙，不可以跟它们谈论大海，因为它们拘泥于有限的空间；也不可以跟夏虫谈论冰雪，因为它们生存的时间有局限；也不可以跟一曲之士谈论大"道"这样至深的问题，因为他们修养有限，思想偏执、狭窄，孤陋寡闻。在庄子看来，一个人如果局限于一"隅"、固执于自己偏狭的成见，坐井观天，那么，思想行为就难免偏颇，自然就会受到这样那样的阻碍与"牵扯"，因而也就不会有自由。

所以，"审视世界首先要改变自我对世界的看法，注视他人首先要调整对他人的眼光"[1]。如果人们像满脑子充塞了功利与虚荣观念的郑国宰相子产那样，囿于传统偏狭的成见，羞于与刖者（被断足者）申徒嘉并行，也就容易被事物的外表所蒙蔽，容易受自己偏狭成见的束缚。那么，也就永远不能认识真实的世界，永远没有可能"与大道相通"，因而也就不能实现认识上的自由。

老子说："宠辱若惊，贵大患若身。吾所以有大患者，为吾有身，及吾

---

[1] 陈少明：《自我、他人与世界——〈庄子·齐物论〉主题的再解读》，《学术月刊》2002年第1期。

无身,吾有何患?"(《老子》第十三章)在庄子看来,真正的"至人""真人"一定经历过"堕肢体,黜聪明,离形去知"(《大宗师》)的精神升华而至于"无己""无身",才能够超越形体和其他形式的局限性,完全不受任何偏见、传统错误观念的影响,也不会被所谓"权威"的意见所左右。他们由于摆脱了形体和其他形式的束缚,放弃了自我的偏见,能够站在大"道"的立场"以道观之",逍遥于天地之间,"以天下观天下"(《老子》第五十四章),"上与造物者游,而下与外死生无终始者为友","乘道德而浮游"于"万物之祖"(《山木》)——"同于大通",即与大道相通,从而享受自由之乐。

四、超越生死,逍遥于天地之间

人生在世,"譬如朝露"。庄子说:"吾生也有涯"(《养生主》),"人生天地之间,若白驹之过隙,忽然而已"(《知北游》)。对于很多人,最看不开、最为恐惧的事情是死亡。很难设想,一个整天担心、焦虑、惧怕死亡来临的人在思想和行动上会有什么自由可言!

庄子对待生死的自然主义的法则,建基于其万物统一于"气"的本体论基础之上。庄子说:"人之生,气之聚也。聚则为生,散则为死。若死生为徒,吾又何患!故万物一也。是其所美者为神奇,其所恶者为臭腐。臭腐复化为神奇,神奇复化为臭腐。故曰:'通天下一气耳。'圣人故贵一。"(《知北游》)所以,万物"方生方死,方死方生"(《齐物论》),死生是没有穷尽的,"生也死之徒,死也生之始"(《知北游》),重生意味着死亡,死亡意味着再生。"指(脂)穷于为薪,火传也,不知其尽也"(《养生主》)。烛薪有燃烧穷尽的时候,但是,火种却能传递万世,不会完结。生死不过是人的存在的两种形式而已,人的生命本真与天地同长终。

在庄子看来,"夫大块载我以形,劳我以生,佚我以老,息我以死"(《大宗师》)。死不过是回家去休息,不过是"复归其根"(《知北游》)、回到人的本真。因而,死也就不过是像回到没有形体的精神的老家,过没有任何俗世烦恼、没有身体累赘的自由的精神生活。所以,死亡不过是过一种无形体烦恼的超然的生活，是回到精神的老家去。而回到老家去，难道不是一件很自然、很平常，甚至很温馨、很惬意的事情吗？

既然死是回到真正的老家，那么人死了以后，举行一个简单的告别仪式，吟唱一曲，送上一程，也就顺理成章、合情合理了。《至乐》篇有这样的一段，"庄子妻死，惠子吊之。庄子方箕踞（古人席地而坐，伸开两腿坐着，形状如簸箕）鼓盆而歌。惠子曰：'与人居，长子，老身，死，不哭，亦足矣；子鼓盆而歌，不亦甚乎？'庄子曰：'不然。是其始死也，我独何能无慨然？察其始，而本无生；非徒无生也，而本无形；非徒无形也，而本无气。杂乎芒芴之间，变而为气，气变而有形，形变而有生；今又变而之死；是相与为春、秋、冬、夏四时行也。人且偃然寝于巨室，而我噭噭然随而哭之，自以为不通乎命，故止也。'"庄子认为，死不过是向出生以前的状态的复归，这就有如四时流转一样自然而然，所以用不着悲泣，相反，"鼓盆而歌"，送上一程，倒更合乎情理。

"安时而处顺"，死是顺理返真。有了这样的认识，人们便可以坦然地面对死亡，而不会有心灵上的痛苦与恐惧。《列御寇》载："庄子将死，弟子欲厚葬之。庄子曰：'吾以天地为棺椁，以日月为连璧，星辰为珠玑，万物为赍送。吾葬具岂不备邪？何以加此！'弟子曰：'吾恐乌鸢之食夫子也。'庄子曰：'在上为乌鸢食，在下为蝼蚁食，夺彼与此，何其偏也。'"正因为庄子抱着"死是顺理返真"的态度，即便是在自己快要死去的时刻，也能够像拉家常、说笑话一样对待自己的后事。

以庄子为代表的道家对待丧葬仪式的方式或态度，不仅惠施不能接受，儒者们也大感不解。例如，道家人物子桑户逝世了，孔子听到死讯，叫子贡去协理丧事。子贡看见死者的两位莫逆之交编唱挽曲的景象："或编曲，或鼓琴，相和而歌曰：'嗟来桑户乎！嗟来桑户乎！而（尔）已反其真，而我犹为人猗！'子贡趋而进曰：'敢问临尸而歌，礼乎？'二人相视而笑曰：'是恶知礼意！'"（《大宗师》）

庄子极其超然的"视死如归""练习死亡""死而不亡"的态度，不仅给人以精神的抚慰、灵魂的终极关怀，而且这种对待死亡的态度，实际上是对于统治者残暴统治的一种无声的反抗，是对于挣脱重重枷锁，实现人的解放与自由的无声的呐喊。"民不畏死，奈何以死惧之？"（《老子》第七十四章）一个超越了生死（"齐生死"），对死亡无所畏惧的人，一切高压的统治乃至以死相逼迫的滥施淫威的伎俩，又有什么可怕的呢？"民不畏威，则大威至。"（《老子》第七十四章）一旦百姓不再害怕威压、不惧怕统治者的以死相逼，那么，人民为追求自由而掀起的社会变革的暴风骤雨也就不会遥远了。

所以，只有超越生死（"齐生死"），豁达大度地对待死亡，把自我的生命视为"大道"流行的一个环节，从"道"的立场来观照"死"，人的"死"实即意味着新生。

庄子参透生死，继而能淡化对生理寿命的追逐，不会为苟且偷生而耿耿于得失、荣辱与成毁，从而获得抛却身心的重重束缚的轻松、解脱和思想与行动的自主，才能无牵无挂，"虚己以游世"，"独于道游与大莫之国"（《山木》），逍遥于宇宙天地之间。

五、"无待"自由的理想境界："天人合一"

孔子说，"道不行，乘桴浮于海"（《论语·公冶长》）。孔子指出，他的主张如果不能实行，就乘木筏到海上去，过一种自由自在的生活。

如果说孔子"乘桴浮于海"属于不得已而为之，那么，庄子则是把"涉于江而浮于海"（《山木》）的亲近自然，与自然为友，投入大自然的怀抱当作生活本身。因为在庄子看来，人只有"相忘乎道术"，亲近自然，与自然为友，投入大自然的怀抱，才能摆脱一切"工具理性"与人为建构的束缚，才能挣脱一切社会的、人身的、感情与心理的依附关系，游心于大化，才能找寻到人的"本真"，真正体悟到生命的意义和大道的真谛。这即是庄子向往与追求的"无待"的自由的理想境界："天人合一"。

庄子向往与追求的"天人合一"，并不是原始的"无知无识"的自然境界，而是建立于对于自然与社会人生（天道与人道）深刻的、深层的"觉解"（冯友兰语）[1]，建立于对于天道的自觉维护——"不以心捐道，不以人取天"（《大宗师》）基础之上。

作为道家的重要"领军"人物，庄子理解并继承了老子"天道自然无为"的思想："天之道，其犹张弓欤？高者抑之，下者举之，有余者损之，不足者补之。天之道，损有余而补不足。人之道，则不然，损不足以奉有余。"（《老子》第七十七章）"天无私覆，地无私载"，"天之道，损有余而补不足"。"天道"是多么的公正无私啊！而"人之道则不然"："损不足以奉有余。"人间是多么的不公平啊！

庄子感叹："方今之时，仅免刑焉。"（《人间世》）生活在这种列国混战、"窃钩者诛，窃国者为诸侯"的社会，能够免除刑罚的屠戮，就已经不错了！"人心惟危、道心惟微"！庄子看透了统治者的"厚颜"与"黑心"，也深知生灵涂炭的悲哀与痛苦。作为一种无声的反抗，庄子倡导一种"不合作主义"。什么"千金重利、卿相尊位"，那不过是剥夺人的自由与良知的"圈套""枷锁""陷阱"而已！与其"死为留骨而贵"，而"宁生而曳尾涂中"（《秋水》）。与自然为友、投身大自然的怀抱吧！在那里，彼此"相忘于江湖""相忘于生""相忘乎道术"，人们告别丑恶与暴虐，抛却奸诈与"机心"，清心寡欲，无私无畏，无拘无束，无牵无挂，自由自在，人们也许可以体验生活的温馨、体味与自然交流的"至乐"美感。

如果庄子对于宇宙人生的"觉解"仅止于"关切民生"、摆脱精神与身体的束缚层面，那也许还是难于完全上升到如冯友兰所讲的"同天""自同于大全"[2]的"天人合一"的精神境界——有似于冯友兰所讲的"天地境界"。庄子思想的深邃更在于，他的"与自然为友"的思想与行为是建立于洞察宇宙人生的本体、本质，即"天地与我并生，而万物与我为一"的（《齐物论》）基础之上。在这种"天人合一"境界里，人能洞察宇宙万物的玄机奥秘，能够与宇宙大化产生情感精神上的交流与依恋，能够聆听自然的言语——"天籁"（sounds of nature）（《齐物论》），与自然万物进行心灵情

---

[1] 冯友兰：《冯友兰选集》下卷，北京大学出版社，2000年，第227页。
[2] 冯友兰：《贞元六书》，华东师范大学出版社，1996年，第635页。

感的交流，人心与"道心"相通相融，人"独与天地精神往来"(《天下》)，能够"乘云气，骑日月，而游乎四海之外，死生无变于己，而况利害之端乎"(《齐物论》)。最后至于"乘天地之正，御六气之辩，以游无穷"——"无待"的自由之理想境界："天人合一"的"至乐"的"逍遥"。

六、庄子的自由观对现代的启示

康德说："自由即是理性在任何时候都不为感觉世界的原因所决定。"事实上，"感觉世界的原因"最直接最生动最具有诱惑力，因而最能打动人心。叔本华在《论自由意志》一书中写道："自由这一概念乃是一个否定的概念。通过它，我们想到的只是一切障碍的消除，而与此相反，当一切障碍表现为力量的时候，它们必定是一种肯定的东西。"不为"感觉世界的原因"所动，消除表现为"肯定的东西"的力量的障碍，即意味着一个人对于自己的行动和心性活动可能有实质意义的自主权。庄子以极大的勇气和智慧，冲破和摆脱各种物质、地位、名誉、情感、心理、人身等依附关系的羁绊、束缚，崇尚恬淡生活，"举世而誉之而不加劝，举世而非之而不加沮"，忧苦不入，宠辱不惊，"独与天地精神往来"，从而实现了人生自由境界的全面飞跃，其力量之源当然来自对于"道"的执着。

庄子的行为与心路历程，显示出其追求生活的哲学洞察与艺术审美的双重转化的统一。哲学的拷问与反思，使得人类对于生活世界的认识愈益深邃、开阔，而对于生活的艺术审美，则能赋予宇宙人生更多的意义与神圣。诚如谢林所认为的那样，艺术能够带来自由与必然的最高统一，能够引导一切人们达到"认识最崇高事物"的境界，产生使无限矛盾得到统一的结果以及"无限和谐的感受"。庄子真诚地依据自己的生活思考，并对现实进行彻头彻尾的反思、反省，从而了悟了人生的真谛，发现了世界的美的所在，"死生无变于己"，"物物而不物于物"，真正体验到了"天人合一"的"至乐"的"逍遥"，从这个意义上而言，庄子是幸福的！

不过，庄子"无待"的自由观也并非尽善尽美，它的纯粹个人化、绝对化、虚幻性和神秘主义色彩相当浓厚，其消极的、负面的效应显然是存在的，这是需要我们在吸收其思想精华时特别要加以注意的地方。

但是，庄子"无待"的自由观，其中相当一部分合理化内容，即便是对于正在或已然进入"后现代"的当代社会，也具有较强的"可操作性"——启迪意义。因为"后现代"社会随着全球化速度加快，人们之间相互了解的可能性增加，人们智力水平、理性认识能力的提高，人的内心应该更加愉悦，人与人之间的关系应该更加和谐，人类社会应该更加自由而美好，这个世界应该越来越适合人类"诗意的栖居"。然而，遗憾的是，全球化运动尽管在全球范围内带来了经济的相对繁荣和物质生活的相对富裕，但是，人的内心有时似乎变得更加忧郁、烦闷和痛苦，人与现实世界之间的关系，包括人与人、人与社会、人与自然界之间的关系似乎出现了相当程度的紧张。

庄子"无待"的自由观对于化解人的心理困惑、心灵痛苦和人与现实的紧张关系，继而获得"无待"的自由有着重要的启迪意义。

（一）淡化对于生理寿命的追逐，执着于人的本真的守护

人类可能是地球上唯一能预见到自己会死亡的动物，对死亡的恐惧在人类的思想和行为中占据着中心地位。如何消除或尽量减少对死亡的焦虑、恐惧？当然可以有多种多样的方式。庄子认为，人的生理的死和活都是自然无穷变化系列中暂时的形态，"生也死之徒，死也生之始"，死是"顺理返真"。所以，死实在没有让人恐惧的理由，相反人类应该为能挣脱身体的束缚而获得暂时的休息、轻松而感到庆幸——"大块载我以形，劳我以生，佚我以老，息我以死"。

实际上，庄子是在启迪人们，人要从肉与灵的无穷无尽的欲望煎熬中挣脱出来，从勾心斗角、尔虞我诈的社会人际关系里超升出来，从患得患失的内心痛苦中摆脱出来——"吾丧我"。因此，人应该淡化对于生理寿命的追逐，人生命的内在意义和价值的开掘只能在心灵、精神的世界中展开和实现，最为根本的是必须守护人之为人的本真，"复归于婴儿"，保守

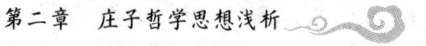

一颗赤子般的纯洁、超拔的心灵。唯有如此,人才能"同于大通",回到"无所待"的自由自在的精神之乡,逍遥于宇宙之间。

(二)宠辱不惊,不做名和利的奴隶

人际间的紧张关系、人的内心痛苦也源于对名和利的追逐。现今社会有些人为了获得所期望的名和利,相互角逐、争夺可谓不择手段,甚至无所不用其极。而且,人的欲望是无穷的——欲壑难填。由于自然性的名利资源非常稀缺,在得与失、成与毁之间,人就必然产生焦虑,变得喜怒无常,最终沦为欲望、功名利禄的奴隶。

庄子的思想给人们的启迪是,要淡化名利意识,"物物而不物于物",不要做欲望、名利的奴隶。因为为名利所累、束缚,其实是得不偿失、因小失大。所以,为了消弭为追逐功名利禄、满足个人无穷的欲望和虚荣心而引起的人际关系的冲突、人心的焦虑,人们应该尽量远离名利场,清心寡欲,"无欲则刚",至少不要刻意去追逐、争夺。这样,人际间的是是非非、恩恩怨怨、相互冲突自然就会渐渐消失,人心的焦虑必然会得以舒缓。淡泊以明志,宁静以致远,"举世而誉之而不加劝,举世而非之而不加沮",寄情自然山水之美,享受"逍遥"于天地的"至乐"的宇宙人生。

(三)思想和心理都要走向真正的独立

在现代交往中,人心的焦虑往往来自自己思想情感和心理上对于他人的依赖、依附。思想和心理上对于他人的依赖、依附,根本原因是人生价值目标依然胶着于名利场。关于如何远离名利场、挣脱名利的束缚,前面已有简要的叙述。这里主要谈一下思想情感与心理问题。

在庄子看来,"承蜩"的佝偻、"运斤成风"的匠石之所以能够随心所欲,游刃有余,是因为他们把握了事物"固然"之理,身心都"无所待",即思想情感与心理都实现了完全的独立自主,没有任何的束缚、依附。所以,要真正获得人身、人的思想情感和心理的独立,与其"相呴以湿,相濡以沫",还不如"相忘于江湖""相忘乎道术"。庄子这些思想至少可以给人们这样

的启示，挣脱对于他者的思想情感和心理情绪上的依赖、依附，实现精神与心理上的"断乳"，消弭由此引发的焦虑、郁闷，关键在于转换人生价值目标，全面健全个人的人格和心理品质，从而实现人的思想和心理的真正的独立，继而才可能享有"无待"的自由。

（四）消除偏狭的成见，需要改变或调整自我对世界和他人的看法

在现代交往中，人内心的苦恼、人际间的紧张关系，还来自世人心中顽固不化的偏见。例如，西方社会的很多白人对于有色人种在文化、品德修养、文明开化程度等方面就抱有很大的偏见，并且，这种偏见已经造成并将继续造成人际间的冲突与无尽的痛苦。

庄子认为，偏见至少来自两个方向：他人与自我内心。"他人"是一个相互性概念，"我"对于别的主体是"他人"，反之亦然。郑子产羞于与刖者申徒嘉并行，在庄子看来，真正残疾的是郑子产而不是申徒嘉。很明显，这类偏见来自"他人"或"我"长期的固执的习惯认识。消除此类偏见的办法，庄子实际上给了这样一个提示：无论是"我"或"他人"，"审视世界首先要改变自我对世界的看法，注视他人首先要调整对他人的眼光"。[1]

另一种偏见来自"自我内心"，此类偏见基本由于身心的局限性与囿于自身环境而产生的心理性暗示所致。消弭此类偏见，庄子认为应该采取"吾丧我"的办法，即"堕肢体，黜聪明，离形去知"，以至于"同于大通"。

（五）与自然为友，享受自然之美

全球化浪潮带来了经济的空前繁荣，同时也带来了人与自然关系的空前紧张。现代社会以物质利益的最大化、人的欲望的最大满足为基本杠杆，把许多人津津乐道、引以为荣的所谓的"物质文明"推到了无以复加的地步。然而，具有讽刺意味的是，随着经济的繁荣，自然资源的过度开采、正当和不正当的使用，人们非但没有增加多少幸福的感觉，反而徒添了许多怅

---

[1] 陈少明：《自我、他人与世界——〈庄子·齐物论〉主题的再解读》，《学术月刊》2002年第1期。

惘和忧郁。而且人类赖以生存的根基——自然环境、生态平衡也受到了史无前例的不可逆转的毁坏。庄子"天人合一"的重要思想却可以给当今人类消解人与自然空前的紧张关系提供宝贵的精神资源。

人类来源于自然，自然是人类的"本始"，人类不能忘记自己的"本始"——自然家园。因此，人类也要倍加珍惜自然共同体的和谐共存。

人类的精神只有上升到"天人合一"的"同天"境界，才能彻底超越自我而"无所待"，才能达到逍遥自由的审美，才能真正实现人与自然的全面的真正意义上的和谐相处，这应该是全人类所必须为之不懈追求的理想目标。

【作品来源】

《广西师范大学学报》（哲学社会科学版）2005年第2期。

庄子自由思想的四重维度

杨 又

> **导 读**
>
> 庄子所表达的自由思想主要有四重维度：一是对个体自由的拷问；二是对社会自由的反思；三是对生态自由的关注；四是对天地自由的渴望。这四种自由形态相互依存，共同构筑起庄子自由思想的整个大厦。

自由是人类永恒的话题和不懈追求。著名诗人裴多菲就说："生命诚可贵，爱情价更高，若为自由故，二者皆可抛。"然而，"自由"又是最难诠释、最难说清楚的，"没有一个词比自由有更多的含义，并在人们意识中留下更多不同印象了"[1]，如有伦理道德的自由（斯宾诺莎、康德）、有绝对精神的自由（黑格尔）、有政治权利的自由（洛克）、有实践的自由（马克思）、有个人行动的自由（萨特）等等，不一而足。与这些自由形态不同，中国古代的庄子则诠释出了自由的另外一番形态，笔者认为这种自由形态主要包含四重维度，它们相互依存，共同构筑起庄子自由思想的整个大厦。

一、无待——对个体自由的拷问

在庄子看来，个体真正的自由是"恶乎待"的自由状态，他说："若夫乘天地之正，而御六气之辩，以游于无穷者，彼且恶乎待哉！"（《庄子·逍遥游》）

---

[1] 孟德斯鸠:《论法的精神》，张雁深译，商务印书馆，1995年，第153页。

与无待相对的是有待,有待是一种有所凭待,有所限制的不自由状态。庄子笔下乘风而起的大鹏,御风而行的列子,都需要凭借外部条件而存在,因此都是有待的,算不上真正的自由。

那么,是什么造成个体的有待呢?一是命,二是仁义名利是非等价值观念。首先,命是"不知其所以然而然"(《庄子·达生》)的。人生的所有已成事实和不可更改的情形都可归之于命。比如一个人如今的贫困潦倒并不是父母、天地的刻意安排,而是命。实际上,人的所有包括"死生、存亡、穷达、贫富、贤与不肖、毁誉、饥渴、寒暑"等,都是"事之变、命之行也"(《庄子·德充符》)。命是个体生命历程的重要组成部分,个体往往又对之无能为力,因此,命对个体自由存在着极大的限制和束缚作用,人先天就因为命而被迫有待着。其次,仁义名利是非等价值理念也对个体自由造成束缚。庄子把这些价值理念看作是强加在人身上的刑罚,仁义就好像黥刑,是非就好像劓刑,它们不仅搅乱人的心性,而且还会导致杀身之祸。因此,"儒家所谓'仁义''圣智'等等道德伦理观念,都是对人的天然情性的束缚和压抑。……世俗之人狂热追求名利和财富的功利主义人生态度,也是对人性及其自然发展的一种束缚"。[1]

那么如何超越"命"以及"仁义名利"对人的限制,实现个体无待的自由呢?

庄子给出了两个办法:一是知命、顺命、达命;二是齐与忘。首先,既然命是人生不可更改的已成事实,唯一办法就只能坦然面之,"知其不可而安之若命,德之至也"(《庄子·人间世》)。既然个体对自己所遭受的一切命运无可奈何,就只能达命,"达命之情者,不务知之所无奈何"(《庄子·达生》)。知命、达命从本质上讲就是顺应命运的安排,也就是"安时而处顺"。其次,齐就是齐是非,齐生死,齐物我,齐大小……把世界上的一切事物都看作是一致的。是非是因人立场不同而产生的,往往会导致"是亦彼也,彼亦是也。彼亦一是非,此亦一是非,果且有彼是乎哉,果且无彼是乎哉"(《庄子·齐物论》)的困境,所以最好的办法就是不去分辨是非。同样,生死、

---

[1] 徐克谦:《庄子哲学新探——道·言·自由与美》,中华书局,2006年,第136—137页。

物我、大小等也没有本质差异，所以统统都应该划归为一，全部忘掉。庄子以"坐忘"来描述这一境界，"坐忘"就是"堕肢体，黜聪明，离形去知，同于大通"（《庄子·大宗师》）。达到这一状态，个体便不会被一切条条框框所限制，从而实现精神上的无待自由。庄子笔下下到乡里田间的农夫、屠夫，上到得道的圣人、真人，无不都是这样的自由个体。

现代西方存在主义大师海德格尔曾把人的存在方式分为非本真的存在方式和本真的存在方式。非本真的存在方式就是"常人"的存在方式。在日常生活中，这种存在总是沉沦于与他人共在的世界之中，被"常人"所左右，看不到自己。而本真的存在方式则是听从良知的呼唤，"本真的为死而在""先行到死中去"，从而关注到自己的本真生，领悟到生的意义。庄子所描述的那些执着于世俗追求从而被束缚住的不自由人生形态，以及那些能够通道、达道，齐万物为一的自由人生形态，无不和海德格尔所描绘的两种人生形态有着莫大的契合。只不过，庄子走得更远更浪漫，海德格尔则走得更平和更理性。

二、无治 —— 对社会自由的反思

春秋战国是一个群雄并起，战事不断的时代。在这个时代，社会动荡不安，人民流离失所。为了实现社会安定，让老百姓有一个安定的生产生活环境，儒、墨、名、法诸家纷纷提出自己的政治主张。庄子的政治主张则是要实现社会的安定，最好的办法就是顺应民性，无为而治。

可是，社会现实的情况却令庄子大失所望。他认为当时的社会是三代以降最差的社会，他这样描述："古之人，在混芒之中，与一世而得淡漠焉……当是时也，莫之为而常自然。逮德下衰，及燧人、伏羲始为天下，是故顺而不一。德又下衰，及神农、黄帝始为天下，是故安而不顺。德又下衰，及唐、虞始为天下，兴治化之流，枭淳散朴，离道以善，险德以行，然后去性而从于心。"（《庄子·缮性》）卢梭曾经认为人类处在自然状态的时期才是自由的，进入社会状态便不自由了，庄子之语可谓是卢梭的先声。

不过与卢梭不同，他认为社会退化的真正原因是道德的产生，正是人类道德的产生，才带来了整个社会的大乱。

而道德又是由圣人创造的，所以庄子将矛头直接指向了圣人，因为圣人创造的道德会成为盗跖之徒行恶的工具，他借盗跖之口说道："何适而无有道邪？夫妄意室中之藏，圣也；入先，勇也；出后，义也；知可否，知也；分均，仁也。五者不备而能成大盗者，天下未之有也。"（《庄子·胠箧》）大盗们如果不懂得圣人的道理就不可能行盗。但是如果天下善人少而恶人多的话，那么圣人便会使天下受益的地方少而受害的地方多，这实际上是"重利盗跖而使不可禁者，是乃圣人之过也"（《庄子·胠箧》）。

这样，庄子最终将社会动荡不安的原因指向创立道德的圣人，圣人是造成社会动乱的罪魁祸首。因此，欲实现天下大治，还社会自由，就要"掊击圣人，纵舍盗贼"。他这样说道："圣人已死，则大盗不起，天下平而无故矣！圣人不死，大盗不止。虽重圣人而治天下，则是重利盗跖也。"（《庄子·胠箧》）庄子这里所说的圣人不仅是指创立仁义道德的圣人，也指提出功利主义价值观的圣人，所以他不仅反儒，也反墨、法和纵横家。

实际上，庄子掊击圣人的真正目的就是期望实现无为而治的社会形态。他说："闻在宥天下，不闻治天下也。"（《庄子·在宥》）真正自由的社会是不需要治理的，如果"天下不淫其性，不迁其德，有治天下者哉？"（《庄子·在宥》）"通常意义上的治天下实际上是在乱天下，因为其所使用的手段礼仪法度等等会使天下之人'遁其天''离其性'（即乱其本然之性）、'迁其德'（改其本然之德）、'减其情'（灭其本真之情）、'亡其神'（亡其与道同体之神明）。"[1]因此，最好治理天下的方式就是："摇荡民心，使之成教易俗，举灭其贼心而皆进其独志。"（《庄子·天地》）人民的一切行为都是出乎天性，"不知其所由然""一而不党"，浑然一体而毫不偏私。而这样的社会正是庄子所渴望的上古时期的"至德之世"。所谓至德之世，就是"不尚贤，不使能，上如标枝，民如野鹿。端正而不知以为义，相爱而不知以为仁，实而不知以为忠，当而不知以为信，蠢动而相使不以为赐。是故行而无迹，事而无传"（《庄子·天地》）

---

[1] 韩林合：《虚己以游世：〈庄子〉哲学研究》，北京大学出版社，2006年，第305页。

如今，世界各国及其政府都逐渐看到了社会在运行和发展的过程中有其自身的规律，经济学家亚当·斯密在《国富论》中就提出了著名的"看不见的手"的理论，这无疑是说社会有其自身的规律，因此要发挥和重视其自身的调节作用。庄子的社会自由思想尽管走向了极端的无治主义，他认为圣人创立道德的观点也是不对的，但是他看到的社会有其常道，"民有其常性"，要顺民而为，无为而治，和上述思想是有一致的地方的，因此，其仍可以成为现今社会治理、商业管理的重要借鉴。

三、以鸟养鸟——对生态自由的关注

在庄子心目中，自然界本身有其内在的自在本性：一切自然现象，包括日月的运转、云雨的升降、风的吹动等都是"六极五常"的正常规律，是自然如此，没有任何外力或人为干扰的；动物的雌雄两性之间不管是相望相诱而生子，还是一鸣一和而生子，或者是靠卵化、唾沫而生子，它们的生殖过程都是一种自然的本能活动；自然界的生物进化也是一个由低级向高级的自动进化过程，是"万物皆出于机，皆入于机"的循环过程。因此，不管是自然现象，还是动物两性之间的生殖，抑或是生物之间的进化，都有其自身的规律，是自然而然发生的。对此，庄子盛赞道："天地有大美而不言，四时有明法而不议，万物有成理而不说。"（《庄子·知北游》）

然而，令庄子深为痛心的是，现实生活中的生态却面临着严重的困境——动物、植物纷纷被人类所捕杀、砍伐，几近灭绝。为了说明这种现象产生的原因，他区分了人和天，他说："牛马四足，是谓天；落马首，穿牛鼻，是谓人。"（《庄子·秋水》）生态困境产生的真正原因就是"以人灭天"，人们为了满足一己之私，过度干预生物本有的天性，令其无法自由地存在，甚至几乎造成生物种群的灭绝。"伯乐治马""鲁侯以己养鸟"两则事例就说明由于人类分不清马和鸟的天性到底是什么，过度干预破坏了它们的本性，从而造成了它们的灭绝。

实际上，在庄子看来，即使像脚趾连在一起生长，手指多生了一个出来这样的情况，只要它们是自然长成的，就算不得多余，这是自然的正常规律，正如"凫胫虽短，续之则忧；鹤胫虽长，断之则悲。故性长非所断，性短非所续，无所去忧也"（《庄子·骈拇》）。因此，人类对待生物的正确态度就是不要"以人灭天"，而要"以鸟养鸟"，要顺应它们自然的天性，任其生长。"以鸟养鸟"就是要让鸟"宜栖之深林，游之坛陆，浮之江湖，食之鳅鲦，随行列而止，逶迤而处"（《庄子·至乐》）；又如马，它的天性就是"陆居则食草饮水，喜则交颈相靡，怒则分背相踢"（《庄子·马蹄》），因此只要顺着它的这些天性，任随它就可以了，而如果给它架上横木、轭头，配上额镜，则是以己养马的错误态度，它就会奋起反抗。

随着现代社会的来临，人与自然的矛盾越来越突出，庄子可谓给现代人一记当头棒喝，给了人们深刻的警示——人应该"让万物竞自由"。"让自然万物竞自由，是指让自然万物按照其自身的自然本性存在，自主地进行自身的合目的的活动。每种生物都有其自身的存在目的，植物的种子就是开花结果，动物的存在就是延续自身的基因，使物种得以保存。生命合乎自身目的的活动和实现自身目的的活动，从某种意义上讲，也就是其自身的自由活动。让万物竞自由，就是让自然万物按照自身的本性合乎目的地展现自己的生命，自主地实现自己的存在。"[1]虽然，庄子主张人类完全不干预自然的观点是不可能的，但人类在对自然进行干预或者改造的过程中，注意到自然本身的规律，从而做到不过分、不过度，不破坏人与自然、物与物之间的平衡和谐，却是十分重要的。

四、天乐 —— 对天地自由的渴望

庄子拷问个体自由，反思社会自由，还关注生态的自由，其最终目的是要实现天地自由。

为了说明天地自由，庄子提出"道"这一绝对超然的自由本体。对于

---

[1] 曹孟勤:《生态自由限制现代个人主义自由的正当性辩护》,《南京师范大学学报》(社会科学版),2014年第1期。

"道",他描述道:"夫道有情有信,无为无形;可传而不可受,可得而不可见;自本自根,未有天地,自古以固存;神鬼神帝,生天生地;在太极之先而不为高,在六极之下而不为深,先天地生而不为久,长于上古而不为老。"(《庄子·大宗师》)道是无为无形、真实可信的存在,它不仅是先验的,而且是永恒的,它"于大不终,于小不遗""未始有封""洋洋乎大哉",是绝对自由的。"庄子的'道'指向一个至高无上的精神自由境界,引导人们去追求精神的逍遥和解脱"。[1]

庄子给天地自由取了一个名称叫"天乐"。天乐是一种与"天道"合一的快乐,他说:"与人和者,谓之人乐;与天和者,谓之天乐。"(《庄子·天道》)"人和"是人与人之间的协和,天和则是包括人与人、人与社会、人与自然、人与天道的协和。对于天乐,庄子进一步论述道:"故知天乐者,无天怨,无人非,无物累,无鬼责。故曰:其动也天,其静也地,一心定而王天下;其鬼不祟,其魂不疲,一心定而万物服。言以虚静推于天地,通于万物,此之谓天乐。天乐者,圣人之心以畜天下也。"(《庄子·天道》)

天乐实际上说的是一种自然之乐,这是一种完全与道融为一体的快乐,对于这种快乐,可以从四个方面来加以理解。首先,天乐昭示的是个体完全超越了仁义名利等的限制,达到了一种任性无为的自然存在状态。这时的个体,没有怨恨、非议、责怪等道德情感的束缚,也没有富贵、显达、名利的欲望追求,有的只是"无己""无名""无功",游心于天地之间,随物婉转的自然之乐。其次,天乐昭示的是社会达到"大平","治之极"的无治状态。一方面,统治者完全不需要花心思去治理社会,他"一心定而天下平",就像古代的贤君一样,"虚静恬淡寂寞无为"。另一方面,老百姓也不需要任何的被治理,他们简简单单过着"小国寡民"式的生活,吃穿都用自己的,互不交通往来,自在快乐。再次,天乐也昭示了人与生态达到了极端和谐的状态。生物按其自然本性自由成长,植物春荣秋落,动物在田野郊外觅食游玩,人不会干预干扰它们,而只会顺应它们。这就好像是一幅社会在自然中,自然在社会中,人与物共生共处的美好图景。

---

[1] 孙周兴:《海德格尔选集》,生活·读书·新知三联书店,1996年,第1178—1179页。

最后，个体、社会、生态的绝对自由形态便构成了天地自由，它与天道达到了完满的契合，是自由的最高体现，因此是一种至高无上的快乐。实际上，庄子所说的这种四位一体的天乐社会也正是前面所提到的那个"同与禽兽居，族与万物并"的至德之世，"当是时也，山无蹊隧，泽无舟梁；万物群生，连属其乡；禽兽成群，草木遂长。……禽兽可系羁而游，鸟鹊之巢可攀援而窥"。(《庄子·马蹄》)

海德格尔曾把"天""地""诸神""终有一死者"理解为"世界之四重整体"的架构，他说："大地和天空、诸神和终有一死者，这四方从自身而来统一起来，出于统一的四重整体的纯一性而共属一体。四方中的每一方都以它自己的方式映射着其余三方的现身本质。同时，每一方都以它自己的方式映射本身，进入它在四方的纯一性之内的本己之中。"这种"天地人神"四位一体模式无不与庄子所说的"个体—社会—自然—天道"四位一体的模式存在莫大的相似——人不是其余三方的主宰者，而是它们的守护者。因此，笔者认为，撇开一些不现实的因素，庄子所倡导的"个体—社会—自然—天道（神）"四位一体的自由境界同样可以作为我们现代每一个人可选择的生活方式，也可以作为未来人类社会走向的一个重要借鉴和参考。

‖作品来源‖

《广西职业技术学院学报》2018年6月。

游世的庄子
——兼论庄子为何反对避世与入世

王 焱

> **导 读**
>
> 庄子既反对"江海之士"的避世——抛弃世界而隐迹山林，也不赞成儒家的入世，即卷入国家政治生活而居于庙堂，而是主张藏迹于世界的世俗生活当中，又与这个世界保持距离。据此，我们可以用《庄子》书中本有的一个词——"游世"，来概括庄子的处世之道。"游"，既是"若即"又是"不即"，既是"若离"又是"不离"。

陈鼓应曾指出："庄子处于人间世则表现为一种与现实保持一定距离的艺术性的游世态度。"[1]是的，庄子游世态度的艺术性，正在于他与世界所保持的适当距离。这个距离既可以保证其承担所必须承担的如"事君""养亲"等责任与义务；又可以保证其生命远离危险，实现其"逍遥游"的人生理想。

一、反对避世

很多人都误以为，庄子狂放超迈，遗世独立，如大鹏翱翔于九万里苍天之上，视世俗社会如敝屣，殊不知庄子很清楚地意识到世俗社会是无法彻底放弃的。与儒家一样，庄子很明确地认识到人是社会关系中的人。但

---

[1] 陈鼓应：《老庄新论》，上海古籍出版社，1992年，第234页。

与儒家陶醉于人的诸种社会关系中不同，庄子更多的只是出于对无可奈何的命运的接受。在《人间世》篇中，庄子这样写道：

> 天下有大戒二：其一命也，其一义也。子之爱亲，命也，不可解于心；臣之事君，义也，无适而非君也，无所逃于天地之间。是之谓大戒。[1]

"大戒"即大法，它"无所逃于天地之间"地存在于人的生命之中。自从降生的那一刻起，人就被套进命运安排好的"君臣之义"与"父子之亲"的限制之中，不可抗拒，也无法逃避。我们知道，庄子是主张安命的。既然要安命，那么处于社会关系中的个体，就应当对血缘亲情与社会秩序，承担最起码的责任与义务，那就是"爱亲"与"事君"。可见，庄子并没有将世界当作"身外之物"而舍弃，而是将其视为与身体血脉相连的存在。

正因为此，表现在早期隐士中，如伯夷、叔齐那样逃避世界、隐居山林的做法，是庄子所不取的。从社会一般的道德标准来看，离群索居的隐者，无论出于什么样的初衷，都会遭遇到一种道德困境。正如子路评价隐者的一段话"长幼之节，不可废也；君臣之义，如之何其废之？欲洁其身，而乱大伦"（《论语·微子》）所揭示的，隐者对高洁人格的追求，是以放弃君臣父子等基本人伦为代价的，而放弃了基本人伦，就等于放弃了人之为人的起码要求。尽管对于社会的一般道德标准，庄子是颇为质疑和疏离的，但这并不意味着他完全抛弃了这套人伦法则。对于父子之伦，《养生主》篇中讲道："缘督以为经，可以保身，可以全生，可以养亲，可以尽年。"可见，养生的一个重要目的，就是赡养父母；而对于君臣之伦，即使在庄子所向往的"至德之世"中，庄子仍然为君王保留了位置，如《天地》篇中所说的"上如标枝，民如野鹿"，还有《应帝王》篇中的"泰氏"与"明王"。这都说明，庄子其实在一定程度上，顺应了他所处的那个社会的主流道德意识，如事君、养亲等。既然不能放弃人伦，那也就意味着人必然生活在这个社会当中。

---

[1] 本文中《庄子》的引文，皆出自郭庆藩：《庄子集释》，中华书局，2004年。以下仅注篇名。

隐者之所以要离群索居，大凡是想告别世俗的喧嚣纷扰，维护内心的宁静与人格的高洁，江海山林正为他们提供了这样一个远离人尘的条件。而庄子也同样主张远离世俗欲求，以保持内心的澄明淡泊。正因为此，庄子常被误以为也是一个主张避世的人。这是对庄子的重大误解。

诚然，一般而言，静谧空旷的山林，较之于物欲横流的尘世，的确更利于人们的精神修行。庄子说："大林丘山之善于人也，亦神者不胜。"（《外物》）但这并不意味着身处山林，就一定能够提升自己的精神境界。《让王》篇中载，中山公子牟谓瞻子曰："身在江海之上，心居乎魏阙之下，奈何？"中山公子牟向瞻子的请教，实际上就展露了他虽退居江湖，却仍然心系俗世的困惑。在庄子看来，对功名利禄不能忘情的人，即使隐居到山林的腹地，也无法排解他的尘忧。

不仅如此，隐居山林还有可能成为以退为进的政治筹码与沽名钓誉的手段工具，也就是"仕宦之捷径"。我们知道，隐士既然要避世，那就意味着应该从世人的视野中彻底消失，然而事实上吊诡的是，自许由、务光以来，隐士却往往因为他们的身隐而显名。这是因为古代帝王，很多都以"野无遗贤"标榜自己政治的清明，如果有那么一个人怀才而隐，"天子不得臣，诸侯不得友"，那么他的"隐"这一行为本身，反而成了一种招引世人注意的"显"。如《外物》篇中的"纪他"，就是因为率弟子隐于窾水，而获得了"诸侯吊之"的殊遇。再如《新唐书》中的卢藏用，通过假装隐士，居住在京城附近的终南山中，最后引起了朝廷的注意，达到了做官的目的。成语"终南捷径"即是来源于此。

这样看来，隐居山林可能为修心悟道提供便利，也可能成为市井之徒谋取官职名利、成全贪欲妄念的最佳门径。据此，人们就有理由对隐者隐居的动机表示怀疑，即怀疑他们是否以隐居为手段，变相实现显达的目的。六朝的孔稚珪曾在《北山移文》中，对那些"虽假容于江皋，乃缨情于好爵"者，即表面上隐居山林、实则贪图高官厚禄的假隐士，进行了激烈的声讨和揭露。宋代的陆游也曾赋诗一首："志士栖山恨不深，人知已是负初心。不须更说严光辈，直自巢由错到今。"（《杂感》）对传统所提倡的隐士文化提出了质疑。由此可见,避世与修心之间,并不存在必然关联。

正因为这样,庄子认为,选择在哪里居住,这完全是一个外在形式的问题。因为这只涉及"安身",与"安心"毫不相关。对于一个有志于悟道的人而言,"身"是否隐无关紧要,重要的是"心"隐。

《缮性》篇中有一段话很值得我们注意:

> 虽圣人不在山林之中,其惠(德)隐矣。隐,故不自隐。古之所谓隐士者,非伏其身而弗见也,非闭其言而不出也,非藏其知而不发也,时命大谬也。当时命而大行乎天下,则反一无迹;不当时命而大穷乎天下,则深根宁极而待,此存身之道也。

根据许慎《说文解字》的说法,"惠"是"德"的古字,而"惠"字从"心",这说明"德"总与心相关,"德隐"也就是"心隐"。可见,圣人之所以能成为圣人,乃是因为其心隐。而正因为圣人能做到心隐,所以他不再需要"自隐",即把自己隐匿到山林中。而对于"古之所谓隐士者"这一段文字,刘成纪则发掘出了如下深意:"真正的隐士,并不一定隐身不见,一言不出,寸知不发,或者像伯夷、叔齐那样满怀着对现实的不满到首阳山饿死,而是要在精神上保持'反一无迹''深根宁极'的状态,让心灵之隐作为判断一个人是否是隐士的最后因。"[1]的确,庄子心目中真正的隐者,并非隐遁山林的避世之人,而是那些寄居于人间世中,却仍然能够在心灵上远离这个尘世、不为世俗欲求所牵绊的人。

而那些避世的隐士,则恰恰只注重形式上的身隐,故而为庄子所不屑。《刻意》篇中说:

> 就薮泽,处闲旷,钓鱼闲处,无为而已矣。此江海之士,避世之人,闲暇者之所好也。……若夫不刻意而高,无仁义而修,无功名而治,无江海而闲,不道引而寿,无不忘也,无不有也。淡然无极而众美从之。此天地之道,圣人之德也。

不难发现,隐逸山泽、栖身旷野的"江海之士""避世之人"并不是庄子所推崇的人格,相反却是一种刻意自鬻、舍本逐末的表现,而只有那

---

[1] 刘成纪:《青山道场——庄禅与中国诗学精神》,东方出版社,2005年,第350页。

种"无江海而闲",即无论身处何种境地,内心仍能保持闲淡的人,才是真正的得道圣人。庄子的意思仿佛是说,如果一个人真的能做到心中淡然,那么他自然可以无所不适,无往不可,即使在污泥浊水中打滚,也不会玷污心性的洁净,又何必多此一举,跑到山林江海之中静修隐居?这不是"刻意"是什么?

庄子曾说:"兼忘天下易,使天下兼忘我难。"(《天运》)意思是说,让世界忘记自己,比让自己忘掉世界要难得多。在庄子看来,做一个"忘天下"的避世之人,其实并不很难,你只管逃到一个绝少人烟的地方,譬如山林中隐居起来就行了;难的是你真正拥有一颗淡然的心,甘心隐匿在熙熙攘攘的人群当中,摒除一切邀名之欲。《人间世》篇中有句话说得很好,曰"不择地而安",即无论身处何地都能葆有心境的安宁。《则阳》篇中还有另一种形象的表达,曰"陆沉",即形体存在于喧嚣陆市之上,而心灵却能沉静下去。陶渊明的"结庐在人境,而无车马喧。问君何能尔?心远地自偏"(《饮酒》),所展现的就是这样一种精神境界与生存体验。而那些隐居山林江海的避世之人,则是在"择地而安",更何况他们还有可能"择地亦不安",就像庄子所说的"坐驰"(《人间世》),即形体稳坐不动,而心灵却驰乱不已。显然,"不择地而安"比"择地而安"是一种更高的人格境界,因为"不择"意味着随顺与无为,而"择"则暴露了其刻意与机心。俗语所说的"小隐隐于林,大隐隐于市",讲的也是这个道理。

由此可见,庄子是不会主张世人效法那些避世之人的,因为那种弃绝人世、隐居山林的行为方式,一来有违命运的安排,抛弃了君臣父子等基本人伦,推卸了人所应承担的最起码的责任与义务;二来太过刻意,且往往止于逐末,而遗忘了根本;更有甚者,还有可能以隐邀名,以名渔利。许抗生曾指出:庄子"并不是要人脱离现实世界,而是要在现实的社会中日常的生活中实现精神的超越。这就是要在平常的生活劳作中体悟人生的意义和价值,而获得人生的愉悦和自由"。这个见解的确深谙庄子。庄子所倡导的一切生存理念,都是立足于俗常的人间世的。在庄子看来,真正的得道之人,乃有一种"不择地而安""无江海而闲"的自然和闲淡,并不需要借助身隐来实现心隐，也不需要借助山林来明其心志，他们"自埋于民，自藏于畔"（《则阳》），与普通人一样，劳作生活，养亲事君，不显山，不露水，和光同尘，不与世相忤，只默默地在心灵深处，践行着对本真、独立与自由的追求，体会着天地之中的大道之美。

二、反对入世

与"江海之士"的消极避世相对的，是儒家的积极入世。从孔子的周游列国到孟子的徘徊于齐梁之间，可以看出儒者总是期待进入并干预这个社会，即希望介入国家的政治生活，借助于君主，来实现其治国平天下的政治理想。但儒家的此种救世之心，同样为庄子所不取。

在一个专制而非民主的社会，任何人要实现对社会的干预，都绕不开君主与权力这扇门。这就意味着你必须入朝为官，跻身于国家的统治阶层。而庄子却拒绝为官，终身不仕。据司马迁《史记·老子韩非列传》记载：楚威王闻庄周贤，使使厚币迎之，许以为相，但被庄子断然拒绝。类似的记载也出现在《秋水》篇中。由此不难发现，庄子不是不能为官，而是不屑为官。换句话说，庄子不是不具备干预社会的能力，而是不愿意去干预社会。那么，庄子为什么不愿介入国家的政治生活呢？这是源于庄子对世相的深刻洞察。

我们知道，庄子处在一个无道之世。世道的艰险危恶，在《人间世》篇中体现得最为充分。正如篇题所揭示的，"人间世"也就是庄子所处的现实社会。且看其一开始的描述：

> 回闻卫君，其年壮，其行独。轻用其国而不见其过。轻用民死，死者以国量乎泽若蕉，民其无如矣。

这种被安放在篇首的叙述，给庄子所处的社会定下了一个黑色基调。在一个专制的社会，社会状况在很大程度上是由君主决定的。这里所描述的"卫君"，凶暴独断，从不反省自身的过失，更不愿接受任何人的劝谏。在他的暴政下，民众的生命贱如草芥，到处弥漫着死亡的气息。而卫君的"其

年壮"似乎暗示着民众的苦难看不到尽头。这种由当权者的昏庸暴戾所导致的黑色基调,在庄书中被反复渲染:

  今世殊死者相枕也,桁杨者相推也,刑戮者相望也。(《在宥》)

  今宋国之深,非直九重之渊也;宋王之猛,非直骊龙也。(《列御寇》)

从这些描述当中,我们能强烈地感觉到庄子对其所处的社会有一种寒彻骨髓的悲观与绝望。

面对君主的无道与百姓的疾苦,儒家当然是想有所作为的。《人间世》篇中意欲去卫国劝谏卫君的颜回,就是这么一个满怀救国热忱、希图力挽狂澜的儒家知识分子的象征。以下是他与孔子的一段对话:

  回尝闻之夫子曰:"'治国去之,乱国就之,医门多疾。'愿以所闻思其则,庶几其国有瘳乎!"仲尼曰:"嘻,若殆往而刑耳!……忧而不救。"

在这段文字中,作为儒家先师的孔子摇身一变成了庄子的代言人。从孔子对颜回救世之心的无情讥讽中不难发现,面对颜回的灼热和冲动,冷静而清醒的庄子在思考这样一些问题:首先,这个世界真的可以因个人的介入而挽救吗?其次,挽救世界的行为对于个人来说会有什么样的后果?

对于前一个问题,亦即介入社会的有效性问题,庄子的答案是决然的否定,所谓"不救",也就是无法挽救。庄子之所以如此绝望,也并非毫无事实根据。比如孔子,他周游列国,一心想要推行他的仁政,但结果呢?"再逐于鲁,削迹于卫,伐树于宋,穷于商周,围于陈蔡","七日不火食"(《让王》),"累累若丧家之狗"(《史记·孔子世家》),四处碰壁,没有一位国君有心任用他,政治抱负根本无法得以施展。有过类似遭遇的不乏其人。以上这些事实,构成了庄子认定入世无门、救世无望的一个现实背景。

不仅如此,庄子还从人性的角度,证明了救世的不可能。庄子曾批评儒者"陋于知人心"(《田子方》),而下面庄子借孔子之口对颜回所进行的一番告诫,则可视为该批评的注解:

且德厚信矼，未达人气；名闻不争，未达人心。而强以仁义绳墨之言术暴人之前者，是以人恶有其美也，命之曰灾人。灾人者，人必反灾之。若殆为人灾夫。（《人间世》）

对此，王博有一段相当精彩的分析，不妨赘引如下："当你想以自己的德行和知识去感化别人的时候，你实际上是把自己看成善的象征，同时把别人看成恶的代表，并借由自己的善来突显别人的恶，用别人的恶来显示自己的善。这样做就好比是在向别人头上扣屎盆……也许你并没有这种想法，但这不重要，重要的是别人是否认为你有这种想法。特别是一个暴人，他是不会理解你善良的愿望的。"[1] 的确，像颜回这样的典型儒者，由于救世心切，大都是以临人以德的面貌出现的，而这种居高临下的训诫，就连一般普通人都难以接受，又何况是只知人过而不知己过的权倾天下的君王。因此，劝谏君主的后果，很可能是激怒君主，这样，救世的意愿只会适得其反，就像庄子所说的，是"以火救火，以水救水"。当然，一般的儒者也是知进退的。迫于王公的权势、嫉恨与暴戾，原本大义凛然、无所畏惧的颜回，只得对自己的应对策略进行调整，想出了"端而虚，勉而一""内直而外曲""成而上比"等各种办法。但在庄子看来，这般费尽心机的复杂做法，也最多只能够免于"无罪"，即保住性命，全身而退，而要想感"化"君王，那还遥遥无期。

正是以上基于对事实与人性的观照，庄子认定儒家之徒绝无实现其救国热情的现实空间。对于庄子而言，儒家的入世之心、经国之志，完全是不考虑现实土壤的一厢情愿，这就好比螳臂当车，即使奉献出自己的全部生命，也无法阻挡社会滑入深渊的车轮。也就是说，乱世之乱，绝不会因个人的介入而得以整治，这就好比命运一样是无法改变的。既然庄子认定入世无效，那么庄子远离政治的行为也就不难理解了。

现在再回到前文中所提到的后一个问题，也就是介入社会的危害性问题。庄子认为，在一个"祸重乎地"的时代，政治暴力可以随意摧残个人生命，即使是圣人，他们所能做的也仅仅是全身保命而已，所谓"天下无道，

---

[1] 王博：《庄子哲学》，北京大学出版社，2004年，第32页。

圣人生焉",因此人们应该努力寻求政治冲击力的死角,"先存诸己而后存诸人",自己安顿好了才有可能去安顿别人;而那些一心救世的儒者们,却是在向一个相反的方向走去,"所存于己者未定",却"至于暴人之所行",(以上均出自《人间世》)非要把自己推到风口浪尖上,置身于危如累卵的境地。

《人间世》篇中,庄子借孔子之口,屡次预言了颜回此去卫国所将遭遇的厄运,如"若殆往而刑耳""若殆为人灾夫""必死于暴人之前矣"等,刑残与杀戮,让人触目惊心。而且,庄子还以历史上敢于直谏的忠臣关龙逢、比干为例,从人性的角度出发,分析了谏士被暴君残杀的必然性:"是皆修其身以下伛拊人之民,以下拂其上者也,故其君因其修以挤之。"一个下士在百姓心目中的威望,竟然远高于君主,这当然是骄矜而暴戾的君主所不能容忍的,因此谏士的悲剧命运早已注定。另外,庄子还指出,颜回之徒所面临的危险并非仅来自于当权者,还来自于世人。《山木》篇中,庄子指责孔子曰:"子其意者饰知以惊愚,修身以明污,昭昭乎如揭日月而行,故不免也。"意思是说,孔子以智慧与高洁的救世者的面目出现,仿佛是在暗示世人的愚昧与污浊,这当然会引起世人的愤怒与反感,因而孔子所遭受的祸患也就在所难免。庄子的以上言论,对于满怀救世热情的儒家之徒来说,无疑是当头棒喝。庄子想以这种方式警醒世人,救世之举完全是在以自己的生命做博弈。

这种厄运并非只会降临在那些亟待介入国家政治的士人身上,对于那些已经身处政治权力中的臣子而言,面临的忧患丝毫不亚于颜回之徒。且看楚国使者叶公子高祖露的一段心声:

> 王使诸梁也甚重……事若不成,则必有人道之患;事若成,则必有阴阳之患……今吾朝受命而夕饮冰,我其内热与!吾未至乎事之情而既有阴阳之患矣;事若不成,必有人道之患。是两也,为人臣者不足以任之。(《人间世》)

子高被楚王委以重任,这在颜回之徒看来是一种梦寐以求的身份,而子高却深受其累,焦灼不已:如果君命不能完成,必定会受到君王的惩罚,遭受金木外刑等"人道之患",甚至丢了性命;即使获得成功,也终究无法避免事成之前的惶恐和事成之后的庆幸,而忽忧忽喜的情感剧变必然导致阴阳失调,酿成疾患,这就是所谓的"阴阳之患"。庄子在此生动地展现了身为人臣的无所适从与进退失据的两难境地。不难发现,子高的"内热",其实就是人臣使命与自我生命之间激烈冲突的表征。

与子高一样遭遇两难境地的还有颜阖,他要去给"其德天杀"的卫灵公太子做老师。令他忧心的是不知该如何与太子相处,"与之为无方则危吾国,与之为有方则危吾身"。若迎合他,就像《列御寇》篇中所提到的那个曹商那样,那么国家就要遭殃;若教导他,就像《外物》篇中所提到的直谏忠臣伍员那样,那么自身性命难保。这同样反映出了作为人臣的一个普遍性焦虑。所谓"伴君如伴虎",而"君"作为"虎"的一个最大特点在于:杀其逆者,用庄子的话来说就是"故其杀者,逆也"(《人间世》),而人臣若要实现对无道之君的劝谏与教导,就必然会忤逆君王的意志,故而其悲惨结局可想而知。也许有人会说,教导君王是出于对君王的忠与爱,但正如《外物》篇中所讲的"忠未必信",暴君是没有这种胸怀来度量你的初衷的。就像庄子所讲的那个"爱马者失马"(《人间世》)的寓言所揭示的,拳拳"爱"君之心所换来的却是"亡"。如此看来,位高权重的官宦们,并非世人所想象的那般风光无忧,而是处于"人道之患"与"阴阳之患"的双重煎熬当中,苦苦挣扎,心力交瘁。

无论是颜回这样亟待介入国家政治的士人,还是叶公子高、颜阖这样已经置身于政治权力结构中的臣子,他们的生命都因介入社会而受到了极大的威胁,这种威胁不仅仅表现为身体上的刑戮,更表现为心灵上的焦虑,以及因心灵焦虑所导致的身体上的疾患。用庄子的话来说,就是被套上了"内刑"与"外刑"(《列御寇》)两重枷锁。入世者们的此种生存状态,与庄子所倡导的逍遥游的人生理想,可谓南辕北辙。我们知道,庄子尤为贵生,他对生命价值的重视超过其他任何的世俗价值,而颜回与颜阖们介入社会的行为,却对自身生命构成了心灵上与身体上的双重戕害,这无疑是庄子反对入世的一个最重要的原因。

正是基于上述理由，庄子认定，在一个无道的社会，一切介入都属无效，一切介入都将害生。入世的无效性以及危害性，使得庄子自觉地远离公共的政治舞台，也使得经世治国的话题彻底退出了庄子的心灵。

三、顺人而不失己

庄子既不避世，也不入世，而是倡导游世。游世的具体表现，乃是一种"顺人而不失己"，既顺应这个社会，又不丧失自我追求的处世态度。《外物》篇云："唯至人乃能游于世而不僻，顺人而不失己。"从中不难发现"游世"与"顺人而不失己"之间的内在关联。我们知道，"至人"是庄子心目中的理想人格的代表。这也就意味着，"顺人而不失己"作为一种处世之方，是最高生命智慧的体现。"顺人"，就是委顺他人，做到"不敖倪于万物""不谴是非以与世俗处"（《天下》），尽量避免与他人发生摩擦与冲突，就像那在机关纠结中仍游刃有余的"庖丁"（《养生主》），任凭他人将自己称为牛马也因之任之的"泰氏"（《应帝王》）；"不失己"，也就是无论在任何情况下，都永远保持自己独立的人格、本真的心性，用庄子的话来说就是"独与天地精神往来"（《天下》），"恶乎待哉"（《逍遥游》）。可见，"顺人而不失己"就是一种表面上委顺随从，而内心中高蹈无待的人生哲学。

与"顺人而不失己"异名而同实的是"外化而内不化"。"外化而内不化"出自《知北游》篇："古之人外化而内不化，今之人内化而外不化。与物化者，一不化者也。"所谓"外化"，就是"与物化"，亦即随顺环境外物的一切变化，"一龙一蛇，与时俱化"（《山木》），不偏执，不拘泥，屈伸无定，懂得随着时境的变化而变化；而"内不化"，也就是"一不化"，则是指与道为一，在万物纷纭变化之中保持内心的虚静，恒守最纯然的心性。《德充符》篇说："死生亦大矣，而不得与之变；虽天地覆坠，亦将不与之遗；审乎无假而不与物迁，命物之化而守其宗也。"其实，所谓"不得与之变""不与之遗""不与物迁""守其宗也"，与"内不化"表达的都是一个意思。在庄子看来，真正的圣人，无论面对任何情形，即使是生死巨变，天塌地陷，也能保持内心的超然,不随外物而动。而庄子所以为的人世最大悲哀,就是《齐物论》篇中所说的"其形化,其心与之然",即心灵不能恒守其本真超然而随物化驰,其实也就是庄子所说的"内化"。

从表面上看,"顺"与"不失","化"与"不化"仿佛存在不可调和的矛盾,那么庄子又是如何消解这其中的矛盾,做到"顺人而不失己""外化而内不化"的呢?这是因为庄子对人的心(心灵)与形(形骸)作了区分。在《庄子》中,心与形的对举屡屡可见,比如:

其形化,其心与之然,可不谓大哀乎?(《齐物论》)

故德有所长而形有所忘。(《德充符》)

形莫若就,心莫若和。(《人间世》)

彼有骇形,而无损心。(《大宗师》)

形莫若缘,情莫若率。(《山木》)

养志者忘形,养形者忘利。(《让王》)

以上文字中出现的"心""德""情""志",其实都指向人的心灵;而"形"则指向人的形骸。形骸当然并非仅指人的自然形骸,即身体器官等;还包括人的社会形骸,即人的行为举止等。不难发现,心灵与形骸虽然统一于个体生命当中,但其实是两个不同的部分。心灵属于无形的世界,而形骸则属于有形的世界。

庄子对个体生命的这个区分,其实源自于他对整个世界的认识。在庄子看来,世界是由有形者与无形者共同组成的。换言之,世界可区分为有形和无形两种。借用《周易·系辞传》中的术语,也就是"形而下"与"形而上"。其中,道是无形的,所谓"道有情有信,无为无形"(《大宗师》),老子也曾说过"大象无形";而物则是有形的。正如王博所说:"在世界和人之间进行类比,是古代中国人常见的做法。在这种类比中,世界被看作是放大的人,反过来,人则被看作是缩小的世界。"[1]因此,有关世界的有形与无形的区分,在人的生命体上自然就会有所体现。而正如无形者——道是世界的本质与"真宰"(《大宗师》),那么,无形者——心灵也就是人

---

[1] 王博:《庄子哲学》,北京大学出版社,2004年,第202页。

最为核心与根本的所在。从以上《庄子》心与形对举的文字中不难发现，心与形比较起来，庄子更看重的是心灵，换言之，心灵在庄子思想中所担任的角色更为重要。当然，心灵的重要，并非意味着形骸的不重要。正所谓"皮之不存，毛将焉附"，没有形骸，心灵便失去了其存在的物质载体。

我们现在回到上文所提出的问题：庄子究竟是如何消解"顺"与"不失"、"化"与"不化"之间的矛盾，做到"顺人而不失己""外化而内不化"的？这其中的奥秘在于，两对矛盾行为的主体不同。具体来说，虽然"顺"与"不失"、"化"与"不化"这两种看似矛盾的行为，是由同一个生命体发出的，但由于"顺"与"化"的行为主体是人的形骸，"不失"与"不化"的行为主体却是人的心灵，而根据庄子的认识，形骸与心灵虽存于同一生命体中，却并不相同，可以分而治之，因而完全可以做到形顺人而心不失己，外形化而内心不化，即外形上随人而化，而内心中超然独立。不难发现，在庄子所倡导的游世的处世态度中，心灵与形骸作为人生命的两翼，表现出了某种分裂的特征。这种分裂的状态，在《庄子》中大量出现，如《人间世》篇中的"内直而外曲""形莫若就，心莫若和"，《山木》篇中的"形莫若缘，情莫若率"，《则阳》篇中的"陆沉"，等等。

那么，庄子为什么要在个体生命的心与形之间划一道裂谷，主张在形骸上采取"顺"与"化"，而心灵上却"不失"与"不化"呢？余以为其原因有三：

其一，在庄子看来，形骸虽然属于人的一部分，却并不为人所能控制，因为它来自于"天"的赋予，所谓"天与之形"（《德充符》），受"命"之掌控，因而只能因顺变化。正如《德充符》篇中所说："死生、存亡、穷达、贫富、贤与不肖、毁誉、饥渴、寒暑，是事之变、命之行也。"生死、疾患、安逸、尊贵、饥渴等，都与人的形骸密切相关，而这些都属于命运管辖的范畴，人无力主宰，故此人所能做的就只能是因循安顺。而心灵则不同，它属于命运无从干涉的范围，是一个可由自己做主的领域。因此，形骸上的因循安顺，完全不妨碍我们在内心中实现自己的人格追求与人生理想，即保持自己的本真独立性（"不失己"），获得宁静平和的心境（"内不化"）。

其二，如前所述，形骸是有形的、实的，而心灵是无形的、虚的。形骸的有形性特征带来了两个方面的结果：一方面，有形性注定了形骸是无法被彻底隐藏的。只要你生活在这个俗世当中，你就必然要向他人展现由你的形骸所发出的行为，而这些行为也恰恰是他人认识你的唯一路径，这也就意味着，你的形骸是影响你与他人的社会关系的最重要的因素，因而你必须为了他人，在行为上做出某种妥协，也就是"顺人"。另一方面，有形性注定了形骸自身的局限性。比如人的形骸总是处在不断的变化当中，正如庄子所说，"若人之形者，万化而未始有极也"（《大宗师》），随时可能遭遇到不可治愈的病患与残障，而且终有一天会死去。这些变化之所以被称之为"局限"，就是因为人无力对之进行干预。庄子认为，面对这些变化，我们唯一所能做的就是顺应，也就是"外化"。而心灵的无形性特征，则决定了它可以摆脱有形之物包括形骸的限制，从而获得某种超越性与自由度。在庄子看来，人对心灵的主宰应是无待而自足的。也就是说，只要我和心灵存在，那么我就能够做我心灵的主人，这一点绝不会随着形骸与外界的变化而变化。因此，当我们的形骸在委顺他人的同时，我们的心灵可以把我们带到"独与天地精神往来"的境界，做到"不失己"；同样，当我们的形骸在顺应宇宙大化而不断变化的同时，我们的心灵也可以固守于"无何有之乡"（《逍遥游》）与"物之初"之道（《田子方》），做到"内不化"。

其三，庄子认为，只有使形骸做到"顺"与"化"，才能安顿形骸，而只有安顿好自己的形骸，才能安顿好自己的心灵，做到"不失己"和"内不化"。庄子处在一个"祸重乎地"的无道之世，深感乱世中个体生命的脆弱，因此只有在形骸上采取"顺"与"化"的应对策略，尽可能减少与外物的冲突，才能使个体生命远离祸害与危势，所谓"不伤物者，物亦不能伤也"（《知北游》），进而为心灵的安顿提供生命基础。反过来，心灵的安顿，"不失己"与"内不化"，即本真宁静的心灵状态，又可以更好地帮助形骸实现其安顿，保证其毫无滞碍地随顺变化，从而使个体生命免于疲累、焦灼与祸患。需要特别说明的是，庄子所倡导的这种表面上的随顺，绝不等于没有任何原则的迁就迎合，更不意味着与世俗污浊的积极合谋。庄子曾说："就不欲入……形就而入，且为颠为灭，为崩为蹶。"(《人间世》)郭象注曰："就者形顺，入者遂与同也。""若遂与同，则是颠危而不扶持，与彼俱亡矣。"[1] 庄子明确地意识到，随顺但绝不能太过分，以至于在内心中认同，否则不但助纣为虐，还会葬送了自己。

由上可见，庄子的这种"顺人而不失己""外化而内不化"的游世态度，一方面通过形骸维度的"顺人"与"外化"，即表面上的随顺他人、适应变化，保证了其现实意义上的"在世性"，既避免了避世之人对其所必须承担的责任与义务的放弃，又避免了入世之人所极有可能遭遇到的生命危险，所谓"虚己以游世，其孰能害之"(《山木》)；另一方面，又通过心灵维度的"不失己""内不化"，即内心中的本真独立、虚静安宁，保证了其精神意义上的"远世性"，既避免了避世之人的刻意与机心，又避免了入世之人所极有可能遭遇到的"阴阳之患"与"内刑"。如此，正是这"在世"而非"入世"，"远世"而非"避世"的"游世"之道，成就了庄子在乱世之中独特的生命智慧。

‖作品来源‖

《中国哲学》2007 年第 3 期。

---

[1] （清）郭庆藩：《庄子集释》，中华书局。

庄子生命观探析

胡伟力

> **导读**
>
> 对生命和人生的思考是庄子一生的心志所在。庄子可以说是中国历史上第一个认真地、完全地把生命作为一个客观对象从整体上加以考察的思想家。他的生命观包括形下生命和形上生命两个维度。安生顺死、常因自然而不益生的自然生命观和以君子之交淡若水、名为缰利为锁、穷通在时命为内容和特色的虚己以游世的社会生命观,构成了庄子的形下生命观。独与天地精神往来是为庄子的形上生命观。总之,庄子主要着眼于个体的人类生命,其生命观自始至终都是对个体生命存在的撼怀。

对生命和人生的思考是庄子一生的心志所在。先秦时期的其他诸子将思索的重点放在治道不同上,庄子则专注于对人的生命的苦苦追问,他可以说是历史上第一个认真地、完全地把生命作为一个客观对象从整体上加以考察的思想家。"他整个思想的重心都放在生命问题的思考上。"[1] 庄子的心中充满了疑惑:人的生命究竟从何而来?将归向何处?我们在有生之年该怎么对待自己的生命?对死生存亡、穷达贫富、待人处世该怎么看待和应对?生命的终极意义是什么?所有这些切乎生命存在的重大问题都是庄子之前和当时的人们所未曾系统而又深入地钻研过的,至少在传世的文献中我们不曾看到。对此,我们以"生命观"作为对以上生命问题思索的命名。虽说老子也有独到的生命观,但五千言的格言体《老子》如同其第一

---

[1] 韦政通:《中国思想史》(上),上海书店出版社,2003年,第125页。

章"道可道,非常道"一样,我们只能探其表面的"道",至于真正的"道"则因老子的"知者不言"而随其出关西去,"莫知其所终"。而庄子,以其洋洋洒洒五万言,表达了其对于生命的玄妙之旨。

目前来看,以《庄子》为文本依据去梳理和总结庄子的生命观的成果很少。我们认为,庄子把人的生命看作是形下生命和形上生命的有机统一。形下生命又包括自然生命和社会生命。自然生命指人的肉体生命,也就是肉身。它有着和其他生物一样的生、老、病、死,饮食代谢,生生不息。这重生命是生物学意义上的生命。社会生命指人的社会存在或现实存在,是处于形形色色社会关系中的生命,它是一个复数的生命,随时都在与人群社会交接往来。这重生命是社会学意义上的生命。形上生命指人的超越性存在,由对现实生命的思考而进入到形上思维的王国,意在追求生命的永恒精神和真谛。精神生命主宰着人生大义,它可以说是哲学意义上的生命。鉴于写作篇幅,本文只对庄子的形下生命观进行研究和阐述,以期尽可能全面地展示庄子的自然和社会生命观的真实内涵。

一、自然生命观:善吾生、善吾死

庄子对人的自然生命的看法着墨颇多,其中蕴含的深刻思想亦大有可观。尤以对生死的高见为人所重,并影响了随后几千年里读书人的生死观,这是其他思想家所不能望其项背的。其他如对生死之间的肉体生命的独特关注,也显示出了庄子作为一位哲人的非凡眼光。

(一)安生顺死

《庄子·至乐》中对生命的来去有着如下的叙说:"察其(笔者按,指庄子的妻子)始而本无生,非徒无生也而本无形,非徒无形也而本无气。杂乎芒芴之间,变而有气,气变而有形,形变而有生,今又变而之死,是相与为春秋冬夏四时行也。"这段话文义比较浅显,不需要再做详细的解释。庄子认为,所有生命最终是由"气"的变化而来。《庄子·知北游》篇中说:"通天下一气耳。"人的生命作为天下万物之一，也是因气而有生死，"人之生，气之聚也；聚则为生，散则为死"。在庄子看来，天地间和气氤氲，随时都在不停地变化。一旦和气积聚，便可以成为世间万物之一种；但当这由和气积聚而成的有生之体在和气消散后便复归于无，再生为和气，再变而为其他物种。世间万物的出现与离去均缘于和气之聚散。这如同四时的运行，循环不息，未有止期。

"号物之数谓之万，而人处一焉"（《庄子·秋水》）。万物之一的人的生与死亦复如是。世上本无所谓的"人"，"气变而有形，形变而有生"，人的生命也只是一气之万形中之一。生命能够来到世上，纯属意外和偶然。生命的年寿有时而尽，离开人世也是一种必然。如同天下万物一样，人的生死又有什么值得特别在意的呢？"其来不可圉，其去不可止"（《庄子·缮性》）。生命的来去纯是这大化流行中的和气使然和注定，人力是无法干预和改变的。"万物与我为一"（《庄子·齐物论》）的人，并不是世间什么最珍贵的存在。因为一切的有生命的存在都是"和气"聚散中之一环节，"生也死之徒，死也生之始，孰知其纪"（《庄子·田子方》）。可是人生一世，草木一秋，庄子对生命的生死最终抱有怎样的态度呢？我们将其总结为：安生顺死。生命的来临不可止却，故洒然安之，不以为乐；生命的去离不可阻挡，故坦然顺之，不以为哀。《庄子》一书对"安生顺死"的生死观有着许多不同样态的说法和形容，但其意均不出安生顺死的范围，如"适来，夫子时也；适去，夫子顺也。安时而处顺，哀乐不能入也"（《庄子·养生主》）；"得者，时也；失者，顺也；安时而处顺，哀乐不能入也"（《庄子·大宗师》）；"其生若浮，其死若休"（《庄子·刻意》）。一己的生死犹如天地间你来我往的万物、春去秋来的四时，生灭不已，终始无故。

在《庄子·大宗师》中庄子举例批评了不能"安生"的情况。"今大冶铸金，金踊跃曰：'我且必为镆铘！'大冶必以为不祥之金。今一犯人之形，而曰：'人耳！人耳！'夫造化者必以为不祥之人。"成玄英对此有着生动形象的注解："夫洪炉大冶，镕铸金铁，随器大小，悉皆为之。而炉中之金，忽然跳踯，殷勤致请，愿为良剑。匠者惊嗟，用为不善。亦犹自然大冶，雕刻众形，鸟兽虫鱼，种种皆作。偶尔为人，遂即欣爱，郑重启请，愿更为人，而造化之中，用为妖孽也。"生命的到来不仅是不可止却的，人们也不应对偶然的生命受而喜之，欢欣雀跃。"特犯人之形而犹喜之，若人之形者，万化而未始有极也，其为乐也可胜计邪！"特，独也；犯，遇也（成玄英疏）。人形仅是自然变化中所偶尔遇到并陶铸之一种，天地间如人形者不计其数。若一遇人形即喜悦之，喜又何极！庄子既不以生为喜，也不以死为悲。生命在大化中变化不止，其来去全系"事之变，命之行"，是整个宇宙生生不息的表现和运动规律。

以上我们分析了庄子对生命的终始，即生、死的基本观点，并得出了其"安生顺死"的生死观。但生与死还只是自然生命的两端，庄子对处于生、死之间的整个肉体生命，也就是有生之年的自然生命又持有什么样的看法呢？这便是我们下面即将分析的养生观的内容。

（二）常因自然而不益生

寄身于天地之间的生命，总是脆弱不堪的。难以预料的苦痛、疾病、祸患等时时会不期而至，须臾人生由此倍显沉重，甚至难以承受。几尺肉身忽而委身世间，我们是要爱惜之、养护之还是不屑之、自伤之？庄子之前的老子，已经意识到了这个问题。老子主张保爱身体，反对益生，认为有能力治理国家的人首先必须是珍重自己身体的人。庄子发扬了老子"贵身"的思想，仍然主张生命高于一切，人们应该"善吾生"，善待生命。庄子曰"道之真以治身，其绪余以为国家，其土苴以治天下"（《庄子·让王》）。道的真谛和首义是用来治身，修治国家天下纯属分外和残余之事。《庄子·让王》中就列举了许多体道之人尊生而不以天下易生的例子。除此而外，庄子还对那些以身殉名、以身殉利的伤生行径给予了批评，他们"与物相刃相靡，其行尽如驰，而莫之能止"（《庄子·齐物论》）。只是一味地追逐名利、荣华、富贵等身外之物，以至于"终身役役而不见其成功，苶然疲役而不知其所归"。物情无极，贪得无厌之人终生不复有所成功。庄子对此感慨道："人谓之不死，奚益！"那些人实在是虽生犹死，不值一提。

对生命的珍视，庄子似乎走向了极致。所有无关乎生命本养甚至会残生伤身的天下国家、富贵名利等等均为庄子深深地唾弃和置之不顾。回到自然生命本身，庄子究竟是如何善待它、爱护它的呢？《庄子·刻意》篇中提到那个时代已经出现了刻意企求形体长寿之人，他们通过练习导引之术，"吹呴呼吸，吐故纳新，熊经鸟申，为寿而已矣"。导引之士的这种做法，庄子是嗤之以鼻的，他追求的是能够"不导引而寿"。也就是说，对于生命，庄子追求的是不刻意为之却能达到自然的长寿。但需要说明的是，《庄子》通篇并没有渴求生命长寿的意思，我们找不出庄子意欲身体长生的地方。"不导引而寿"只是针对上述导引之士通过种种驻形之术追求长寿而作出的反驳，它只是庄子有针对性的回应，这句话实际上是表达了自己的一种愿望和做法，就是对于自然生命我们应该努力爱惜它，但却不该通过外在的行为如导引术去有意为之。真正的做法是顺任生命的本然，即"依乎天理""因其固然"。"庖丁解牛"的故事便是对此所做的最好的注脚。

有学者认为这个故事说明了人们应该如何在险恶丛生的乱世里明哲保身，因此是一种生存谋略。[1] 笔者在此提出自己的意见。"庖丁解牛"传达的并非是全身保生的消息，它是庄子借以说明对于一个完整、健康的肉身，人们应该如何养护以便使其享尽天年的非常高明的寓言。我们可以从这个故事的形式和内容两方面加以分析说明。

第一，从形式上看，第一句说"庖丁为文惠君解牛"。成玄英疏："庖丁，谓掌厨丁役之人，今之供膳是也。亦言：丁，名也。文惠君，即梁惠王也。"开篇点明主题，一个厨师或一个名为丁的厨师为梁惠王表演宰牛的技巧。以下皆为宰牛的过程和厨师回忆自己从业十九年来的经历，对此可略而不顾。我们来看故事的最后一句："文惠君曰：'善哉！吾闻庖丁之言，得养生焉。'"当庖丁陈述完自己宰牛的经历后，梁惠王表现出了由衷的钦佩，并从中深谙了养生之道。至于养生之道，即技巧是什么，我们放在下面的第二点加以解释。梁惠王乃魏国的一国之君，古往今来的人君为了享

---

[1] 如王锺陵认为，庖丁解牛的寓意是说如何在一个复杂的环境中生活。见王锺陵《〈庄子·养生主〉篇发微》，《学术月刊》1996年12月。

尽现世的荣华与富贵,莫不追求形体的长寿甚至长生不死,史籍多有记载。这个梁惠王自然也不例外。不过,他倒是个聪慧之人,从庖丁解牛的话语中悟出了象外之意,举一反三地得到了养生的大义。我们接着从故事的内容里分析梁惠王的"养生之道"。

第二,从内容上看,庄子用了借代的手法说明养护生命之理。故事中,"全牛"指人的完整肉身;"刀"取谐音指"道"。也就是"养生之道";"庖丁"借指"体道之人"。庖丁初学解牛时,看见的无非是一头牛,三年过去了,对牛体的骨架结构已经默会于心,"未尝见全牛也"。如今技艺精湛,已至炉火纯青,解牛时完全不须目视,以"神遇"游刃于牛身,使得"手之所触,肩之所倚,足之所履,膝之所踦,砉然响然,奏刀騞然,莫不中音。合于桑林之舞,乃中经首之会"。从中看出,庖丁的解牛已绝非一种娴熟的技术了,而是成了一种艺术。庖丁解牛之道的关键是依从牛体的天然腠理和固有经络,方可做到"恢恢乎其于游刃必有余地矣"。若解牛时乱砍一气,随处运刀,不仅屡屡损伤牛刀,全牛也将不复宰割完好。梁惠王所得之养生之道,也即庄子所要说明的便是,养护生命也应该有"道"。要依照身体的"天理",因循身体的"固然",不妄生,不益生。唯有如此,每个自然生命才不会中道夭亡而尽享天然寿命。

由以上的分析我们可以看到,"庖丁解牛"实乃庄子用以说明"因其固然""依乎天理"的自然生命养护之道。庄子之所以得文学家之誉,恐怕不仅仅因为"其文汪洋辟阖,仪态万方",[1] 还因为其善于说理,表现手法隐蔽又高明。

"庖丁解牛"的故事只向我们展示了如何善待一个完整、健全的自然生命,这属于大多数情况。可生命并不总是完好无损的,先天的残疾、战争的祸连、天灾的伤害、意外的事故……诸种情况都有可能使形体罹难和受损。残形之躯不仅生活不便,也许还会遭受社会的侧目与非议,给自我带来心理压力。《庄子》一书有着对许多残疾人的刻画,在如何对待伤残的生命问题上,庄子也有自己的看法。

---

[1] 鲁迅:《汉文学史纲要》,上海古籍出版社,2005年,第76页。

《养生主》中有这么一段对话：公文轩看见右师只有一条腿，惊讶地问道，是什么原因导致你只剩一条腿了呢？是天生如此吗？还是人事所为？右师回答他说，天生就如此，非关人事。是自然的造化赋予了我这副面貌，毫不关乎人事。独腿右师的答复非常平静和淡定，没有因为自己一条腿的体貌而悲戚和怨尤。右师以为，虽然自然只赋予我一条腿，但我也不会跟拥有正常体形的人攀比，我之残形与彼之全躯均乃自然之天授予，这是任何人都无法改变的事实。因此，形残之我没理由愤郁，全形之彼没必要欢欣。要"知天之所为，知人之所为"，彼我各安其分，"尽其所受乎天"而已。

对于残缺的生命，庄子并没有对他们表现出不屑和嫌恶的感情。庄子借右师之口表达了对残疾的自然生命的看法：不要怨天尤人，安然接受每一个由"天"给予的相貌。不能自暴自弃，继续以一个健全人的心态生活。彼我均受乎天，便不当有欣喜与厌恶的感情。在有些人看来，这似乎是一种所谓的消极待命的态度，但这毋宁更是一种超然、洒脱的生命观。

上述便是庄子对自然生命作出的思考。生而为人，绝大多数人以此自安，不大会进一步地深入思索生命的本原和去向，或者，人们只是习惯性地将人视为一个纯粹的社会中人，有关生命的哲思也只是局限于人群中你、我、他之间的关系。庄子却不然。他有着天地般的情怀，他看待问题总是着眼于天地般的视界，宏大而又高迈，一如他的"纵横捭阖，仪态万方"的文章风格。庄子眼中的人的周围，是许许多多人之外的物类，花、草、虫、鱼、鸟、兽等等，它们与人齐等地出现在庄子的思考中。庄子并没有人类优于其他物种的意识，他从来把天地万物作为一个和谐的整体进行观照。这一点恰恰是庄子和传统道家与儒、墨等其他诸家所不同的最大之处，也因此决定了道家与其他诸家的思想高度与境界之差别。

对于人的自然生命存在，庄子把它安放在天地自然这个大背景下与其他万物进行同质的考量。庄子发现，人类并没有特异于其他种类的生物之处，一样的有生、老、病、死、夭、寿，一样的新新不住、代代迁移、在在皆变。"注然勃然，莫不出焉；油然漻然，莫不入焉。已化而生，又化而死；生物哀之，人类悲之"（《庄子·知北游》）。这一切如同日月出没、昼夜交替、春生秋收、寒来暑往般自然不可易,此"天之所为者"。那些拘执于生命的人,为生而忻,为死而悲,为残而忧,刻意长寿,显然都是忘记了天性所受,违背了天理自然,实无异于逃遁天然的刑戮。"何为乎?何不为乎?夫故将自化"。但使安生顺死、常因自然而不益生,无劳措意于为与不为而已。

二、社会生命观:虚己以游世

庄子曾经给人的印象是消极堕落、离世遁俗、逍遥快活、醉生梦死,似乎所有不好的、消极的词汇都可以名正言顺地加到他的头上,庄子仿佛已成为了虚无人生的著名代表。而人们提到庄子,也总是不自觉地将其与虚无画上等号,其人生观是要为人们大加鞭挞和谴责的。的确,从表面上看来,庄子满不在乎地讲了许多不负责任的话,什么逍遥啦、无何有之乡啦、形若槁木心若死灰啦……不明就里的人们于是抓住这些话不放,以此作为大肆批判庄子虚无、消极的把柄。

这里有两个问题需要提醒一下。第一,庄子的思想并非是玲珑剔透的,它不似清泉般能让人一眼望穿其中的内容物。庄子的深情是沉郁和厚实的,不是单靠上述几个词汇、几句话的表面意思所能参透的。按照西方诠释学的看法,理应首先了解庄子实际上说了些什么。这一点若没有搞清楚,便断言庄子思想的虚无,恐怕虚无的并非庄子了吧。第二,庄子首先是一个人,一个生活在战国中期的凡人。司马迁说他"尝为蒙漆园吏"。既而为人,他便同样拥有正常人的社会生命,如如何待人接物,如何面对穷达贫富等一系列作为社会人的角色担当。《庄子》中记载了庄子的妻子、庄子的挚友惠施、庄子的徒弟蔺且,以及他作为漆园吏的职业身份等,可见庄子的社会关系还是比较复杂的。这么一个身处种种社会关系中的人,认定他的思想是虚无缥缈的、离尘弃世的,恐怕有失偏颇。当然,我们还是要根据事实来做判断。

我们把庄子对于自己作为社会人的这一重生命的思想概括为"虚己以游世"。首先解释一下"虚"的含义。"虚"并非指虚无,《庄子》一书中出现的许多"虚"字也都不能看作"虚无"的意思。"虚"是虚心之意，也就是无所用心，强调内心的不存先入之见的状态。但庄子思想中的"虚心"更具体地说是不要存有分别之心和彼此对待之心。因为一旦用心，便有了判断，便有了"是"与"非"、"彼"与"此"之间的对立情况。这在《庄子》中被称作"蓬之心"（《庄子·逍遥游》）、"师心"（《庄子·人间世》）。庄子所追求的是一种无所分别之心，这在《庄子》中又称作"心斋"（《庄子·人间世》）。"虚己"也便是自己无所用心，不怀分别之心。再看一下"游"。"游"字在《庄子》中出现的频率极高，"游"取意于鱼。"鱼"的形象在《庄子》中屡屡出现，尤其是内篇更为频繁。但真正表明了"游"的含义的却出现在外篇中的《秋水》，也就是为后人称道的庄子、惠子濠上论辩或曰"濠上之乐"的故事。庄子与惠子共游于濠水之桥，庄子看着桥下来往的鱼群，情不自禁地说："儵鱼出游从容，是鱼之乐也。"庄子的意思很明显，他是羡慕鱼的自在、从容之游的，它们从流飘荡、任意东西、无拘无碍。庄子移情于鱼，认定鱼儿们是快乐的。此其一。其二，庄子的言外之意还说，鱼儿们有着可以自游、自在的濠水这个场合，或者说，鱼儿们可以在濠水中出游从容，快乐无比。庄子的"游世"也便有着与鱼率性游乐相仿佛的意思，自由自在、无心无识地遨游于人世间。庄子的这种社会生命观在交友、名利观和穷通观等方面均有明显的表现，下面我们分别来认识一下。

（一）君子之交淡若水

在交友的问题上，庄子反对运用心机为了某些利益而有目的的一些结合，这种臭味相投的组合庄子称之为"以利合"。一些现实的利益动机开始时把人们紧紧地拴在一起，结成看似牢固的同盟；一朝利益分歧毕露，这种组合立即分崩瓦解、树倒猢狲散。真可谓彼一时，此一时也。这种有心为之的利益之交，在庄子看来，其最终都是无以长久维系，也没有好结果的。庄子心目中的人间友谊是那种淡如清水、不掺任何动机和目的的纯粹、自然的结合，这种交情因此是纯洁无瑕的、莫逆于心的，堪称珍贵的友谊。

《庄子·山木》中记载："林回弃千金之璧，负赤子而趋。或曰：'为其布与？赤子之布寡矣；为其累与？赤子之累多矣；弃千金之璧，负赤子而趋，何也？'林回曰：'彼以利合，此以天属也。夫以利合者，迫穷祸患害相弃也；以天属者，迫穷祸患害相收也。夫相收之与相弃亦远矣。'"林回是假这个国家的一个逃亡之人，他放弃价值连城的千金之璧，独负赤子而走。千金之璧与赤子在物质价值和携带上孰重孰轻是一般人都知道的，林回的做法在常人看来，实在不可理喻。林回的答复却发人深省。天属，指自然、无故的维系，利合则是利益、有心的结合。以利合者，遭遇穷祸患害则相互遗弃；以天属者，则会同舟共济、肝胆相照。两种交谊的结果无异霄壤之别。因此，只有那些淡淡的友谊才会维持长久，是为君子之交，让人回味和温暖。"彼无故以合者，则无故以离"，始于醴酒的甘甜，终于无情的义绝。

除了"君子之交淡若水，小人之交甘若醴"外，"莫逆之交"的说法也源于《庄子》。成为莫逆之交之前的几个朋友于茫茫人海中相遇了，令人称奇的是，他们或者深知死生存亡之一体，明白每一个生命不过是新新相续的自然变化而已，"其生若浮，其死若休"。故哀乐不曾经怀，是非未尝填膺，如子祀、子舆、子犁、子来四人；或者能够"相交而出于无心，相助而不着形迹"，[1] 如子桑户、孟子反、子琴张三人。恰是这样的心志相孚、声气相和，让他们无一不"相视而笑，莫逆于心，遂相与为友"。七子并方外之士，庄子以寓言寄意于此，深有取焉。此种金兰素交，令人想望不已。世人皆知的"高山流水遇知音"的故事，亦是情淡如水的范例。"伯牙善鼓琴，钟子期善听。伯牙鼓琴，志在登高山。钟子期曰：'善哉！峨峨兮若泰山！'志在流水，钟子期曰：'善哉！洋洋兮若江河！'伯牙所念，钟子期必得之。"（《列子·汤问》）子期死，伯牙以为世无知音，遂绝弦不复鼓琴。伯牙与子期因高山与流水的音乐曲目神会于心，无言而成同调中人。是琴乐将他们结成了同好，一弹一和，止于对艺术的共同热爱而已。其情谊之真、之纯、之深，如穆穆清风沁人心脾，让人感动。伯牙绝弦，只因世间再无钟子期。伤如之何！

庄子虽以寓言的方式表达了他对情淡如水的君子之交的追求，但实际

---

[1] 陈鼓应：《庄子今注今译》，中华书局，1983年，第197页。

上，我们可以从《庄子》文本中发现，惠施与庄子的友谊亦不啻情真意合的典型。惠子的形象在《庄子》中多次出现，而且大多数都是以二者对话的面目存在。惠施乃先秦名家的代表人物之一，《汉书·艺文志》"名家"类载有"《惠子》一篇"。而有关惠施其人其事和思想学说方面的材料，在《庄子》中为数不少。《庄子·天下》中对惠施的评价是："其书五车，其道舛驳""以善辩为名""遍为万物说，说而不休"。可见，惠施乃是一个辩者，而且非常博学。但庄子以为惠施的"历物十意"之类的辩说于物无用，"由天地之道观惠施之能，其犹一蚊一虻之劳者也。其于物也何庸！"（《庄子·天下》）庄子与惠子的学说由此来看根本不同，看不出有什么共性。可这两个思想学说本无关联和共性的哲人却往往有着不少的精神交流与切磋。而且奇怪的是，庄子与惠子的那些有价值和深度的对话都非常巧合地出现在文章的结尾，如《逍遥游》《德充符》《秋水》诸篇，《天下》也以对惠施思想的评价终篇。从惠子在《庄子》书中出现的频率之高不难判断出，惠子在庄子心目中的分量该有多重。

一个为名家辩手，一个为道家巨擘，却没有嫌隙地走到了一起，思想的交锋不断，智慧的火花时现——鱼之乐否、人有情否等等，对话议题让我们不仅领略到了惠子、庄子的智慧与思想，而且强烈地感受到二人情谊的素净、真纯。他们抛开了各自学说的歧异，依然能够通过发挥自己的才智论辩世间万物，而且就事论事，不杂意气纷争。他们只是精神之友，分别以"其书五车"与"其学无所不窥"的渊博学识互相交流与切偲，有着纯粹的思想情怀。两个思想学说迥异的同志之人，在春秋战国那个百家互竞的时代里实在难得，殊为特别的景观。诸子百家纷纷"是其所非而非其所是"（《庄子·齐物论》），展开论战，攻讦不断。与庄子并世的孟子就曾描述过其时诸家纷议不息的景况，他以杨朱、墨翟为例说："处士横议……天下之言不归杨，则归墨。"（《孟子·滕文公下》）彼时各种思想与学说互不相容的情形可见一斑。庄子与惠子不拘于门户之见，依然时时相与辩难，共畅乐于濠上。

惠子先于庄子离世。《庄子·徐无鬼》中记载庄子经过惠子的墓地时，对身边的从者说了如下伤感的话："郢人垩慢其鼻端若蝇翼，使匠石斫之。匠石运斤成风，听而斫之，尽垩而鼻不伤，郢人立不失容。宋元君闻之，召匠石曰：'尝试为寡人为之。'匠石曰：'臣则尝能斫之。虽然，臣之质死久矣。'自夫子之死也，吾无以为质矣，吾无与言之矣。""若有知音见采，不辞遍唱阳春。"可如今，"昔人已乘黄鹤去"，知音难再觅。正是：伯牙绝弦失子期，难寻知音之辈；庄周默言念惠施，更无同怀之友。

（二）名缰利锁

名利富贵之心，人皆有之。孔子曾经说，"富与贵，是人之所欲也"（《论语·里仁》）；"富而可求也，虽执鞭之士，吾亦为之"（《论语·述而》）。《老子》中也道：金玉满堂，莫之能守；富贵而骄，自遗其咎。老子在此并不排斥对财富与名位的追求与拥有，他所反对的只是人们在拥有了它们后妄自尊大、骄溢于人。正确的做法应该是继续保持一颗平和与淡定的心态，富不骄、贵不傲，"势为天子而不以贵骄人，富有天下而不以财戏人"（《庄子·盗跖》）。否则，只会招来祸患，难逃危险。在庄子的时代，人们也莫不欲富就名，《庄子·骈拇》中云："自三代以下者，天下莫不以物易其性矣。小人则以身殉利，士则以身殉名。"在那样一个天下熙熙皆为名利往来的社会中，庄子独高尚其志，出淤泥而不染，以清高的姿态睥睨世间荣华，对那些兴名就利又骄炫于人者极尽讥嘲之能事，视权位利禄为羁绊和牢笼。

楚王曾派人往聘庄子，愿把楚国政事托付给他。但庄子不为心动，以死已三千岁的神龟为例，阐明自己不欲"刳骨留名，取贵庙堂之上"（成玄英疏），而"宁游戏污渎之中自快，无为有国者所羁"（《史记·老子韩非列传》）的志向。在庄子，权位犹如腐鼠般鄙吝，不足追求。真正快乐的生活就像江海中的鱼儿一样自由自在，任意东西，没有牵绊。庄子志尚清远，不慕尊位，唯愿游心于尘寰，自快其志而已。

对卑己求禄、以身殉利者，庄子同样表现出了鄙夷和不屑。《庄子·列御寇》中记载宋国的使臣曹商使秦后获车百乘，前来向困窘中的庄子夸耀。可庄子面不改色地回击了他："秦王有病召医，破痈溃痤者得车一乘，舐痔者得车五乘，所治愈下，得车愈多。子岂治其痔邪，何得车之多也？子行矣！"庄子这种视利禄为粪土的精神深深影响了后世许多士人、知识分子，对培养一种不为富贵名禄折腰而清高自守的崇高品质有着重要的意义。

庄子之轻视富贵和名利以及由此所获得的物质享受，并非因为庄子已贵富到不再需要名利的程度。恰恰相反的是，庄子在现实生活中实在是一个非常贫困的人。前面我们提到过庄子曾经身穿破衣脚着烂鞋走过魏王的身旁，而《庄子》其他篇中对庄周生活的窘态也多有描写。如《庄子·列御寇》中说庄子住在穷闾陋巷里，靠织鞋为生，弄得面黄肌瘦。庄子甚至有时候穷到只能靠借粟度日（《庄子·外物》）。其生存之艰难，甚是可怜。但庄子之视荣华为草芥，乃因其清远和高洁的操守使然，其风骨之高奇，自然视富贵如浮云，不会为五斗米折腰。

（三）穷通在时命

浮生一世，总有悲喜相伴。当生命活动的开展合乎心意、通达无碍时，人们此时的心情总是晴朗的，欢快的；但当否塞、霉运阻挡了生命的前行与进步时，悲愁、黯然的心理是不可避免的。这两种在人生旅途中时时交替出现的生命状态，我们分别名之为"通"与"穷"。每个人都有自己的一些对于穷与通的见解，庄子心目中对穷通的看法是什么呢？穷有命，通有时，穷通在时命。

庄子以对孔子一生行迹的熟稔向我们传达了他的穷通在时命的社会生命观。貌似阳虎的孔子行至匡时被人围之数匝，孔子的已知天命让他自宽其心，遂依然琴歌相和，全然置身事外。弟子不解，孔子说"我忌讳吾道之不行很久了，终不能幸免，这是命啊；我求取吾道之通达也已经很久了，但仍然没有得到，这是时运啊！尧舜的时代天下之人皆志得意满，却并非因为他们智能超群；桀纣的时代天下之人皆怀才不遇，但并非由于他们没有才智"（《庄子·秋水》）。庄子由是以为，人间世上所有的通达和顺利之生命状态乃是暗合了时势之缘故，而反之的否塞和不通则受了天命所制。因此，对生命行程中的任何穷与通，都应当安然受之，"知其不可奈何而安之若命",一切都源自天然之性命。故穷不必忧,通不足喜,永远不要因穷通而欲恶存怀。当时运来时,生命自然通达和畅;偶遇穷顿否塞时,不过天命造作,否极之后也许便泰来。一生之内,百年之中,但知穷之有命、通之有时足矣。

有一点需要特别加以说明的是,《庄子》中的"命"并不是宿命的意思,"命"在《庄子》中与"天""真""性""情"等实际上异名同实,都是指"天然、天性、自然"之意,与"人为"正好相对。庄子曾以一个简单的例子来区分"天"与"人"的指谓:"何谓天?何谓人……牛马四足,是谓天;落马首,穿牛鼻,是谓人……"庄子是反对人为的造作和干预的,作为人,应该保持自己天然的本性,不要受到任何人为世界的影响和浸淫,"无以人灭天,无以故灭命"(《庄子·秋水》)。在面临社会生活中的穷通之际时,也只需知晓穷通在时命而已。所以当《庄子·大宗师》中的子桑反思自己的穷桎不行时,也只能归之为"命"。"父母岂欲吾贫哉?天无私覆,地无私载,天地岂私贫我哉?求其为之者而不得也。然而至此极者,命也夫!"当魏王经过衣衫褴褛的庄子面前时,庄子以"士有道德不能行"谓之惫,而之所以"惫",乃"非遭时也",不当时命而已。

综上,庄子对人的生死持"安生顺死"的洒脱态度,无论全躯或者残形,都只需因其固然而做到享尽天年;自然生命之义蕴尽此。与世俯仰,要在无心无情,保存好生命内在的自发的东西,不受任何外物所影响,如游鱼之于江湖,社会生命之奥秘尽此。这便是庄子的自然与社会两个层次生命观的统一。

作品来源

《湖北社会科学》2016年第11期。

庄子"万物一齐"思想探析

张 伟

> **导 读**
>
> "万物一齐"是庄子思想的重要内容。老子、田骈等人皆有"万物一齐"观念,庄子的"万物一齐"观是对"古之道术"的继承和发扬,是在儒墨"圣人""智者"给天下带来大动乱的背景下提出的。庄子的"万物一齐"的不同之处在于他并不是"强不齐以为齐",而是主张"任其不齐"(或曰"自然不齐")。

"万物一齐"一词最早出自《庄子·秋水》:"万物一齐,孰短孰长。"庄子的"万物一齐"思想有多种表述方式,如"天地一指也,万物一马也";"故为是举莛与楹,厉与西施,恢诡谲怪,道通为一。其分也,成也;其成也,毁也。凡物无成与毁,复通为一。唯达者知通为一,为是不用而寓诸庸";"天地与我并生,而万物与我为一"(《齐物论》);"善夭善老,善始善终,人犹效之,又况万物之所系,而一化之所待乎"(《大宗师》);等等。

关于"万物一齐"思想的内涵,学术界见解纷纭。冯友兰认为庄子所说的乃是纯粹经验之世界,人通过祛除主观思虑,超越名言区别,获得绝对的逍遥。[1] 刘笑敢认为"万物为一"是庄子的诡辩论,[2] 归根结底又是为他的精神自由提供理论根据和思想方法。王博认为庄子《齐物论》的真正

---

[1] 冯友兰:《中国哲学史》,重庆出版社,2012年,第201页。
[2] 刘笑敢:《庄子哲学及其演变》,中国人民大学出版社,2012年,第182页。

主题是处理心与物之间的关系。[1]张松辉认为"万物一齐"思想是庄子隐退后、甚至可以说是政治上失败后用来自我安慰的理论。[2]

本文认为庄子的"万物一齐"思想包括"任其不齐"、无为而治的政治主张,"不言之辩,不道之道"的学术主张和"生死一齐"的生死观。庄子提出的"万物一齐"既非厌倦现实的产物,亦非逍遥自适的精神假想或政治失败退隐后的自我安慰,而是他针对政治的黑暗、学术的纷争、生命无常的苦闷而提出的具有积极意义的理论主张。

一、道家"贵齐"思想

"万物一齐"的思想并非庄子的首创,在先秦学术思想中,道家的老子、法家的彭蒙、田骈、慎到和名家的惠施都有类似思想。

《老子》五千言中有对立面相齐的观念。刘笑敢先生指出:"《老子》第二十章云:'唯之与阿,相去之何?美之与恶,相去若何?'其中'阿'字,帛书甲本作'诃',乙本作'呵',可见'唯之与阿'本是承诺之声与苛责之词,老子已提出赞同与否定、美好与丑恶之间相去无几,这已埋下了齐美丑、同是非的种子。"[3]《齐物论》的观点与之相似,但庄子的思想比老子更为彻底。庄子认为世间一切事物都是处于大道之中,它们只是道的不同形态而已,终将回归于道。"生与死、祸与福、物与影、梦与觉、是与非等各种现象,表面看来是各不相同的,但本体上是一致的,都是道的物化现象罢了。"[4]

彭蒙、田骈、慎到三人与庄子基本同时。彭蒙是田骈的老师,田骈、慎到二人是从道家分化出来的法家人物。他们从"古之道术"获得了"贵齐"思想。《天下》篇曰:"齐万物以为首,曰:'天能覆之而不能载之,地能载之而不能覆之,大道能包之而不能辩之。'知万物皆有所可,有所不可,

---

[1] 王博:《庄子哲学》,北京大学出版社,2014年,第121-122页。
[2] 张松辉:《庄子哲学》,人民出版社,2009年,第186页。
[3] 刘笑敢:《庄子哲学及其演变》,中国人民大学出版社,2012年,第186页。
[4] 曹础基:《庄子浅注》,中华书局,2011年,第33页。

故曰:'选则不遍,教则不至,道则无遗者矣。'"慎子等人认为事物皆有局限,因此人无论作何选择都会有所遗漏、缺憾,唯有遵照道的旨意行事,才能够超越是非、泯灭差别,达到齐同万物的境界。他们"于物无择,与之俱往""莫之是、莫之非"(《天下》),不分贵贱好坏,平等待之。庄子与慎到等人的思想有诸多相似之处,"《齐物论》所谓'有成与亏,故昭氏之鼓琴也;无成与亏,故昭氏之不鼓琴也',即此意也",[1] 其处世态度也是"不谴是非,以与世俗处"(《天下》)。庄子认为此三人对于道的精神有所领悟,但其主张使人真正如无知之物,与"不知""忘知"有本质上的差异,乃"非生人之行,而至死人之理,适得怪焉",因此他们并未得道。

名家的惠施也有齐物思想。惠子认为:"至大无外,谓之大一,至小无内,谓之小一……大同而与小同异,此之谓'小同异';万物毕同毕异,此之谓'大同异'……泛爱万物,天地一体也。"在惠子看来,"大""小"虽然名称不同,但都受到同样的"理"的支配,都是"一"。"天下之物,若谓其同,则皆有相同之处,谓万物毕同可也;若谓其异,则皆有相异之处,谓万物毕异可也。至于世俗所谓同异,乃此物与彼物之同异,乃小同异,非大同异也。"庄子对惠子万物毕同毕异的思想有所继承和发扬,如《德充符》曰:"自其异者视之,肝胆楚越也;自其同者视之,万物皆一也。"《齐物论》中"天地与我并生,而万物与我为一",亦此意也。惠子由万物毕同毕异的思想发展出"万物与我为一,故泛爱之"的博爱思想,庄子无泛爱思想,而是主张"大仁不仁"。庄子认为惠子本已接近道,但他沉溺于论辩之中,享受由此带来的名望和快感,"欲以胜人为名"(《天下》),"充一尚可",对于道的发扬没什么实际的帮助,逐万物而不返,误入歧途,如形影竞走,十分可悲。

综上所述,"万物一齐"是古之道术中就已包含的思想,老子、彭蒙等人对此都有所接受,但并未对其加以系统、深入的阐述,庄子则充分阐释与深入挖掘了"万物一齐"思想。

---

[1] 冯友兰:《中国哲学史》,重庆出版社,2012年,第131页。

二、儒家"不齐之齐"思想

春秋时期,周天子日益式微,各诸侯国拥兵自重,僭越行为时有发生。孔子所代表的儒家主张克己复礼,遵循古已有之的社会等级,重归以天子为中心的大道。孔子一生都在试图重建"君君,臣臣,父父,子子"的社会与家庭等级制度,为恢复周礼而努力。孔子与樊须的对话表明,他意识到"士"的使命是通过说服统治者"好礼""好义""好信"促使百姓尊敬、服从、投奔,从而实现"士"的人生价值,而非通过稼穑来满足日常需要。由此士与劳动阶层(即老农、老圃)产生了自然的分化。在此问题上,孟子的观念与孔子完全一致。

孟子认为简单的齐同会造成人的虚伪和治理的混乱,阶层的分化是自然而然产生的:"无君子,莫治野人;无野人,莫养君子。"劳动人民(野人)是创造社会财富的基本动力,没有他们,官吏无从获得基本的物质基础;没有官吏对社会财富进行再分配,对劳动人民进行教育,社会也将停滞不前。孟子主张"劳心者治人,劳力者治于人;治于人者食人,治人者食于人,天下之通义也"。在孟子看来,以物易物是初级的、简单的财富交换与分配制度。随着社会的发展,一部分人专门从事基础的物质生产劳动,另一部分人分化出来从事社会管理工作,前者与后者进行物质与非物质的劳动成果的交换,由此产生"食人"与"食于人"的差别,使社会财富的分配发生根本性的变化,这是社会进步的表现,也是天下通行的法则。陈相秉承农家开创者许行的主张,认为在日常经济活动中应实行简单的无差等交换原则,孟子认为这虽然看起来实现了"无伪""无欺"的公平交易,实则行不通。因为每种东西的品质不一样,相差或一倍五倍,或十倍百倍,或千倍万倍,如果硬要使得它们一致,就会粗暴地干扰正常的交易秩序;若用这种简单的"齐一"思想来治理国家,就会扰乱国家的正常秩序——"子比而同之,是乱天下也"。这种反对简单齐同的思想,我们姑且将其称之为"不齐之齐"。

从现存史料上看，庄子与孟子虽然大体处于同一时期（与梁惠王、齐宣王同时），但并无直接的思想交锋，很可能他们对于彼此的思想并不了解。荀子在庄子之后，庄子更不可能针对他的思想做出相应的回应。但从《庄子》一书对儒家思想的多处回应可知，庄子对儒家思想是非常熟悉的。因此，庄子提出"万物一齐"的学说不仅受到"古之道术"的影响，还在客观上受到儒家的"不齐之齐"思想的影响。

三、庄子的"自然不齐"与无为而治

庄子反对以人为自我中心的观念，其所谓"万物一齐"实际上是"任其不齐"，或曰"自然不齐"。所谓"自然不齐"，就是尊重物自身的不齐之"性"，不强求同。如《齐物论》中所谓"正处""正味""正色"，人所认为的"正"在动物看来并非如此。庄子认为只有打破人类的自我中心和封闭的心灵，保留事物自身的属性，任其不齐，才能使"万物一齐"。正如陈鼓应所说："齐物，即主张万物的平等。庄子从物性平等的立场，将人类从自我中心的局限性中提升出来，以开放的心灵观照万物，了解各物都有其独特的意义和内容。"[1]

庄子为什么要提出"任其不齐"或"自然不齐"的观念呢？冯友兰认为："政治上、社会上各种制度，由庄学之观点观之，均只足以予人以痛苦。盖物之性至不相同，一物有一物所认为之好，不必强同，亦不可强同。物之不齐，宜即听其不齐，所谓以不齐齐之也。一切政治上社会上之制度，皆定一好以为行为之标准，使人从之，此是强不齐以使之齐，爱之适所以害之也。"正如鲁君"以己养养鸟"，给鸟食以太牢，听九韶之乐，结果鸟"忧悲眩视，不敢饮食"（《达生》）；庄子提倡"以鸟养养鸟"，将鸟"栖之深林，浮之江湖，食之以委蛇，则安平陆而已矣"。那些热衷于参与世俗事务、为统治者摇旗呐喊的"圣人""智者"提出的"仁""义""礼"等观念，对于战乱中的百姓而言，无异于"太牢""九韶"，遥不可及，不但

---

[1] 陈鼓应：《老庄新论》，商务印书馆，2014年，第210页。

不能让他们安身立命，反而造成诸侯纷争，天下大乱。庄子对此极为反感。《知北游》云："失道而后德，失德而后仁，失仁而后义，失义而后礼。礼者，道之华而乱之首也。"庄子认为圣人为了天下不惜牺牲生命，他们的殉名与盗跖的殉利是一样的，都是为了自己："小人殉财，君子殉名，其所以变其情、易其性则异矣；乃至于弃其所为而殉其所不为则一也。"（《盗跖》）"圣人已死，则大盗不起，天下平而无故矣！圣人不死，大盗不止。虽重圣人而治天下，则是重利盗跖也。"（《胠箧》）

《庄子》一书的特色是托他人（尤其是儒家的圣人）说话，即所谓"寓言"（《寓言》）。"故昔者尧问于舜曰：'我欲伐宗、脍、胥敖，南面而不释然。其故何也？'舜曰：'夫三子者，犹存乎蓬艾之间。若不释然，何哉？'昔者十日并出，万物皆照，而况德之进乎日者乎！"战国时期邦国林立，大国凭借强大的军事和政治实力攻城略地、侵占小国领土的情形极为常见。寓言中的尧是儒家圣王的象征，他想要征伐小国并以此"弘道"，但内心深感不安。此则寓言中的舜是道家思想的代言人，他指出日照九州，众生皆受其恩惠，圣王之德进乎日，不必对小国有所强求，任其自然发展，保持大小国之间相安无事、自然不齐的状态。"若乃物畅其性，各安其所安，无远迩幽深，付之自若，皆得其极，则彼无不当而我无不怡也。"[1]从这则寓言不难看出，"任齐不齐"或曰"自然不齐"作为庄子对待冲突的解决方式，其理论依据是圣王（先圣）之"德"。建立于大国统治者的政治修养基础之上的"德"虽然很美好，但很脆弱。试想，倘若《齐物论》寓言中的"尧"（大国统治者）是《人间世》中"轻用民死"的卫君或"其德天杀"的卫灵公太子，又当如何？"舜"（劝谏者）不要说阻止他们的恶行了，连劝谏本身都如螳臂当车充满凶险。因此，惠子批评庄子"今子之言，大而无用，众所同去也"（《逍遥游》），在战国的特定历史环境下，恐是实情。实际上，在《人间世》中，尧对三个小国进行了极为残酷的屠杀，使这些小国成为废墟，国君也成了刀下鬼："昔者尧攻丛枝、胥、敖，禹攻有扈。国为虚厉，身为刑戮。其用兵不止，其求实无已，是皆求名实者也，而独不闻之乎？"

---

[1] 郭庆藩撰，王孝鱼点校：《庄子集释》，中华书局，2014年，第95页。

尧的出发点是"求名实",所谓名实,就是名声。庄子笔下的圣君尧尚且如此,更何况战国时那些为了城池土地而视人命如草芥的诸侯呢?

尽管如此,庄子对眼前黑暗无道的世界并未完全绝望,他给出了自己的救世良方——无为而治,或曰以"一"治天下。《老子》第三十九章曰:"昔之得一者,天得一以清,地得一以宁,神得一以灵,谷得一以盈,万物得一以生,侯王得一以为天下正(贞)。""一",王弼注曰:"数之始而物之极也。各是一物之生,所以为主也。"[1]《至乐》曰:"天无为以之清,地无为以之宁……故曰:'天地无为而无不为也。'人也孰能得无为哉!"庄子将老子的"一"与"无为"的治国之道联系起来,在他看来,君王统治天下,最重要的是化繁为简,以"一"驭万,以不治治天下。类似的思想在其他篇章中反复出现。如《天地》篇曰:"天地虽大,其化均也;万物虽多,其治一也。人卒虽众,其主君也。"

《史记》曰:"通于一而万事毕,无心得而鬼神服。"《徐无鬼》篇曰:"知大一,知大阴,知大目,知大均,知大信,知大定,至矣!"《应帝王》中无名人曰:"汝游心于淡,合气于漠,顺物自然而无容私焉,而天下治矣。"这些材料表明,庄子认为统治者不应将自己的意志强加于人,而应给予人民充分的自由。在如日光般的圣王之德的普照下,人民彼此相安无事,各得其极,天下即可大治。人间的统治者尚且如此,至人、圣人、真人身上的尘埃糟粕足以成就尧舜功业,在他们看来治理天下更是多余的,所以他们对世务完全不屑一顾,如《逍遥游》中的神人"孰弊弊焉以天下为事","孰肯以物为事"。由此可见,庄子提出"万物一齐"并非"强不齐以使之齐",而是希望通过"自然不齐",无为而治,给人民带来一个幸福、和平、安宁的社会。

四、庄子的"是非一齐"与"不言之辩"

庄子"万物一齐"思想的另一个重要内容是"是非一齐"。所谓"是非",

---

[1] 王弼注,楼宇烈校释:《老子道德经注校释》,中华书局,2013年,第106页。

主要是指儒墨纷争——"故有儒墨之是非,以是其所非而非其所是"(《齐物论》)。具体来说,"儒家主张着命,墨家就有非命。儒家敬鬼神而远之,墨家就明鬼。儒家重视乐,墨家就非乐。儒家宪章文武,墨家就效法大禹"[1]。墨家主张"爱无差等,施由亲始",施行薄葬却厚葬父母,孟子对此加以批判。儒家强调社会阶层分化的合理性,主张人与人之间应有固定的等级关系(即所谓"五纪六位"),通过"不齐之齐"实现社会的阶层之间的不均等,墨家则主张兼爱,这无疑会造成百姓认知上的混乱。因此,庄子借盗跖之口反问:"儒者伪辞,墨子兼爱,五纪六位,将有别乎?"(《盗跖》)

儒墨纷争只是战国时期百家争鸣的一个缩影,庄子或其后学认为百家各执一说,是"道术为天下裂"的结果。《天下》篇曰:"天下之治方术者多矣,皆以其有为不可以加矣!古之所谓道术者,果恶乎在?曰:'无乎不在。'曰:'神何由降?明何由出?''圣有所生,王有所成,皆原于一。'……天下大乱,贤圣不明,道德不一,天下多得一察焉以自好。"百家都坚持认为自己的学说足以挽狂澜于既倒,救大厦于将倾,实际上每家学说都只得古之道术之一端,虽各有所长,但不能该通周遍,执着于偏见而不能弘通。如此一来,后世之学者"不幸不见天地之纯,古人之大体,道术将为天下裂"(《天下》),这是使庄子痛心疾首之事。更何况,儒墨相争与天下兴衰紧密相连:"下有桀、跖,上有曾、史,而儒墨毕起。……天下脊脊大乱,罪在撄人心。……今世殊死者相枕也,桁杨者相推也,刑戮者相望也,而儒墨乃始离跂攘臂乎桎梏之间。意,甚矣哉!其无愧而不知耻也甚矣!"(《在宥》)在此情况下,庄子希望恢复古之道术。庄子认为,古之道术源于"一"。此"一"则为"古昔王官之学一统之盛"。庄周之学,实即内圣外王之学,"古之所谓道术者,乃通天人,兼本末,内圣外王,一以贯之也"[2]。

庄子《齐物论》试图化解儒墨的是非纷争,但他并不是将自己的观点强加给儒墨两家,而是试图从纷争中跳脱出来,以此超越纷争。王夫之认为:"当时之为论者多矣,而尤盛者儒墨也……物论者,形开而接物以相构者

---

[1] 王博:《庄子哲学》,北京大学出版社,2014年,第106页。
[2] 钱穆:《庄老通辨》,生活·读书·新知三联书店,2011年,第190页。

也，弗能齐也。使以道齐之，则又入其中而与相刃。唯任其不齐，而听其自己；知其所自兴，知其所自息，皆假生人之气相吹而巧为变；则见其不足与辩，而包含于未始有之中，以听化声之风济而反于虚，则无不齐矣……"[1] 庄子的思想只是百家思想之一，若以此来"齐"儒墨之思想，就陷入了"辩无胜"的怪圈，与儒墨思想相刃相靡，无法解决乃至超越儒墨之争。因此，庄子并不是简单地从道的视角将万物一齐（即"以道齐之"），而是采取"任其不齐，而听其自己"的方法，如风吹孔窍一般，任儒墨之论自兴、自息，不与之辩，于未始有（道）之中听其反于虚，实现物的齐一，此之谓"任其不齐"。

在"任其不齐"思想的指引下，庄子笔下的圣人对待争辩的态度是"不辩""怀之"。"六合之外，圣人存而不论；六合之内，圣人论而不议；春秋经世先王之志，圣人议而不辩。……圣人怀之，众人辩之以相示也。故曰辩也者，有不见也。夫大道不称，大辩不言……孰知不言之辩，不道之道？"（《齐物论》）天地以内的事，圣人只论说而不议评。春秋史实乃是先王治世的记载，圣人只议评而不争辩。圣人默默地体认一切事理，众人则喋喋争辩而竞相夸示。大道是不可名称的，大辩是不可言说的，一个人能止于所不知道的领域，就是极点了。谁能知道不用言语的辩论，不用称说的大道呢？[2] 由此可知，圣人不会执着于是非之争，滞于陈迹，而是通过"不言之辩，不道之道"来消弭纷争。

《徐无鬼》记载了一个"不言之辩"的例子。孔子去楚国，楚王接待他。孙叔敖执爵而立，强逼孔子发表言论。孔子说，楚国白公胜作乱，想杀令尹子西。子綦向他推荐市南宜僚，结果宜僚对使者不理不睬，继续上下弄丸，即使剑加于身，依旧弄丸如故，白公对他无可奈何，宜僚由此解除卷入两家纷争的无妄之灾。孙叔敖安寝逍遥，楚国人无须动武，百姓由此得享安宁太平。孔子说他愿有喙三尺，意即在此场合最好的方法是不要置喙。寓言中的孔子一方面褒扬孙叔敖"安寝而郢人投兵"的无为而治的风度，

---

[1] 王夫之：《老子衍庄子通庄子解》，中华书局，2014年，第84页。
[2] 陈鼓应注译：《庄子今注今译》，中华书局，2011年，第87-88页。

另一方面，他提出既然不言（无为）是最好的解决方案，为何要言呢？以此为借口，孔子为自己的尴尬处境解了围。[1]庄子评曰："彼之谓不道之道，此之谓不言之辩。故德总乎道之所一，而言休乎知之所不知，至矣。道之所一者，德不能同也。知之所不能知者，辩不能举也。名若儒墨而凶矣。"德是各人所得的道，统一于道的同一性之中，但每个人都只能得到道之一点，所知总有局限，因此对于"言"的态度，最好是"休乎知之所不知"。像儒墨那样以名声相标榜、是己而非彼，对知之所不能知的东西采取强辩的态度，是非常危险的。"休"的举动和态度，既是庄子的"任其不齐"思想的体现，也是对"众人辩之"（儒墨纷争）现象的反驳。

五、庄子的"生死一齐"思想

战国时期人的生命安全得不到基本的保障。《人间世》中楚狂接舆认为现在是比"无道"更可怕的世界，圣人唯一能做的只是免于刑罚而已；《德充符》兀者申屠嘉对子产说，人在世间生存，犹如在神射手后羿的射程范围之内，随时有遭受不幸的可能，你（子产）到现在还能苟全，只不过是运气好罢了……面对死亡的威胁，庄子的对策是"生死一齐"。"生死一齐"就是将死生看作一体，"以死生为一条，以可不可为一贯者"（《德充符》）。

《逍遥游》中藐姑射之山的神人"乘云气，御飞龙，而游乎四海之外"；《齐物论》中"至人神矣……游乎四海之外，死生无变于己"，"（圣人）傍日月，挟宇宙……参万岁而一成纯"；《大宗师》中"古之真人，不知说生，不知恶死……不忘其所始，不求其所终"，西王母得道之后"莫知其始，莫知其终"……其实，《大宗师》明确指出："道可传而不可受，可得而不可见。"那他们是如何得道的呢？答案是"一"。《庄子》中的神人、真人、至人、圣人得道的秘诀，就是通过"贵一"等方法把握、体验"一"，与之融为一体，

---

[1] 孔子的"不言之辩"实际上也是有所"言"的，他关于公孙敖的事迹的评述，就是一种"言"，只不过他刻意回避了在此特定外交场合上应当所作的"言"而已。庄子主张"不言之辩"，但他的主张本身，就是一种"言"，只不过他所言说的对象和内容，与当时的儒墨言说的不同而已。

从而超越生死，实现肉体与精神的"生死一齐"："若死生为徒，吾又何患！故万物一也……故曰：'通天下之一气耳。'圣人故贵一。"（《知北游》）

"气"与"一"一样也是处于有与无之间的中间介质。气聚为生、气散为死，不单是人，万物皆如此，这是自然界最为普通的情形。因此人不必执着于一己之生死，只需将己置于万物之中，"通天下之一气"，自然不会被世俗之悦生恶死的观念困扰。《至乐》篇记载了庄子妻死，庄子鼓盆而歌的故事，庄子的理由也是气化论。认识到"气"的聚散离合就是人的生死之后，庄子释然了。死，不过是使他的妻子复归于大道罢了。庄子将自己无条件地托付给了大道。他相信大化造人，必定会给人以善终："善吾生者，乃所以善吾死也。"他认为人为金，阴阳为"大冶"，造物者对人自有安排。人既然对自己的生命无法把控，又何必执着呢？因此，庄子对于生死的态度是安顺的："安时而处顺，哀乐不能入也。"庄子不但认为生死一齐，甚至认为死乐于生。《至乐》："髑髅曰：'死，无君于上，无臣于下，亦无四时之事，从然以天地为春秋，虽南面王乐，不能过也。'"这不但是"生死一齐"，甚至是"悦死恶生"。《知北游》中，东郭子问庄子："所谓道，恶乎在？"庄子曰："无所不在。"东郭子追问不休，庄子告诉他，道在蝼蚁，在稊稗，在瓦甓，在屎溺。之所以每下愈况，是因为道无所不在，不分贵贱尊卑。因此，体道并非圣人、真人等的"特权"，资质平庸的人只要像求名者那样以一人之勇雄入于九军的精神来求道，得其常心，也能够"择日而登假"（《德充符》）。

不论是真人、神人、圣人通过体道的方法进入莫知其始、莫知其终的境界也好，还是普通人通过气化论勘破生死也好，在庄子看来，这些都是可能实现的。他通过生死一齐的方法，打通了生与死的界限，使人意识到这是一个顺其自然的过程。庄子重养生，表明他并非用诡辩或精神幻想的方法来美化死亡，或因厌恶这个世界而悦死而恶生，而是表达了他不怕死但并不"求死"的态度。

总的来说，"万物一齐"思想虽然源于"古之道术"，但庄子在前人的基础上，对"一"的精神进行了深入的发掘，形成了属于自己的独特理念，成为庄学思想的重要哲学范畴。"万物一齐"是在儒墨纷争的背景下提出来的，但它也是庄子认识和解释世界的一种新的方式，通过"万物一齐"，他将"一"的思想运用于政治、学术和体道、生死等方面。如此一来，不仅解决了他面临的各种问题，实现了精神上的逍遥，还丰富和发展了道家理论，为后代留下了宝贵的精神财富，值得我们深入探讨。

‖作品来源‖

《邵阳学院报》（社会科学版）2018年第2期。

庄子思想不消极
——从《庖丁解牛》谈养生之道

倪 金

> **导 读**
>
> 庄子借《庖丁解牛》的寓言故事，揭示了做人做事都要顺应自然规律的道理。养生之道亦然，凡事要顺应自然，不勉强硬碰，还要抱持谨慎小心的态度，收敛锋芒，这样便可以保全生命，保全天性，存养精神，尽享天年。

庄子的《庖丁解牛》以独特的思想、哲学等影响着后世。

在《庖丁解牛》中，庄子给我们塑造了一位技艺高超的厨师庖丁的形象，也告诉我们许多做人的道理。除此之外，我们应知道《庖丁解牛》选自《养生主》。而《养生主》是一篇论证养生之道的文章，主旨在提出养生总论。而且文章本身也在结尾提到了养生之道。结合"解牛之道"我们可以推出庄子的养生之道是：人以顺应自然规律的方式在社会中求得生存。庄子指明了一个道理：人在社会中就跟刀一样，而对牛骨——那些社会上的是非、容易害人的陷阱，就要极力回避。

既然要回避，很多人就认为庄子的养生之道是消极的人生哲学，庄子也被当作了消极的唯心主义者。真是这样的吗？还是另有隐情呢？

庄子虽博学纵览，但出身卑微，一生过着贫困的生活。他的生卒年大体和孟子同时或偏早，当时周王朝已名存实亡，齐、楚、燕、赵、韩、魏、秦七大诸侯国竞相争霸，社会矛盾极为尖锐复杂，人民生活甚为困苦。庄子对时政是极度不满的，在他的作品中充满了愤世嫉俗的言辞。

　　虽是这样，儒家的救世之心却是为庄子所不取的。庄子做出了对世相的深刻洞察：一个专制社会，社会状况很大程度上由君主决定，那个时代的大多数君主，凶暴独断，不会接受任何人的劝谏，因而在他们的暴政下，民众的生命贱如草芥。所以庄子对其所处的社会有一种寒彻骨髓的悲观与绝望。庄子认定，在一个无道的社会，一切的介入都是无效而有害的。最终他自觉地远离公共的政治舞台，而经世治国的话题也彻底地退出了庄子的心灵。

　　所以，以庄子为代表的道家主张"无为"和"无用"。他们关心的是人处于乱世之下如何立身处世而自保。庄子对世事险恶的拒绝，不是叫人做鸵鸟自欺欺人，而是告诉人们要灵活地跟身边的艰险玩游戏，要学会适当的躲避，并能恰如其分地攻击"敌人"。道家主张既然万事万物皆摆脱不了自然规律而变化，所以人也必须遵照自然规律而生活。

　　身处逆境时，没有办法改变外界时，甚至连独善其身的机会也没有而走投无路时，也可学学道家的做法，给自己留条后路。真正理解《庖丁解牛》能教我们忘怀得失，摆脱利害，甚至可以抚慰因生活苦难而造成的心灵创伤。这也正是中国历代士大夫、知识分子在巨大的失败和不幸之后，能够不被真正毁灭，而更多的是保存生命，坚持节操隐逸遁世，以山水自娱，洁身自好的原因。所以说，庄子的思想是绝对积极的。

【作品来源】

《快乐阅读》2011年第22期。

第三章

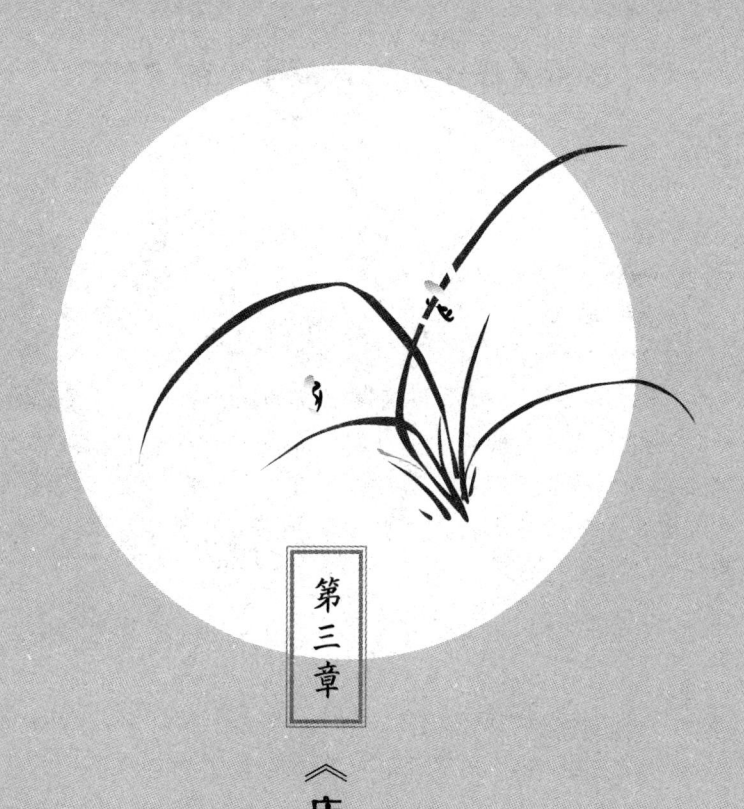

《庄子》中的奇人、奇事

浅析《庄子》寓言故事中的"梦"

李训予

> **导读**
>
> "梦"是庄子"虚化"哲学思想的一个表现。庄子将自己的独特见解以"梦"的虚幻来表现,表达他对社会、人生的思考,极具真实性而又富有人生哲理。对庄子的"梦"进行解析,有助于理解庄子的哲学思想,有助于理解庄子为什么要以虚幻的梦境来反映、批判社会现实。

梦是人生命的一部分,是人在无意识或潜意识状态下的精神活动,是人的潜意识的自然流露。庄子是我国最早的大力写"梦"的人。《庄子》一书中有关"梦"的寓言故事有:"庄周梦蝶"(《齐物论》)、"匠石梦栎社树"(《人间世》)、"髑髅之梦"(《至乐》)、"宋元君梦神龟"(《外物》)、"师金答颜渊问"(《天运》)、"周文王梦姜子牙"(《田子方》)、"郑人缓托梦"(《列御寇》)等。这些寓言故事是庄子"虚化"哲学思想的一种表现,包含着庄子对社会、人生的思考。

一、庄子独特的处世艺术

昔者庄周梦为蝴蝶,栩栩然蝴蝶也,自喻适志与!不知周也。俄然觉,则蘧蘧然周也。不知周之梦为蝴蝶与,蝴蝶之梦为周与?

周与蝴蝶,则必有分矣。此之谓物化。(《齐物论》)[1]

这个故事表现的是庄子"道通为一"的"物化"思想。

庄子往往用独特的眼光来看世界。从常情上说,"庄周梦为蝴蝶"是可能的,而"蝴蝶之梦为周"就匪夷所思了。庄周在梦中化为蝴蝶,美妙、舒适、安逸,可梦醒后发现自己仍是现实的庄周。但庄周并没有因梦境与现实有巨大的反差而失落,反而由此展开奇幻的联想——"不知周之梦为蝴蝶与,蝴蝶之梦为周与?"并把它称为"物化"。

"物化"——"万物为一",是庄子对自然界事物发展变化的认识。"《齐物论》开篇就讲丧我的寓言,终篇以庄周梦蝶的故事,皆旨在消解物我之间的偏执分割,为精神超越基础之上的齐物境界提供示范表演。"[2]庄子说:"万物与我为一。""彼出于是,是亦因彼。"(《齐物论》)任何事物都是相辅相成、对立统一的。"周与蝴蝶,则必有分矣",说明各种事物都有自己的个性、特征,而这种个性、特征又不是一成不变的,在一定的条件下,能够相互转化。庄子没有拘泥于自己究竟是庄周还是蝴蝶。睡着之后,栩栩然为蝴蝶,无忧无虑,悠然自得;梦醒之后,做回庄周的他依然自娱自乐,潇洒起舞,傲视人间。庄子给我们展示了完美的物我相化、交融为一的境界。

匠石之齐,至于曲辕,见栎社树。其大蔽数千牛,絜之百围,其高临山,十仞而后有枝,其可以为舟者旁十数。观者如市,匠伯不顾,遂行不辍。弟子厌观之,走及匠石,曰:"自吾执斧斤以随夫子,未尝见材如此其美也。先生不肯视,行不辍,何邪?"

曰:"已矣,勿言之矣!散木也。以为舟则沉,以为棺椁则速腐,以为器则速毁,以为门户则液樠,以为柱则蠹。是不材之木也,无所可用,故能若是之寿。"

匠石归,栎社见梦曰:"女将恶乎比予哉?若将比予于文木邪?夫楂梨橘柚,果蓏之属,实熟则剥,剥则辱;大枝折,小枝泄。此以其能苦其生者也,故不终其天年而中道夭,自掊击于世俗者

---

[1] 陈鼓应:《庄子今注今译》,中华书局,1983年,第92页。
[2] 叶舒宪:《庄子的文化解析》,湖北人民出版社,1997年,第633页。

也。物莫不若是。且予求无所可用久矣,几死,乃今得之,为予大用。使予也而有用,且得有此大也邪?且也若与予也皆物也,奈何哉其相物也?而几死之散人,又恶知散木!"

匠石觉而诊其梦。弟子曰:"趣取无用,则为社何邪?"

曰:"密!若无言!彼亦直寄焉!以为不知己者诟厉也。不为社者,且几有翦乎!且也彼其所保与众异,而以义喻之,不亦远乎!"(《人间世》)[1]

这则故事的主旨在于宣扬不材以长寿、无用之大用的思想。

起初,这棵巨大的、被众人当作神社的栎树,在匠石眼中却十分不堪,从而弃之不顾,在弟子的追问之下,匠石更是将之贬得一无是处,说用它做船会沉没,用它做棺材会很快朽烂,用它做成器具会很快折毁,用它做成门窗会流出脂液,用它做屋柱会被虫蛀蚀,它什么用处也没有。但是,这棵树真的毫无用处吗?

栎社树给匠石托了一个梦,在梦中它对匠石说,不该拿那些平常的树木与它相比。不管是什么文木(果树),果实熟了,都会给自己招来祸端——果实剥落,枝干折断,原因就是它们是世俗所谓的"有用"的东西。而自己刻意寻找"无用之法",达到了"无用"的境界,才能在世上留存下来。所以"无用"就是"大用"。如果自己也像其他树木那样"有用",那还会留存至今,高大如许吗?

庄子假托栎社树之言,表达自己的哲学思想。在世俗之人眼中的"无用"恰恰是最大的用处。像栎社树这样的不成材的树木,却正因"无所可用"而令"匠伯不顾",最终成为《逍遥游》中所说的"不夭斧斤,物无害者"。"无用"成就了全身避害、得以长寿的"大用"。而那些文木(果树)因能开花结果,反而为自己招来祸端。庄子曾说:"人皆知有用之用,而莫知无用之用。"同样表达了一种充满辩证思想的"虚以待物"的人生态度。"有用"和"无用"都是客观的,同时也是相对的,只有放在特定的环境里才能体现出来。

---

[1] 陈鼓应:《庄子今注今译》,中华书局,1983年,第132页。

庄子实际上对现实始终是关注的，只不过关注的方式有别于世人。"庄子把人世间最微妙的一种人际关系——君臣关系，描摹得惟妙惟肖，揭示得入木三分。生活在这样的人世间，若要远害全身，就非得彻底摒弃矜才为用、追逐功名之心，做到虚己顺物，以不材为大材，以无用为大用不可。"[1]他追求的是精神的自由，不囿于世俗的束缚。

文王观于臧，见一丈人钓，而其钓莫钓；非持其钓有钓者也，常钓也。

文王欲举而授之政，而恐大臣父兄之弗安也；欲终而释之，而不忍百姓之无天也。

于是旦而属之大夫曰："昔者寡人梦见良人，黑色而髯，乘驳马而偏朱蹄，号曰：'寓而政于臧丈人，庶几乎民有瘳乎！'"

诸大夫蹴然曰："先君王也。"

文王曰："然则卜之。"

诸大夫曰："先君之命，王其无它，又何卜焉！"遂迎臧丈人而授之政。典法无更，偏令无出。三年，文王观于国，则列士坏植散群，长官者不成德，斔斛不敢入于四竟。列士坏植散群，则尚同也；长官者不成德，则同务也；斔斛不敢入于四竟，则诸侯无二心也。

文王于是焉以为大师，北面而问曰："政可以及天下乎？"臧丈人昧然而不应，泛然而辞，朝令而夜循，终身无闻。

颜渊问于仲尼曰："文王其犹未邪？又何以梦为乎？"

仲尼曰："默，汝无言！夫文王尽之也，而又何论剌焉！彼直以循斯须也。"（《田子方》）[2]

在这则故事中，庄子以臧地老人的"其钓莫钓"来表现其"自然无为"的思想。

"钓莫钓"展现的是臧地老人"无为"的人生态度。"典法无更，偏令无出

---

[1] 张采民、张石川：《〈庄子〉注评》，凤凰出版社，2007年，第54页。
[2] 陈鼓应：《庄子今注今译》，中华书局，1983年，第547–548页。

是他治理政事的方法,"列士坏植散群,长官者不成德,鞁斨不敢入于四竟"是"无为而治"的效果。其实,这正是老子所谓的"为无为,则无不治"。

同时,庄子认为"顺世"是必要的。"无所甚亲,无所甚疏,报德炀和以顺天下,此谓真人。"(《徐无鬼》)"夫圣人未始有天,未始有人,未始有始,未始有物,与世偕行而不替。"(《则阳》)"'无所亲疏'就是心无成见而虚己游世,'与世偕行而不替'就是游世不僻而与时俱化。"[1]实际上这是他对"无功""无名""无己"的理想人格的宣扬。"彼直以循斯须也",是说文王通过托梦的方式请臧地老人来治理政事,是为了顺应众情。但是,顺世不能失己。庄子提倡一种不卑不亢的态度,他认为要"用心若镜,不将不迎,迎而不藏"(《应帝王》)。

二、庄子梦境的三个境界

(一)对现实的清醒认识

庄子追求的是完全自由的精神境界。虽生活在世俗世界中,但他以超然物外的态度去面对,完全沉浸在自己的世界中,与世俗之人很不相同。这种达观的态度已经支配了他的所有。

> 宋元君夜半而梦人被发窥阿门,曰:"予自宰路之渊,予为清江使河伯之所,渔者余且得予。"
>
> 元君觉,使人占之,曰:"此神龟也。"
>
> 君曰:"渔者有余且乎?"
>
> 左右曰:"有。"君曰:"令余且会朝。"明日,余且朝。君曰:"渔何得?"
>
> 对曰:"且之网得白龟焉,其圆五尺。"
>
> 君曰:"献若之龟。"龟至,君再欲杀之,再欲活之,心疑,卜之,曰:"杀龟以卜,吉。"乃刳龟以卜,七十二钻而无遗筴。

---

[1] 崔大华:《庄学研究——中国哲学一个观点渊源的历史考察》,人民出版社,1992年,第191页。

仲尼曰："神龟能见梦于元君，而不能避余且之网；知能七十二钻而无遗筴，不能避刳肠之患。如是，则知有所困，神有所不及也。虽有至知，万人谋之。鱼不畏网而畏鹈鹕。去小知而大知明，去善而自善矣。婴儿生无硕师而能言，与能言者处也。"（《外物》）[1]

这则故事的主旨是"知有所困，神有所不及"。

宋元君半夜里梦见神龟求救，但神龟最终却被杀掉占卜。神龟虽能显梦给宋元君，却无法避开渔夫余且的渔网；它的才智能占卜七十二卦，却不能逃脱被剖腹挖肠的祸患。因此，就像孔子所说，"则知有所困，神有所不及也"。机智也有困窘的时候，神灵也有不及的地方。神龟托梦没有使自己摆脱困境，而是陷入被杀的境地，说明神知不足为据。以梦来反映现实，是庄子对现实的一种哲思。神龟的神力在人力面前竟然失去效力。其实，害死它的正是自己的神力。

（二）超脱现实，万物齐一

庄子向往的是没有利害冲突、没有世俗杂念、心灵自由开阔的"逍遥游"的世界，而现实是丑恶的、痛苦的，一种挣脱逃离的欲望缠绕着庄子，所以，他希望自己物化为美丽的蝴蝶，这样就可以摆脱现实了。

庄子梦见自己变成了蝴蝶，上下蹁跹地飞舞，觉得快活自由。在美好的梦境中，他早已忘记了自己究竟是蝴蝶还是庄周。庄子对"梦"做过解释，他说："梦饮酒者，旦而哭泣；梦哭泣者，旦而田猎。方其梦也，不知其梦也。梦之中又占其梦焉，觉而后知其梦也。且有大觉而后知此其大梦也。"（《齐物论》）我们知道，通常情况是，当一个人对现实极度不满时，就会产生异化的想法，庄子应该就是如此。但梦中美好的世界并不长久，当庄周一梦醒来时，发现又回到了现实，他觉察到自己原来不是蝴蝶，可是又不知道究竟是庄周变成了蝴蝶，还是蝴蝶变成了庄周。这在常人来说，难免有些失落，可对于庄子这样一个理性的人来说，他绝不会沉迷在梦境之

---

[1] 陈鼓应：《庄子今注今译》，中华书局，1983年，第714—715页。

中不能自拔，反而会引发他对世间万物的哲学思考："此之谓物化。"其实，这里庄子是以梦中的自由来反衬现实的不自由，那"栩栩然"的"蝴蝶"正是挣脱现实、追求解放的象征。无论是"庄周梦蝶"还是"蝶梦庄周"，都隐含着庄子对自由的希望和追求。这也是庄子对于现实人生的一种完全的超脱。

（三）至乐的人生梦

对死亡，庄子有独特的人生态度，既不像儒家那样回避，也不像墨家那样将其看作是天命，而是以一种超脱的眼光来看待：人活在世上要经历万事，饥馑、冻馁、战争、掠夺、亡国、破家、斧钺之诛等等，诸多的烦恼、忧惧、不幸、痛苦，使人有生不如死的感觉。与其这样痛不欲生，还不如丢下一切，痛快地走向死亡。于是，他讲了这样一个故事：

> 庄子之楚，见空髑髅，髐然有形，撽以马捶，因而问之，曰："夫子贪生失理，而为此乎？将子有亡国之事，斧钺之诛，而为此乎？将子有不善之行，愧遗父母妻子之丑，而为此乎？将子有冻馁之患，而为此乎？将子之春秋故及此乎？"
>
> 于是语卒，援髑髅，枕而卧。夜半，髑髅见梦曰："子之谈者似辩士。视子所言，皆生人之累也，死则无此矣。子欲闻死之说乎？"
>
> 庄子曰："然。"
>
> 髑髅曰："死，无君于上，无臣于下；亦无四时之事，从然以天地为春秋，虽南面王乐，不能过也。"
>
> 庄子不信，曰："吾使司命复生子形，为子骨肉肌肤，反子父母妻子闾里知识，子欲之乎？"
>
> 髑髅深矉蹙额曰："吾安能弃南面王乐而复为人间之劳乎！"

（《至乐》）[1]

这则故事借髑髅写出了人生的种种累患，宣扬了对人生困境的精神超越。

---

[1] 陈鼓应：《庄子今注今译》，中华书局，1983年，第453-454页。

庄子问髑髅："先生是因为贪生背理，以至于死的，还是因国家败亡，遭受到刀斧的砍杀而成了这样的呢？抑或是因不善的行为，玷辱了父母、妻子、儿女而羞愧致死的呢？抑或是因遭受寒冷与饥饿的灾祸而致死的呢？抑或是享尽天年而这样死去的呢？"

庄子问话中所列举的"贪生失理""不善之行""亡国之事""冻馁之患"等现象，正是现实人生所面临的种种困境。

髑髅夜里托梦说庄子的言论像是辩士，说出了活人的累患。但髑髅认为人死之后更快乐："死，无君于上，无臣于下；亦无四时之事，从然以天地为春秋，虽南面王乐，不能过也。"上没有君王，下没有臣子，也不需要根据四季去劳作，做一个死人甚至要比做王还要快乐。

这种"死"之快乐，其实就是庄子的理想世界。

当庄子提出帮助髑髅恢复生命时，髑髅却说："吾安能弃南面王乐而复为人间之劳乎！"他宁愿不与家人相见，不与朋友相会，也要享受做死人的快乐。庄子通过髑髅求死不求生、与世人截然不同的态度来批判现实世界的残酷，表达对现实的不满。

《庄子》寓言故事中的梦只是一种表达方式，借用梦的描写，在感性的层面表达理性的思考，使梦境成为一种媒介，把隐秘的内心活动展示出来，从而曲折地表达庄子的哲学思想。

梦是虚幻的，而庄子却能在几则寓言故事中借梦境描写来表达自己的哲学思想，渗透着他独特的智慧。从中我们可以理解到，无论现实如何残酷，面对种种丑恶现象，我们也能让自己的灵魂充分自由，从容潇洒地面对人生，不需要怨天尤人，而更好的方法是从自身找寻答案。

有了问题要从自身着手，有了成就也不能沾沾自喜，不能将自己的作用看得过于重要。其实，往往自己的作用并没有自己想的那么重要，就像《列御寇》中的一则故事：

> 郑人缓也呻吟于裘氏之地。祇三年而缓为儒，河润九里，泽及三族，使其弟墨。儒墨相与辩，其父助翟。十年而缓自杀。其父梦之曰："使而子为墨者，予也。阖尝视其良，既为秋柏之实矣？"

> 夫造物者之报人也，不报其人而报其人之天。彼故使彼。夫人以己为有以异于人以贱其亲，齐人之井饮者相捽也。故曰今之世皆缓也。自是，有德者以不知也，而况有道者乎！古者谓之遁天之刑。
>
> 圣人安其所安，不安其所不安；众人安其所不安，不安其所安。
>
> 庄子曰："知道易，勿言难。知而不言，所以之天也；知而言之，所以之人也；古之至人，天而不人。"（《列御寇》）[1]

郑缓托梦对父亲进行指责实际上是他对自己的价值估计过高。庄子直接用梦来说明了自己的态度，所谓"圣人安其所安，不安其所不安"，感慨众人"安其所不安，不安其所安"。在故事中，梦是生者与死者对话的通道，这正是一种精神的"异化"。

但是，现实是令人无奈的，所以庄子尽管宣扬着"物化""无用""自由"，说着"生"与"死"的有限性以及人性的"异化"，却不得不委身于他认为黑暗、浑浊的现实社会。只有在梦境中，庄子的精神境界才得以淋漓尽致地发挥。

在梦中，庄子打破了所有的常规，没有生死的界限，没有君臣父子，没有伦理纲常，在完全充分的精神自由中随意地发挥自己的思想，表达自己的观点。这种以梦为文、用梦释理的方式具有艺术的独创性，对我国后世梦文学有很大的影响。

‖作品来源‖

《许昌学院学报》2017 年第 3 期。

---

[1] 陈鼓应：《庄子今注今译》，中华书局，1983 年，第 834 页。

令人脑洞大开的"浑沌之死"

陈飞宇

> **导 读**
>
> "浑沌"作为庄子哲学思想中重要意象之一,是具有特殊寓意的,庄子认为它是道的一种感性显现,体现了道的基本特征。所以对"浑沌"的解释当以《庄子》为本,以中国传统文化、哲学为背景,不宜只看表面。

一

庄子的文章想象力丰富,鲁迅先生曾说:"庄子……著书……大抵寓言,人物土地,皆空言无事实,而其文则汪洋辟阖,仪态万方……"正是这种想象奇特的文章,特别能激发人的想象力。如下面这则《浑沌之死》:

南海之帝为倏,北海之帝为忽,中央之帝为浑沌。倏与忽时相与遇于浑沌之地,浑沌待之甚善。倏与忽谋报浑沌之德,曰:"人皆有七窍以视听食息,此独无有,尝试凿之。"日凿一窍,七日而浑沌死。

读完这则故事,最先吸引我的不是"浑沌神奇之死",而是其中的人名:倏、忽与浑沌。在初中人教版语文课本中,有蒲松龄的《山市》,上面有一句"倏忽如拳如豆","倏忽"即不一会儿,这是一个表示时间概念的词。南海之帝与北海之帝的名字连起来就是"倏忽";而中央之帝"浑沌","浑沌"是传说中盘古开天辟地以前天地模糊一团的状态,指的是空间。那么这则故事就成了"时间"因为种种原因、种种意外,杀死了"空间";而时间加上空间就是宇宙,失去了空间,宇宙也就没了。即宇宙最终会在时间中毁灭——当然,这只是我脑洞大开,突发奇想,庄子想表达这个意思的概率无限趋近于零,只能说庄子的文章很能激发人的想象力。

二

回到我之前提到的"浑沌神奇之死"上来。为什么凿了七窍浑沌就死了?凿七窍是好事呀!"人皆有七窍以视听食息,此独无有",人人都有七窍,唯独浑沌没有。凿七窍让浑沌可以更清晰地了解、感受世界;但浑沌却因被凿七窍而死。为什么糊涂就活得好好的,清晰就死了呢?庄子要表达什么?个人以为,有两点:

第一,反智。糊涂就活着,清楚明白就死,所以糊涂好。其实反智是道家的重要思想。《老子》第五十六章:"以智治国,国之贼;不以智治国,国之福。"用智慧治理国家,是国贼;不用智慧治理国家,是国家的福气。这与我们现在截然相反:我们推崇人才,希望有才智的人治理国家,让国家兴旺发达,我们有好日子过。为什么道家会反智?道家认为:统治者糊涂(其政闷闷),被统治者就淳朴(其民淳淳);统治者明察秋毫,清楚明理(其政察察),被统治者缺心缺肺(其民缺缺)。缺心缺肺就会搞事情,搞那些卑鄙下流的事,这样国家还能治理好吗?在庄子这里,只不过是说得绝对一点:糊涂活,明白死。比如曹操、曹丕任用了司马懿这样的聪明人,最后曹魏王朝被司马颠覆。所以,统治者不能太聪明。

第二,己所欲,勿施于人。这个很好理解:浑沌之所以会死,就是因为倏和忽给他凿七窍。倏和忽把自己想要的,施于浑沌,浑沌死。所以庄子告诉我们,自己想要的,不要加给别人。庄子这个思想很值得我们思考。龙生九子,各有不同,每个孩子都是独一无二的,适合才是最好的。己所欲,勿施于人。适合的,才是最好的。

三

以上我们似乎也可以看出道家与儒家的斗争。孔子曾说："己欲立而立人，己欲达而达人。"自己想要的，也要帮助别人达到。庄子就站在反对的立场上，编出这样一个故事，影射孔子的错误，无声地反击着。当然，我们不能轻易地判断他们谁对谁错，他们只是角度不同而已，二者都没错。孔子针对的是国家，大多数人都喜欢过好日子，国家当然要尽力帮助他们过好日子。但还有一些人，像墨子，就喜欢过苦日子，就不要强行让他过"好日子"了。

庄子文章真是奇幻，简略的文字与故事就能让人充分展开联想与想象，而哲理又蕴其中，读之，真是受益无穷，令人脑洞大开！

【作品来源】

《少男少女》2018 年第 20 期。

庄子散文中鱼意象的探寻

陈 娟

> **导读**
>
> 庄子散文中的"鱼"意象在《庄子》中占了很大比重,内、外、杂篇中均有分布。本文主要探寻《庄子》中的"鱼"意象,并把其中的鱼归纳为:自然之鱼,社会之鱼,精神之鱼。自然之鱼包括自然界之鱼;社会之鱼包括象征人民之鱼,庄子本身写照之鱼;而精神之鱼包括渴望自由逍遥之鱼,相忘之鱼,以及象征"道"之鱼。本文还进一步分析了塑造鱼意象的原因。

庄子是我国文学史上伟大的文学家,其散文对后世产生了巨大影响。他描绘了众多的文学意象,其中,鱼意象在《庄子》中占了很大的比重。《庄子》直接描写鱼意象有二十处之多,内、外、杂篇中均有分布。

一、庄子散文中的鱼意象

庄子散文中描绘了众多不同形象的鱼,不同的情境中不同的鲜活的鱼。这些鱼可分为三大类:自然之鱼,社会之鱼,精神之鱼。

(一)自然之鱼

自然之鱼,即自然界之鱼,本义上的、自然意义上的鱼。这类鱼在庄子散文中分布较小,且并未注入庄子的思想,只是直观的陈述。

猨猵狙以为雌,麋与鹿交,鳅与鱼游。毛嫱丽姬,人之所美也,鱼见之深入,鸟见之高飞,麋鹿见之决骤。四者孰知天下之正色哉? 自我观之,仁义之端,是非之涂,樊然殽乱,吾恶能知其辩!(《齐物论》)

庄子用鱼、鸟、麋鹿见了西施、丽姬等美女不同的反应来说明事物没有固定的评判标准,进一步说明儒家仁义的观点、是非的争论只会扰乱人心,其实无法评判,因为万事万物本来就是齐同的,无所谓是非,要去除私心、成见。这里的鱼只是普通的鱼,并没有灌注庄子的意志在里面,只是单纯的自然界的鱼。又如:

申徒狄谏而不听,负石自投于河,为鱼鳖所食。(《盗跖》)

贤士申徒狄劝谏纣王,纣王不听,申乃投河而死,尸体被鱼鳖所吞噬。鱼也只是自然界之鱼,有生理需求的自然生物,并没有通过鱼传达出庄子的思想。自然界的鱼,拥有自己独特的生活习性,有自己的本能需求,是最原始的形象,对于了解后几种鱼的形象有一定的启发意义。

(二)社会之鱼

鱼不仅生活在自然界中,随着人类社会的发展,鱼与社会的关系越来越密切。《庄子》中塑造的社会之鱼,往往通过鱼的意象来象征生活在社会中的人。

1. 象征人民之鱼

把鱼象征成人民,在《诗经·汝坟》中已经出现:"鲂鱼赪尾,王室如毁。"朱熹注:"鱼劳则尾赤……虽其酷烈而未已,文王之德如父母然,望之甚近,亦可以忘其劳矣。"[1]用鱼代劳动人民,他们为国事而忙碌,面容憔悴,如鲂鱼本应尾白,因劳而尾赤,把鱼和人民联系了起来。在庄子散文中,也有把鱼象征人民,如:

夫弓弩毕弋机变之知多,则鸟乱于上矣;钩饵罔罟罾笱之知多,则鱼乱于水矣;削格罗落罝罘之知多,则兽乱于泽矣;知诈

---

[1] (宋)朱熹注,赵长征点校:《诗集传》,中华书局,2011年,第8页。

渐毒、颉滑坚白、解垢同异之变多，则俗惑于辩矣。(《胠箧》)

弓箭、鸟网、机关等多了，鸟在天空就会被扰乱；钩、网、竹篓等智巧多了，鱼就被扰乱了；木栅、机关等多了，野兽就会被扰乱。动物尚且如此，何况人呢？统治者因着自己的私欲好用机心、智巧必然导致人民被扰乱。鱼、野兽、鸟都指代人民，是人民的象征，表明了要达到天下大治，统治者要顺应人民的天性，无为而治，去除机心、私智。好用私智必会导致天下大乱，人民的反抗。

以鱼象征人民，也从侧面反映了庄子的"返朴"思想。庄子继承老子的"小国寡民"思想，希望"民如野鹿"，人民应如婴儿般保持赤子之心，无知无欲，一切都自然而然发自天性。这也反映了庄子万物齐同的思想。在天地之间，人与物并非对立，可以相互转化，达到物我合一，物我两忘的境界，人是鱼，鱼也是人。

2. 庄子本身写照之鱼

在庄子的散文中，也有以鱼喻自己。不同时期，不同情境下的庄子，正如几条不同形象的鱼儿。

庄周忿然作色曰："周昨来，有中道而呼者。周顾视车辙中，有鲋鱼焉。周问之曰：'鲋鱼来！子何为者邪？'对曰：'我，东海之波臣也。君岂有斗升之水而活我哉？'周曰：'诺。我且南游吴越之王，激西江之水而迎子，可乎？'鲋鱼忿然作色曰：'吾失我常与，我无所处。吾得斗升之水然活耳，君乃言此，曾不如早索我枯鱼之肆！'"(《外物》)

庄子一直践行淡泊名利的原则，不与官场世俗相往来，这儿却向监河侯借粮，并以辙中之鱼自比。庄子已经极度穷困，正如车辙中那条鱼，生死存亡只在几升水之间，还被监河侯拒绝。他以鱼自比严厉地谴责了监河侯，维护了自己的尊严。身处在这个现实世界中，尽管精神达到了超越，可形体仍然被世俗所围。以庄子的才能，获得显位完全不在话下，可他坚持自己的人生理想，不为名利所动，不被私欲所左右，与整个世界格格不入。

庄子又以涂中的龟自比，他蔑视权贵，宁愿做一只在污泥中的龟，自由自在，曳尾于涂中，尽管污泥很脏，环境恶劣，可是心灵上的自由，精神上的逍遥早已超越了权贵的诱惑。

（三）精神之鱼

庄子散文中的鱼除了自然之鱼、社会之鱼，还有精神之鱼。精神之鱼就是通过塑造鱼意象表达自己的思想。

1. 渴望自由逍遥之鱼

水中的鱼自由自在，无拘无束，引起了人们的羡慕。庄子笔下也描写了自由逍遥的鱼。

> 北冥有鱼，其名曰鲲。鲲之大，不知其几千里也；化而为鸟，其名为鹏。鹏之背，不知其几千里也；怒而飞，其翼若垂天之云。是鸟也，海运则将徙于南冥。南冥者，天池也。齐谐者，志怪者也。谐之言曰："鹏之徙于南冥也，水击三千里，抟扶摇而上者九万里，去以六月息者也。"野马也，尘埃也，生物之以息相吹也。(《逍遥游》)

《庄子》一书的开头，描绘了一个广袤无垠的世界。这儿有居于北海，身长几千里的大鱼，水击三千里，将徙南海。这样的鱼在众人眼里是自由的、逍遥的，可是庄子眼里的它并不自由，还处于有待的逍遥。鱼要到南海必须要飞过去，所以它又化为了大鸟。"鹏"正是突破了水的局限化为的鸟，从而获得了更广阔的视野，两者境界不同，后者显然更加自由。[1] 从中可以看出，鲲通过化成鹏，也就是鱼化为鸟，获得了更进一步的自由，它突破了水的限制，开创了更广阔的视野。这里我们也可以看到庄子的"物化"思想，庄子认为万物在道的层面上都是齐同的，可以相互转化。庄周梦蝶中，蝴蝶化为庄子，庄子化为蝴蝶。

那么化为鸟之后，鹏是否真正自由逍遥了？

---

[1] 张俊梅、熊坤新：《庄子散文中"鱼"意象的文化内涵》，《孝感学院学报》2012年，第1期。

并非如此，虽化为鸟，一飞几万里，但仍然有所待，要到达南海，鹏还得依靠风。

表面上鲲与鹏都自由了，可是仍然没有达到自由，仍有所待，正如处于人世间羁绊的人，时时受着各种拘束，被外物所累。"至人无己，神人无功，圣人无名"，这才是庄子所谓的逍遥而游，与天地精神相往来，忘物忘己，不被外物所累。

所以，这里的鱼并没有获得自由，只是渴望自由逍遥之鱼，但并没有放弃追求自由，不断地修炼积累，正如"而后乃今培风，背负青天而莫之夭阏者，而后乃今将图南"，才能达到真正的无待自由。

> 庄子与惠子游于濠梁之上。庄子曰："鲦鱼出游从容，是鱼之乐也？"惠子曰："子非鱼，安知鱼之乐？"庄子曰："子非我，安知我不知鱼之乐？"惠子曰："我非子，固不知子矣；子固非鱼也，子之不知鱼之乐，全矣。"庄子曰："请循其本。子曰'汝安知鱼乐'云者，既已知吾知之而问我。我知之濠上也。"（《秋水》）

庄子与惠子在濠梁上看见水中的鱼快乐从容游来游去，他们就鱼之乐展开一场辩论，虽然以庄子的诡辩取胜，但可以看出这里庄子笔下的鱼儿快乐安适。

鱼生活在水中自由自在，无拘无束，没有任何的羁绊，才能快乐逍遥，才能达到与天地精神相往来的逍遥境界，才是至乐。因此，通过塑造自由逍遥之鱼，表达了庄子渴望自由逍遥。

2. 相忘之鱼

庄子塑造了两条相忘之鱼。相忘之鱼包含了庄子的物化思想，就是庄子化为鱼，鱼化为庄子，物我共通，天人合一的思想。如：

> 泉涸，鱼相与处于陆，相呴以湿，相濡以沫，不如相忘于江湖。
> 与其誉尧而非桀也，不如两忘而化其道。（《大宗师》）

泉水干枯，两条鱼儿互相以湿气续命，还不如忘记这现实的困难，遨游于大江大湖之中。同理，处于世事的羁绊中的人，与其痛苦地挣扎，还不如忘记繁杂的世界，在大道中忘记痛苦，去除私心，达到真正的快乐。

于蚁弃知，于鱼得计，于羊弃意。以目视目，以耳听耳，以心复心。若然者，其平也绳，其变也循。古之真人，以天待人，不以人入天。(《徐无鬼》)

成玄英疏："既遣仁义，合乎至道，不伤如濡沫而相忘于江湖，故鱼得计。"[1] 蚂蚁去智，羊去私心，像鱼儿一样相忘于江湖，自由自在。人也如此，忘记私心、私智，去除仁义，同于大道，顺应自然天性，不被机心、私欲所左右，不为外物所累，才能达到真正的自由快乐。

万物本来就是自然的一部分，鱼儿、泉水、池沼、江湖、人、社会等皆是自然的一部分，都来源于自然。名利、富贵、生死、是非、成见在大自然中自是沧海一粟，都是自然的一分子，来源于自然，皆要归于自然。庄子主张回归，忘名利、是非、生死，回到最本然的状态，达到天人合一的境界。

3. 象征"道"之鱼

庄子散文中的鱼意象，还有象征庄子的思想核心——道。纵观《庄子》全文，只出现过一次。

荃者所以在鱼，得鱼而忘荃；蹄者所以在兔，得兔而忘蹄；言者所以在意，得意而忘言。吾安得夫忘言之人而与之言哉！(《外物》)

鱼筌的作用在于捕鱼，得到了鱼就忘了鱼筌。罗网的功能在于捕兔，得到了兔子，就忘了罗网。语言是用来表情达意的，得到了意思就忘了语言。这里的鱼、兔和语言都是对等关系。这里的"意"相当于"道"。成玄英的解释："夫忘言得理，目击道存，其人实稀。"这里的"理"就是"意"，而庄子穷尽一生所追求的"理"，就是"道"。所以，在"得意忘言"这句话中的"意"便是"道"，因为道不可说。

道不可闻，闻而非也；道不可见，见而非也；道不可言，言而非也。(《知北游》)

---

[1] (晋)郭象注，(唐)成玄英疏，曹础基、黄兰发点校：《庄子注疏》，中华书局，2011年，第453页。

因为真正的"道",无形、不可谈论、不可言说。反过来,能够被谈论、能够看得见,能够言说的都不是真正意义上的"道"。"道",只能通过各种意象、表现形式显现出来。所以庄子认为得到了"道",就忘记了语言。"道"如此玄妙,不可言说。

因此,在"得鱼忘筌"中,"筌"相当于语言,而"筌"的目的在于"道",而这里的鱼就象征着"道"。"鱼"是目的,"筌"只是媒介,得到了玄妙的"道"就无法用语言来描述,得到了"鱼"就忘了"筌"。

二、庄子塑造鱼意象的原因

(一) 群雄逐鹿、百花齐放的社会大背景

战国时期,诸侯兼并空前激烈,诸侯们争霸天下,逐鹿中原。士人们追求名利富贵,展开激烈的论战;处于诸侯铁蹄下的人民,过着水深火热的生活;与世界格格不入的士人们也深受羁绊。但这时的社会在思想界又是百花齐放的时候,"九流十家"都提出自己的思想学说,希望通过自己的思想、学说,来引起统治者的重视,实现国家的统一,维护社会的安定。

在如此社会大背景下,庄子散文中的鱼意象的塑造一点也不奇怪。在宽容开明的社会环境,庄子吸取各家观点,积极进行开拓创新,他文中的鱼形象众多并且个性鲜明独特,很多都是庄子的独创。敢于大胆用鱼的逍遥、自由、快乐,来暗示处于当时社会当中的人的不自由、不快乐。面对当时统治者的昏庸、好用机心,以鱼比民,告诫统治者,运用私心、私智治理国家必然导致人民如鱼一样被扰乱,最终导致天下大乱。

面对这群雄逐鹿的时代,庄子塑造了一条条鱼来讽刺统治者;还塑造一条条鱼表明自己不同俗流,坚守自己的人生理想,追求大道,向往逍遥自由;塑造一条条鱼,批判仁、义、礼、智,讽刺追求名利富贵之人;塑造一条条鱼,告诫人民要去除私心,物我合一,物我相忘,同于大道,顺应天性,要归于朴。

(二) 自由逍遥、狂放不羁的个性

鲁迅曾这样评价庄子的文章:"其文汪洋辟阖,仪态万方。"[1]庄子自由灵活、奇绝诡怪的文风,相当一部分因素是与庄子自由逍遥、狂放不羁的个性有关,而塑造众多而独特的鱼的形象也在情理之中。

庄子散文中有居于北海、身长几千里的大鱼,有自由自在游于濠梁之下的快乐之鱼,有曳尾于污泥之中的安适之鱼(龟),有处于辙中之鱼,有被庄子、任公子钓的鱼,有相忘之鱼,还有吞噬申徒狄之鱼……庄子可谓充分地发挥了自己天马行空的想象力,自由挥洒地描绘了各色各样的鱼,创造了一个大的鱼的王国。

他善于运用"三言"形式塑造各种文学意象,嬉笑怒骂,相比较儒、墨、纵横家等满口学说,到处游学,流连于王侯国君之间,庄子更自由、更洒脱。庄子家贫,但他安贫乐道,蔑视权贵,宁愿做濮水边的渔夫、污泥中曳尾的鱼(龟),以保全自身,这些与他自由的个性、狂放不羁的性格有关。

(三) 立象尽意,宣扬自家学说

作为诸子百家之一道家的代表人物,庄子也积极宣扬自家学说。作为文学家,庄子善于用意象来传达自己的学说、思想。

在人类早期,意、象是两个不同的概念。

> 意者,志也,从心察言而知意也,从心从音。

> 象,长鼻牙,南越大兽,三年一乳。象耳、牙、四足之形,凡象之属皆从象。[2]

意是指发自内心的言语,也就是内心的思想。根据许慎《说文解字》,象本指大象这种动物,或动物的代称,后逐渐引申为物象。

最早把意与象联系起来的是《周易》:

> 子曰:"书不尽意,言不尽意。"然则圣人之意其可见乎?

> 子曰:"圣人立象以尽意,设卦以尽情伪,系辞焉以尽其言,变

---

[1] 鲁迅:《汉文学史纲要》,人民文学出版社,1981年,第364页。

[2] 许慎撰,徐铉校:《说文解字》,中华书局,2013年,第196页。

而通之以尽利，鼓之舞之以尽其言。"[1]

可知，并非所有的书和语言都能表达心中的"意"，胸中"意"广，受困于书本和语言的限制无法传达出来，所以圣人采取"立象尽意"，用"象"来沟通"意"与"言"。在这里，提出了"象"是沟通"言"与"意"的媒介。

庄子通过鱼意象来表达意，宣扬自己的思想学说。自然之鱼，描绘了鱼最原始的形象，也为其他几种意象奠定了基础；渴望自由逍遥之鱼，表达了庄子以及那个时代人们对自由的渴望；象征人民之鱼，告诫统治者要顺自然，无为而治；相忘之鱼，表达了道家忘物、忘己，去私欲，物我共通，天人合一的思想；庄子本身写照之鱼，表达了人处于艰难之中，以及庄子的物我相感的思想；象征道之鱼，表明了大道不可说，"得意忘言"的思想。

作品来源

《九江学院学报》2017年第4期。

---

[1] 王夫之：《周易外传》，上海古籍出版社，1977年，第18页。

第四章 《庄子》内篇探析

浅论《庄子》内篇的精神义

刘琪莉

> **导 读**
>
> 庄子恣意开阔的心胸和极富浪漫色彩的思想，玄之又玄，只可意会而不可以言传，却是生长于中国土壤中最能够与西方文化进行对话的一种文化。《庄子》内篇的思想最集中代表着庄子的思想，是一种人在大宇宙范围的生命体验，是世间万物的平等观念，是处世生活的无用之用，在中国的哲学和文学史上都具有重要的价值和意义。

一、思想内容及原因

《庄子》内篇有七篇，共五十四章，归结起来主要有两方面的内容：一是圣人真人的天之道，二是凡夫俗子的日常生活。

"无相无形天之道"中，"道"之一字是哲学也是文学。以《大宗师》为例，我们来进一步对天之道进行说明。首先此篇主要描述了真人体道的境界，而"大宗师"——宗大道为师，一个人遵从大多数人的意志，不以物喜不以己悲，然后又掌握了知识，才升到"道"峰，成为"真人"。看来"真人"一方面要具有凡人的形态，才能混迹于人群中和大多数的人持有同一意志；另一方面，又需是神人，方能水里来火里去的，还掌握了无边无际的知识。当然我们也要看到这也是一种人与自然的关系，人也应该顺应自然。道是真实可体会的，却又没有行动、没有形态，可意会而不可言传，它自己就是自己的本元，在没有天地的远古就已经存在了，是它生出了鬼神和天地。而这些虚无缥缈的说法是来自哪里呢？最后给出了答案："闻诸副墨之子，副墨之子闻诸洛诵之孙，洛诵之孙闻之瞻明，瞻明闻之聂许，聂许闻之需役，需役闻之於讴，於讴闻之玄冥，玄冥闻之参寥，参寥闻之疑始……"从表面上看，好像一切都有依有据，但是仔细一看问题就出现了。首先，对话的主人公是庄子寓托的得道之士——南伯子葵，其"伯"本就是一个尊称之词，"子葵"更是近隐者，虽不一定，却有架空的可能。不过是庄周用两个虚拟人物所说的源自一系列不存在的人物的虚幻的东西，解释到最后仍然是一片混沌。如钱穆在《释道家精神义》所言的，这就是庄子内篇的精，专一的精神，对道的执着。

前面也说到，庄周笔下有真名真人的人物，也有自己杜撰出的虚拟人物，通过这些人物的日常生活来达到微言大义的目的。如《养生主》中的"庖丁解牛"，表达了对社会关系的见解，社会万事纷纷扰扰，恰似牛的筋骨复杂盘结，所谓养生不过四个字：顺应自然。又如，《人间世》的畸形人支离疏的故事更是奇特，"支离疏者，颐隐于齐，肩高于顶，会撮指天，五管在上，两髀为胁"，一个长的如此怪异的人不仅自己养活了自己，还因为长的怪异避免了兵役和劳役之苦，反而得到国家的救济米粮，直到寿终正寝。本来是对当政者无用的残疾人，却恰恰因为自己的无用而得到一生的免害，这种人际关系暴露出当时社会的阴暗面，具有浓厚的悲剧色彩。"《德充符》的一群残者，都是无用于世而大有用于己的典型。"这就是庄子面对当政者奴役所提出的对策，借"无用"来保全、发展自己，是一种消极的无奈的行为。这是一种心理状态，即庄子内篇的"神"。

庄子思想形成的原因十分复杂。首先，庄子生于战国中叶，社会处于大变动时期，各种思潮涌现。有学者曾提出过《庄子》中的孔子并非历史上儒家创始人孔子，而是披上道教外衣，有时甚至代庄子发言的孔子。即使如此，庄子在文中提到孔子多有嘲讽意味，究其原因，庄子并非仇视儒家，只是他看到的实际情况是儒家空洞的"道德性"，无论是对社会还是对个人都是没有好处的，是无意义的存在罢了。随着时代的发展，封建土地所有制取代了领土制，封建专制主义统治逐步形成，此时的哲学思想从讨论实际问题中跳了出来，更趋向于讨论抽象的哲理。其次，具有小生产者倾向的庄周对统治阶级仇视不满，他所希冀的是小生产者的乌托邦社会理想。马克思说过，小生产者"进行生产的地盘，即小块土地，不容许在耕作时进行任何分工，应用任何科学，因而也就没有任何多种多样的发展，没有任何不同的才能，没有任何丰富的社会关系"。这种小生产者的落后、保守和狭隘导致了庄周的偏激，如《德充符》中总是赋予外形残缺的人物完善的德行。最后，我们应该看到惠施对于庄子而言是一个重要的存在，虽然他俩常常意见观点不同，但是惠施的许多形而上学的概念反而使得庄子的思想更加完善。在《逍遥游》中惠子出现在两章中，分别是"论大瓠"和"论大樗树"，惠施把庄子之言比作无用的大樗树，讽刺庄子言论的空大无用。庄子面对惠施总是沉着冷静的，他列举出上蹿下跳、不安于命的狸子和野猫最后死于罗网，牦牛虽大却捉不住小小老鼠两个具体生动的例子，最后指出大物拥有"无用之用"。

二、思想价值和意义

庄子的思想是从老子思想学说上进一步继承与发展而来的。他们思想上的相同点是都谈"道"与"无为"，不同的是，庄子进一步发展"道"，成为旋转循环的不可知，其无始终而永生，同时又把老子的"无为"给截肢了，同样说无为，却把老子下半句的"无所不为"给抛弃了。

在《齐物论》中，庄子肯定了一切人与物都具有独特的内容和价值，是平等观念的表现，这与黑格尔的"凡是合乎理性的东西都是现实的，凡是现实的东西都是合乎理性的"异曲同工。《大宗师》："泉涸，鱼相处于陆，相呴以湿，相濡以沫，不如相忘于江湖；与其誉尧而非桀也，不如两忘而化其道。"相濡以沫是动人和高尚的，可是对于鱼来说：在大江大湖里自由生活，相忘彼此才是最好的选择。庄子思想对我们今天的启迪依然鲜活。

作品来源

《商业文化》2011年第6期。

从《庄子·内篇》看庄子的理想人格

吴宏梅

> **导读**
>
> 庄子构想的理想人格的哲学基础就是"道"。理想人格是庄子人生哲学的重要组成部分,在《庄子·内篇》中,至人、神人、圣人以及真人是理想人格的化身。庄子认为理想人格应通过"心斋""坐忘"的修行方法,达到"无名""无己"的境界。

理想人格是一种人生哲学中体现人生价值、完成人生目标的人物形象,是一种人生哲学理论宗旨的标志。从某种意义上说,理想人格也是理想的人生境界的表现形态。在中国文学史上,庄子就是一位按照自己所认识的美的规律建构其人生理想的伟大的"精神建筑师"。从《庄子·内篇》可以看出,庄子所追求的理想人生境界是绝对的精神自由和对现实社会的彻底超脱。表现在理想人格上就是"至人无己,神人无功,圣人无名",以及真人的"不逆寡,不雄成,不谟士"。本文试从这些理想人格形成的历史背景,理想人格表现出来的精神境界,理想人格的修养方法,以及理想人格的文化价值这几个方面作一些探讨。

一、理想人格形成的历史背景

春秋战国交替之际,一方面,社会生产力的发展促进了社会生产关系的变革,相对先进的封建制度逐步摧毁了腐朽没落的奴隶制度;另一方面,伴随着文明的进步，技术的提高和财富的增长而来的贪欲、权欲等各种欲望也迅速膨胀起来，充斥于整个世界。当时的许多思想家已经充分认识到这一点，并希望用种种方法去警醒世人，调和人类与生存环境的矛盾。但是限于当时的社会现实，这些思想家的主张是无从实现的。

庄子对当时社会的那种充满狡黠自私、阴险毒辣、贪婪无耻等种种触目惊心的罪恶和灾难认识得极为深刻，所以他坚决不与统治阶级合作，以隐居的方式反抗统治阶级的迫害，但他又并非彻底隐退，而是关心世事，用"隐居放言"的方式讽喻社会，关心社会。因为庄子对社会抱否定的态度，所以他关心社会、医治社会痼疾的方法不是从社会内部去寻找灵丹妙药，而是从社会的对应面——自然界中去寻求救世疗世的依据。于是，他把自然界作为其人生哲学的宏大背景，不仅认为人类是自然的产物，而且认为人类只有在与自然交互作用的过程中才能发展和完善自己。只有达到与自然合一，才能从社会苦难中解脱出来，最终进入绝对自由、没有任何羁绊和任何束缚的"逍遥游"境界。

二、理想人格的精神境界

从《庄子·内篇》可以看出，理想人格有不同的名号：至人、神人、圣人和真人。文中对他们精神境界的描述如下：

1. 至人

至人无己。(《逍遥游》)

至人神矣！大泽焚而不能热，河汉冱而不能寒，疾雷破山而不能伤，飘风振海而不能惊。若然者，乘云气，骑日月，而游乎四海之外。死生无变于己，而况利害之端乎！(《齐物论》)

2. 神人

神人无功。(《逍遥游》)

藐姑射之山，有神人居焉，肌肤若冰雪，绰约若处子，不食五谷，吸风饮露，乘云气，御飞龙，而游乎四海之外。(《逍遥游》)

3. 圣人

圣人无名。(《逍遥游》)

圣人不从事于务,不就利,不违害,不喜求,不缘道;无谓有谓,有谓无谓,而游乎尘垢之外。(《齐物论》)

4. 真人

古之真人,不逆寡,不雄成,不谟士。……是知之能登假于道者也若此。……古之真人,不知说生,不知恶死,其出不䜣,其入不距;……不以人助天,是之谓真人。(《大宗师》)

这些具有不同名号的理想人格的精神境界其实都是一致的,就是充分发挥自然本性,从人生的各种困境中摆脱出来,获得完全的精神自由。它同时具有真实性、理想性和幻想性三个特征。

首先,庄子理想人格的精神境界具有真实性,它实际上是指一种安宁、恬静的心理环境。在庄子思想中,构成人生困境的生死之限、时命之囿、哀乐之情都是人的生活中的客观存在,摆脱由此产生的精神纷扰,形成一种宁静的心理环境,应该说是对这一人生情境的真实的反映和理智的态度。理想人格中圣人"游乎尘垢之外"的精神境界实际上向我们展示了这样的一个精神过程:当一个人理性地把自己的存在和一种永恒的、无所不包的存在整体结合在一起,并且理智地感受到他个人的存在也是一种无限之时,胸襟就会变得宽广起来。在这个高远的位置上来审视人世,得丧祸福、穷达贫富也就无足萦怀了,世俗的纷扰也就化成心境的宁静。所以,庄子的这种超脱,在本质上是一种经过哲学升华的自我意识的特殊表现。庄子理想人格精神境界的基本特征是一种安宁,一种在理智、理性基础上,通过精神修养实现对死亡恐惧的克服、世事纷扰的超脱、哀乐之情的消融,从而形成的安宁恬静的心理环境。

其次,庄子理想人格精神境界的本质内容是对一种个人精神的绝对自由的追求,因而具有理想的性质。庄子所追求的绝对自由,是一种理想中的主观与客观无任何对立或矛盾的个人的自由自在的存在,一种一切感性存在皆被升华为"道通为一"的理性观念,因而无任何人生负累的心境。

显然，这种自由的理想在现实世界中是不可能真实地和完全地存在着的，而只能以想象的形态在观念世界里表现出来；这种"逍遥"心境的形成也不是一般的思维认识过程，而是一种特殊的、对万物根源——"道"的直观体悟。所以庄子对这一境界的描述，想象的翅膀总是翱翔在人世之外，而理性直觉则总是系于万物根源之上。斯宾诺莎认为"在人的心灵中没有绝对的或自由的意志"。庄子主要是从个人的无负累的心境状态，或逍遥自在的心情感受的角度来认识和描述自由的。

最后，在庄子的理想人格身上，还表现出一种超越世人的神奇性能，这使得庄子的理想人格的精神境界具有某种神话的幻想性。产生这种神奇性的原因是庄子在楚文化的背景下，对绝对自由的人生理想进行追求。《庄子·内篇》中描写的至人、神人、圣人以及真人这些理想人格，在饮食起居、行为功能等方面都表现出神异性。庄子理想人格的这些奇异的性能，表现的与其说是超脱世俗的思想，不如说是在远古社会生产力低下的情况下，人们对征服限制、威胁人类生存的自然力的幻想。

三、理想人格的修养方法

庄子的这种既合规律性又合目的性的理想人格的形成和修养需要经历一个艰深的过程——体"道"。这种"道"是一种超理智、超理性的体认。体"道"的具体历程又分为"心斋"和"坐忘"。何谓心斋？"无听之以耳而听之以心，无听之以心而听之以气！耳止于听，心止于符。气也者，虚而待物者也。唯道集虚。虚者，心斋也。"（《人间世》）何谓坐忘？"堕肢体，黜聪明，离形去知，同于大通，此谓坐忘。"（《大宗师》）可以看到，庄子所谓"心斋"，就是要人保持虚静之心，即保持无知、无欲、无情；而要保持这种虚静之心，又必须通过"坐忘"来达到，这就是要摆脱一切生理肉体的欲望，去掉一切心智的智慧。在《大宗师》中，庄子曾借孔子弟子颜回之口，描述了具体的修养过程：首先是抛弃仁义——社会关于人的精神生活的规范；其次是抛弃礼乐——社会关于人的外在行为的规范；最后是抛弃生理欲望和心灵智慧，达到"死生一观、物我两忘"的逍遥自由的境界。

四、理想人格的文化价值

庄子所构想的个体精神逍遥自由的理想人格，虽然没有现实的可能性，但它在精神上却是很崇高的，对当时追逐物欲的人们来说，起了解放思想的作用。对后世的影响也是巨大的。它以无所羁绊的思想和意志自由昭示着人们，引发人们对个体尊严和个人意志自由的向往和追求。陶渊明"不愿为五斗米折腰"，李白高歌"安能摧眉折腰事权贵，使我不得开心颜"，不能不说是对庄子理想人格的一种回应。它就如茫茫苍穹中的一颗闪烁的星，一颗高悬于人们心中的个体精神自由之星，引发人们的遐想和追求！

作品来源

《文学评论》2006 年第 11 期。

《庄子·内篇》"真人"形象探微

胡 静

导 读

"真人"作为庄子理想人格的画像，具有十分丰富的内涵，是庄子思想的理想归宿。本文通过梳理《庄子·内篇》所见"真人"之"体""相""用"，探究庄子"真人"形象的内涵与特质，借此窥见庄学思想之真义。

在现存的先秦典籍中，庄子是最早使用"真"字者，又是先秦诸子中首创"真人"概念者。庄子以他独有的"汪洋恣肆"的笔触，构建了一个"独与天地精神往来"的境界，将"真人"塑造为其理想人格的体道传真者。因此，"真人"在《庄子》一书的解读中占据非常重要的地位，通过对"真人"形象的深层剖析，探究"真人"思想内涵与特质，有助于进一步梳理庄子思想，进而窥见庄学思想之真义。

一、"真"字内涵

王夫之在《说文广义》说："六经、语、孟无'真'字。"顾炎武《日知录·破题用庄子》说："五经无'真'字，始见于老庄之书。"可见在先秦诸子的典籍中，集中讨论"真"的是《庄子》一书。据统计，《庄子》一书使用"真"字频率较高，该书使用"真"共66次，其中出现"真人"19次。许慎在《说文解字》中释"真"："真，仙人变形而登天也。"段玉裁《说文解字注》曰："此真之本义也。经典但言诚实,无言真实者。诸子百家乃有真字耳,然其字古矣,非仓颉以前已有真人乎。引申为真诚。"许慎生活的时代,道家文本已演变为宣扬修炼成仙的道教思想材料。当时神仙学说盛行,他对"真"字的解释,显然是受到了道教思想的影响。[1]郭庆藩在《庄子集释》书中说:"真者,所以受于天也,自然不可易也。故圣人法天贵真。"从这个解释来看,"真"是"受于天"的,是天地万物的自然而然的存在。

笔者认为庄子"真"字与"假"和"伪"相对,"真"字的含义强调的是契合天意、浑然天成、顺应自然。原始先民们处于和天地自然浑然一体的时代,主客观的概念尚处于萌芽状态,世间万物对他们而言并无明确的"真"和"伪"区别。随着人类文明的演进,出现了许多与自然存在不相适宜的东西,随之出现了"真"的概念,并与"伪"相对。"真"概念的提出,反映出那个时代人类思维模式的突破,可以说这是人类精神发展过程中的一次飞跃。

庄子生活在战国中期,社会局势动荡不安,新兴的军功贵族势力逐步壮大,旧贵族的政治、经济利益日益受损,庄子对战乱造成的社会动荡不安、人民生活疾苦深有感触,同时也表示了对现实的极端不满意,他认为所谓的圣知仁义只是统治者的利用工具而已,如在《庄子·胠箧》中指出"窃钩者诛,窃国者侯。诸侯之门,而仁义焉存"。[2]他时常讥讽权贵,自甘落寞,在这样的境遇下,他只能借助于丰富的精神世界去实现个人理想。

作为道家学派代表人物的庄子,他认为"道"是生成世间万物的"母体",即天地万物都是"道"化而生的,且天地万物都遵循着"道"的规律,而"道"的本性就是自然,正如老子所言:"人法地,地法天,天法道,道法自然。"故庄子在此基础上提倡"法天贵真"的思想,崇尚"真",重在追求人的自然属性,强调可贵的是自然的本性,人只有无为才能顺应时物,才能不被外物和世事所累,才能保全"真"的实质。总之,庄子的"真"

---

[1] 徐克谦:《论庄子哲学中的"真"》,《南京大学学报》2002年第2期。
[2] 陈鼓应:《庄子今注今译》,中华书局,1983年,第256页。

强调的是契合天意，追求精神上的绝对自由；强调的是浑然天成，不经人为的改造和雕琢；强调的是自然之美，一切顺应自然。

二、庄子理想人格之"体"

庄子称"得道之人"为"至人""神人""圣人"和"真人"，关于这四个概念所展示的最高理想境界是异名同实抑或是异名异实的问题，学术界众说纷纭，迄今尚无定论。庄子于《内篇》中多有互用，但真正明确并予以描述其"体""相"和"用"者，唯有"真人"。笔者认为以上"四人"内涵是异名同实，因为这与庄子哲学本质相契合，庄子反对概念分解，追求内在的一致性，故此"四人"概念的内涵不是四种不同的人格，而是庄子依据体道者的不同程度所命名的，"无己"称之为"至人"，"无功"称之为"神人"，"无名"称之为"圣人"。"无己"的意思是消除了自我与外物的对立关系，让精神从肉体的形骸中突破出来，达到真我与万物相通的状态。神人"无功"是一种既超越内在、外在又能贯通万物的存在，形体消解，无任何形体的负担，精神和肉体均超脱于现实，可以与天地同在。"无名"的圣人绝是非而顺自然，超脱外在的功名利禄，甚至可以超越生死。总之，"至人""神人"和"圣人"是庄子最高精神境界的不同侧面，而庄子首先提出"真人"的概念，并将其视为最高理想人格。"真人"可谓是一个近乎完美的人格形象，具有丰富的人格内涵。

"真人"形象与庄子《逍遥游》中所描述的"藐姑射之山，有神人居焉，肌肤若冰雪，绰约若处子，不食五谷，吸风饮露。乘云气，御飞龙，而游乎四海之外"有所不同。[1]庄子首先在《大宗师》中立旨："且有真人，而后有真知"。[2]同时，在该篇描摹出"真人"之"体"，文曰："夫道，有情有信，无为无形；可传而不可受，可得而不见；自本自根，未有天地，自古以自存；神鬼神帝，生天生地；在太极至上而不为高，在六极之下而不

---

[1] 陈鼓应：《庄子今注今译》，中华书局，1983年，第21页。

[2] 同上，第168页。

为深,先天地生而不为久,长于上古而不为老。"[1]此段文字和盘托出"真人"全貌。

对于"真人"的定位,明代陆西星先生说"真人者,知天之所为而顺其自然者也",说明真人是已知天之所为者,所以顺其自然、不违逆、不雄成,不以人助天者,这是从体道实践的角度来说明的,这里的"真人"可理解为经过道家式无我、无为修炼实践,离形去知而体道证真者。唐君毅先生指出"真人者对伪而言。真人无其反面之伪妄,即就其人之质之纯而言",[2]他认为"真人"的本质的纯粹和真实不假。总之,庄子所塑造的"真人",具有以下三个最明显的特质:"无",道有情有信、无形无为;"虚",道可传而不可受,可见而不可得;"一",道通为一,无时间空间性。

庄子认为世间的人总是被现实所困扰、为名利所樊篱,所以庄学致力于找到人生处于困顿之中的解决办法,那就是通过心斋和坐忘等方式,能达到顺乎自然、物我两忘,从而进入无己、无功、无名,与"大道"合而为一的自由境界。而真人是以"道"为本而生的,"道"即为"真人"的内在精神,"真人"作为"体道者"的含义,既深且广。庄子将"道"内化为心灵的境界,"真人"内心的"真君""真宰"也可称之为"道体",庄子认为,人只有受"真宰""真君"的控制,"真人"的理想人格才能得以充分发挥,也就说真人通过"道体",展现他的大用应于无穷。

三、庄子理想人格之"相"

既然真人之"体"不可见,那该如何"见"到体道证真的"真人"呢?庄子认为只能透过真人展现于外的"相",方可略知一二,所以他也通过多渠道向世人揭示了真人的"相"——真人的生命状态。

《大宗师》云:"古之真人不逆寡,不雄成,不谟士。……入水不濡,入火不热,是知之能登假于道者也若此。古之真人,其寝不梦,其觉无忧,

---

[1] 陈鼓应:《庄子今注今译》,中华书局,1983年,第181页。
[2] 唐君毅:《中国哲学原理》,中国社会科学出版社,2006年,第378页。

其食不甘，其息深深。真人之息以踵，众人之息以喉。……古之真人，不知说生，不知恶死……不忘其所始，不求其所终；受而喜之，忘而复之，是之谓不以心捐道，不以人助天。是之谓真人。""真人"具有许多"特异功能"，比如"入水不濡，入火不热"。根据成玄英疏，真人已经达到生死如一的境界，所以没有安与危的分别，不论登高临危或是入水不濡、入火不热都不惊惧，也不介怀。笔者认为真人不谋事、无得失之情，已体道证真，内心对人间的权势、名利不为所动，故能在外界纷纭扰乱中保持大定，所以才能做到安危为一，"其寝不梦"也就不难理解了。再者，饮食是民生大事，是维持我们形躯生理运作的基本条件，然而真人"其食不甘"，不贪求滋味，不执着于美食。《老子》曰："五味令人口爽。"爽为损伤、败坏之源。庄子认为若沉迷于口腹之欲，则会言失于道，《老子》又曰"道之出口，淡乎其无味"，所谓的淡并非食物味淡，而是心不执着于美食。"真人"不用世俗之人的机巧，也无世俗之人的喜怒哀乐，更无生死、得失、祸福的忧虑，"故无所甚亲，无所甚疏，抱德炀和，以顺天下，此谓真人"。真人单纯而素朴，"故素也者，谓其无所与杂也；纯也者，谓其不亏其神也。能体纯素，谓之真人。"

真人在处理人世间的各种复杂的人际关系时，其心能不随物转移，这体现在《大宗师》中："古之真人，其状义而不朋，若不足而不承；与乎其觚而不坚也，张乎其虚而不华也。邴邴乎其似喜乎！崔乎其不得已乎！……其一与天为徒，其不一与人为徒，天与人不相胜也，是之谓真人。"真人立身处世强调"义"，却不私结朋党，没有立宗立派，也没有门户之见。其以谦下人，张其虚而不华，显其宽容及广大之生命气象。"邴邴乎其似喜乎！崔乎其不得已乎。"表达的是真人的喜是自然的喜，动也是自然的动，完全没有人为造作之意。真人虽然超越世间，但其实未尝离开世间，所以《大宗师》曰："杀生者不死，生生者不生。其为物，无不将也，无不迎也！"真人处于纷扰人间，虽然同于人但又不与人同流合污，仍保持其生命的宁静与自在天真应物游世。

庄子在《齐物论》中，针对儒墨是非之争，提出"故有儒、墨之是非，以是其所非，而非其所是。欲是其所非而非其所是，则莫若以明"。"以明"

便是庄子在纷乱时代的应世之方,宽大胸怀、放下坚持,彼此互相肯定对方所肯定的理念,不再互相否定,这个"以明"就是以"道"的纯净无杂观点。另外庄子在讨论"真人"主题的时候,在《大宗师》中用三个典故谈论死亡,并得出"死生,命也,其有夜旦之常,天也"的结论。庄子将生死视为一种自然现象,希望人们用平常心看待死生的自然变化,接受死亡是生命的一部分;庄子还带人们进到生死转化的现场,比如子梨探望大限将至的子来,子来对"大化"的看法是"安命"等。

综上,"真人"与万物道通为一,在生命修养方面,应物而感,随物而止,不畏内外纷扰;其心专注凝然,常处虚静之处;"真人"其息深深,其寝不梦,喜怒通四时矣。"真人"面对生死的态度是安时而处顺,哀乐不入,心超物外,顺化而游,死生一如,善生善死。这些都是庄子理想人格"真人"之"相"。

四、庄子理想人格之"用"

《庄子·内篇》对于体道者之"大用"也有很多描述。最经典的莫过于《大宗师》以十二位寓言人物生动描绘"道"无所不在的"大用",其文曰:"狶韦氏得之,以挈天地;伏戏氏得之,以袭气母;维斗得之,终古不忒;日月得之,终古不息;勘坏得之,以袭昆仑;冯夷得之,以游大川;肩吾得之,以处大山;黄帝得之,以登云天;颛顼得之,以处玄宫;禺强得之,立乎北极;西王母得之,坐乎少广,莫知其始,莫知其终;彭祖得之,上及有虞,下及五伯;傅说得之,以相武丁,奄有天下,乘东维、骑箕尾而比于列星。"庄子假设这些人物都能"体道",将会具有大的能力,可以挈天地、袭气母、终古不忒、终古不息,还可以乘东维、骑箕尾矣。庄子认为这些人物都是体道者,超越生死而不知始终,有"大用"。

庄子还在《逍遥游》中告诉惠子,"夫子固拙于用大矣"。惠子认为大瓠无用,掊之。庄子则强调"因物而用",要让物体各自发挥大用,认为"无用"才是"大用",并举"不龟手之药"为例来阐明之。其后又在《人间世》等篇中举例说,匠石往齐国,见栎社树庇荫数千牛,仍遂行不辍不屑一顾,以为栎社树无一可用，正因为栎社树的一无所用，才保住生机，不像其他有用之树自取斧而夭折。最后庄子在《人间世》中总结道："人皆知有用之用，而莫知无用之用也……"总之，"真人"应物之性而为之，不强加作为，如此方能显出"无用"乃"大用"。

此外，庄子塑造的"真人"体道之"大用"，还体现在"逍遥游"上。"逍遥游"是"真人"的终极生命状态。"真人"的"逍遥游"一是消解了世间所有物的对立关系，正所谓"无终始""与道为一"，甚至连"真人"本身的存在也被消解，回归至道的混沌和自然之中。二是乘物游心，《人间世》云"且夫乘物以游心，托不得已以养中，至矣"，《德充符》云"不知耳目之所宜，而游心乎德之和"。"乘物"不是依赖于物，而是让"物"保持其原来自然的样子。《逍遥游》说："若夫乘天地之正，而御六气之辩，以游无穷者，彼且恶乎待哉？"点出"逍遥游"的真正含义。"乘天地之正"是指顺应万物的自然本性，"御六气之辩"指精神通达和自然之气的变化，无待方可游于无穷，无穷便是大道，也就是"真人"体道后达到了"无待"的境界。

综上所述，庄子理想人格——"真人"本无为无形，可得而不可见，可传不可受，是故以"玄之又玄"来相容，然而庄子却在《内篇》中向我们展示了"真人"之"体""相"和"用"。首先，庄子在《大宗师》篇中明确描绘了真人之"体"，并归纳其"体"具有"无""虚"和"一"三个特质。庄子把人和"道"的关系紧密相连，他不同于老子费尽笔墨说明"道"的客观存在性，而是注重描述体"道"后的心灵状态，他认为"道"是人生所能达到的最高境界。庄子将老子的"道"内化为心灵的境界，是世人转化为生命主体的活水源头，"道"也是"真人"内心的"真君"和"真宰"，即为"道体"，而"真人"就是通过这个"道体"，来展现他的"大用"。其次，庄子在《大宗师》中揭开了"真人"之"相"，"真人"悠闲游于人世间的养生之道，亦落实于生命之睡眠和饮食中；"真人"的生命体征并非吸风饮露，不吃不喝；此外他还具有"登高不栗，入水不濡，入火不热"的内心，"体道"证真后，内心对世间的权势、名利等不为所动；其生命修养体现在以虚静无为应无穷,以无为无不为应世游物。最后,庄子理想人格之"用",体现在"有用"和"无用"的关系上,此两者均为庄子所用,最经典的莫过于《大宗师》中以十三位中国古代寓言人物为喻,庄子超越于"有用",论"无用"之"大用"。同时,劝诫世人不要恃己所能而要有所大用,唯有学习"无用之用",方可应于无穷;顺应物之行,不强加作为,无待方可游于无穷,与"道"同游,即"真人"体道后达到的真正无待的境界——"逍遥游"。

"且有真人,而后有真知",作为庄子立言之旨,笔者尽力溯其源、寻其波、穷其流,总结了"真人"之"体""相"和"用",期此丰富庄子真人思想研究。

‖作品来源‖

《攀登》2018年第2期。

释"逍遥"之道
——以"二虫"与"小大之辩"为例

魏三源

> **导 读**
>
> 　　逍遥游的境界令人神往,而逍遥游的含义却扑朔迷离。通过对郭象注"二虫"的反思以及对"小大之辩"的辨析,可以得到对于"逍遥游"的不同理解。从庄子的先秦时代到今日的社会,人们都在不断追寻这逍遥的境界,而这必须将人与社会、自然、宇宙相联系,以此来探究"逍遥"。

　　众所周知,庄子其文风俊逸潇洒,其思想浪漫瑰奇,借助"寓言""重言""卮言"一抒其逍遥之意,然正是由于作者的内在思想主要通过并不很易于理解,抑或是逻辑内在规定性并不是十分明确的"寓言""重言""卮言"等形式表达,并且不同表达方式之间的关系在把握上难度更大,因此历来有种种不同解读。本文试图以"二虫"为例反思郭注《庄子》这一经典版本为出发点,以今日视角再探《逍遥游》一篇之内涵,体味"逍遥"之意,以期对庄子哲学有全新的把握。

一、以"二虫"为例反思郭注

　　尽管对《庄子》一文之注解历来繁多,且皆可自圆其说,这也正是中国哲学经典文本之所以然,不重逻辑而重境界,讲究言不尽意而以体味为本。凡中国哲学思想之历代变化无不托古以为变,此种动态势必对经典文本作创新性解释,或为了适应当下需求甚至于进行误读性解释。以对经典文本之关键字词的改造性解释,以期达到对以往思想之变通性解读,笔者私以为,这并不罕见,甚至这就是中国哲学史所不可分割之体。对于《庄子》一书来说,历史上众家注解又推郭象为首。这不仅缘于郭象本人对《庄子》思想的体悟,也在于郭象本人之哲学思想。而伴随着经典的郭注《庄子》之左右,也始终存在着对于《庄子》之不同理解的声音。究其根本,任何人都无法脱离其自身时代局限,而回归真正的先秦时代与庄周面对面地进行交流与对话,凡对《庄子》之解读也必定会带入自身时代之思想。郭注《庄子》已成为较为成熟、经典并为世人所认可的版本。若欲探求庄子哲学思想以求今日社会之用,也势必要先破后立,探究郭注《庄子》与《庄子》底本的内在联系与差异,进而挖掘出能为我们当代人所需求的精神寄托。

《逍遥游》点出了"小大之辩",这是该篇的核心之一,而文中对"二虫"的定义则直接影响了"小大之辩"的内在意义,从而导致了对"逍遥游"理解的不同走向。而"小大之辩"与"逍遥游"的关系究竟为何呢?"小大之辩"其实揭示了"逍遥游"的主体,因此也可说是"逍遥游"主体之辩。究竟庄子哲学是看重"大者"为主体,还是"小者"为主体,抑或是"大者""小者"均可为逍遥之主体,这便值得深入探究一番。

> 蜩与学鸠笑之曰:"我决起而飞,抢榆枋而止。时则不至,而控于地而已矣。奚以之九万里而南为?"

> 适莽苍者,三餐而返,腹犹果然;适百里者,宿舂粮。适千里者,三月聚粮。之二虫又何知?

> ……

> 汤之问棘也是已。穷发之北有冥海者,天池也。有鱼焉,其广数千里,未有知其修者,其名为鲲。有鸟焉,为鹏,背若泰山,翼若垂天之云,抟扶摇羊角而上者九万里,绝云气,负青天,然后图南,且适南冥也。斥鴳笑之曰:"彼且奚适也?我腾跃而上,不过数仞而下,翱翔蓬蒿之间,此亦飞之至也。而彼且奚适也?"

此小大之辩也。

郭象注："二虫，谓鹏蜩也。"此二虫之意，其实本无标准解释，文史哲等方面的经典文本一直存在着过度诠释的样态，因此不可能也不需要完全确定庄子之本意，亦如《秋水》篇中所说："惠子曰：'子非鱼，安知鱼之乐？'庄子曰：'子非我，安知我不知鱼之乐？'"仁者见仁智者见智即可。庄子在此以"二虫"为代指，并未直接以"之鹏蜩又何知"或"之蜩与学鸠又何知"为文，这便留下了丰富的空间去任人解读。成玄英为了给郭注作例证，更是引入《大戴礼记》之内容，却略微显得牵强附会。世人多认为《大戴礼记》成于西汉末年礼学家戴德（世称大戴）之手，而现代学者经过深入研究，推翻传统之说，论定其成书时间应在东汉中期。无论其成书于西汉或东汉，均晚于《庄子》一书，以此强行为郭注例证不免缺少说服力。

依《逍遥游》原文所看，"二虫"上文以"鲲鹏"寓言为开篇，下文以"小知不及大知，小年不及大年"为总结，试鲲化而为鹏，"及"字之含义，更符合"二虫"的解释应该是"蜩与学鸠"。

郭象作为历史公认的庄学大家，绝不可能简单将"二虫"理解为"鹏蜩"这一种解释，而成玄英的疏更显画蛇添足之意。显然二虫之解释可以为"蜩与学鸠"抑或是"鹏蜩"二义，在此，郭注以其自身对《庄子》文本的通篇理解，加之将齐物的思想内化其中，以便为阐述自身思想观点进行铺垫而选择后一种解释，这也是为后文"小大之辩"乃至"逍遥游"之解释做了先行铺垫。

二、"小大之辩"

对于"二虫"取何种解释都不足为奇，皆可以讲得通。笔者认为，对"二虫"之定义并不用去考虑以哪种解释代替，再没有比"二虫"更为贴切的语词放入原文之中了。正因为有多种的解释才可以联系"小大之辩"，从而导致庄子哲学丰富的思想内涵变化。也有人将"小大之辩"视为"鲲鹏之辩，笔者认为应依《逍遥游》开篇所言：

> 北冥有鱼，其名为鲲。鲲之大，不知其几千里也；化而为鸟，其名为鹏。鹏之背，不知其几千里也；怒而飞，其翼若垂天之云。是鸟也，海运则将徙于南冥。南冥者，天池也。

如若鲲鹏可化，可以理解为同一维度的不同阶段，即便是后文中再次重提"冥海天池"中的"鲲鹏"各乐其所得，更将鲲鹏视为"小大之辩"而不是"鲲鹏"之辩，是"鲲鹏与蜩、学鸠、斥鷃"之辩。关于"小大之辩"，除涉及形体大小、空间大小，更为主要的是"小知"与"大知"以及"小年"与"大年"的外在限制。这才是区别"小"与"大"的规定性所在。郭象谓其"名教出于自然"之意，以"独化自得"之说而反注《庄子》成为可能，就在于对于"辩"字进行了不同的诠释。郭注认为"小大之辩"即：

> 各以得性为至，自尽为极也。向言二虫殊异，故所至不同，或翱翔天池，或毕至榆枋，则各称体而足，不知所以然也。今言小大之辩，各有自然之素，记非跂慕之所及，亦各安其天性，不悲所以异，故再出之。

在此注解中，郭象仍将"二虫"看作为"鹏蜩"，但笔者认为这并不是关键，《庄子》原文中的"二虫"无论作何解释，郭象将它赋予怎样的定义都不足为道，重要的是在这里"小大之辩"都已经形成了对比。依郭注所言，也已承认"小"与"大"的不同，但并不认为小与大之间存在等级的优劣，以此为本，大有大的逍遥，小亦有小的逍遥。但历来也有学者认为"逍遥"应当是"大知"，突破了"小知"的局限，可以说"小知"的局限性大，而"大知"的局限性小，因此认为"逍遥游"是针对"大知"来说的，并可说是"大知"者的"逍遥游"。

在笔者看来，《庄子》哲学思想以内七篇为核心，以《逍遥游》为开篇，讲求精神的自在、独立与解放，也提出万物平等的齐物之道。庄子哲学的逍遥也应是探讨人何以逍遥，人在社会的逍遥，更多的是人作为天地间的一种生命如何能够达到与自然和谐相处的逍遥。

但是若将人这种生命个体在宇宙维度中进行比较，人可以是"大"，亦可以为"小"，因此，笔者则更认可郭注之"小大之辩"。就当今哲学发展来看，尽管改造世界与实践占据着人类发展的主流，但人的认知能力的局限性，不可知论的影响，都是无法回避的问题。鲲可化而为鹏，但蜩无法化为鹏。人作为宇宙万物的普通一类，则必然有相对于人类本身的"鹏"与"蜩、学鸠"之存在，若人日夜妄想，企图化为与目前相对的"鹏"的存在，那么何来逍遥？又如何逍遥？尽管有史以来，今日之于古代相比较，早已日新月异，完成了古人许多无法想象的成就，但今天的人们依旧和古人一样，在吃五谷杂粮，更何况道家学说中老子更强调返璞归真、道法自然，因此笔者在这里更认可郭注之解释，即"故小大虽殊，逍遥一也"。

三、自然之逍遥

然前面也已提到，庄子之逍遥，并非仅仅是人存在于宇宙之中的个体逍遥，也是存在于自然、社会之中，在人与人的相处中如何达到逍遥，是我们人类更应该关注的问题。当代，受西学东渐影响，对经典传统文本的理解或多或少受到西学影响，有些学者将庄子之"逍遥"与西方之"自由"进行类比，但若将二者视为等同便不可取。

若是在人类生存的世界里将不同的个体进行比较，则确实存在"鹏"与"蜩"无法跨越的"小大之辩"。人生在世，若能鲤鱼跃龙门，由鲲而化鹏，这便不存在"小大"之争，因为这既可以为小，也可以为大，关键在于自身是否达到了逍遥。

陶渊明曾有诗云："结庐在人境，而无车马喧。"穿梭于红尘未必烦恼，归隐于山林也未必逍遥，以齐物观之，红尘与山林又有何异哉？佛教讲求借相修心，而庄子哲学中的"逍遥"追求的也是原始本初、自然的精神。"鹏"与"蜩"的对立与差距已经不再是原文"小与大"，甚至"小知与大知"的不同，而是体现在各种不同层级与维度的对比之中。

第四章 《庄子》内篇探析

依《逍遥游》原文来看，庄子似乎流露出人应该有"大"逍遥的追求，然最为逍遥的境界是合乎自然之道，追求精神境界的自由与自然。"故曰：至人无己，神人无功，圣人无名。"

人的逍遥本就应以生命的存在为基本原理，"至人"是绝对从属于自然的，无条件地合乎自然，精神与宇宙同一。生命、精神状态处于身心、内外和谐状态；气通万物，回归原初的世界状态，不限于社会，包容万物。然而世间的至人寥寥，我们甚至不知也无法体会到其境界的存在。若是一味追求至人，反而又陷入"小大之辩"之中，无法企及。

因此逍遥的生活不是超离世俗的社会，而是在社会中的超越，逍遥并不是远离人世，更不是冷淡甚至反人类。逍遥的世界如果从人生论的角度来理解，应当是精神世界的极大满足。

庄子曰："人有能游，且不得游乎！人而不能游乎……故曰：唯至人乃能游于世而不避，顺人而不失己……"（《外物》）中国历朝历代的先哲们都在批评与质疑当时的社会风气与环境，都在托古改制以阐发其不同思想。应该讲，不同时期人们的精神世界都会受到各种各样的创伤，区别可能在于不同的表现形式罢了。无论是在庄子所在的先秦时期，还是今日科技已经成为第一生产力、人类社会飞速发展的世界，人们的精神世界都在承受不同时代的重压，庄子与我们都需要一个精神家园的存在，那就是逍遥游。

对"二虫""小大之辩"乃至"逍遥游"与整个庄子哲学的理解，郭注的高明便在于强调了人与人、人与自然的相对主义，抑或是辩证主义关系哲学的明晰刻画。在"自然"总原则抑或者称之为道法自然中去看待"鹏鲲"或者是"蜩与学鸠"，探讨"小大之辩"，追求人的逍遥，人必须找到他的特有的属于人的位置——人间世。

因此，笔者认为，在"人间世"中，既需要"蜩与学鸠"的小逍遥，也需要"鲲鹏"驰骋的大逍遥；当然如果"蜩与学鸠"不满足于自身所知，而渴望"鲲鹏"的世界，若能享受这种追求的过程，亦可谓逍遥。究竟庄子是否认可后世那种对逍遥的解读，也许并不重要吧。

四、结语

　　由庄子哲学中的"小大之辩"而思考，我们可以领悟到应当突破自我局限性而不断提升自我逍遥的境界，也可以体味到人应各得其性、找准定位以化于人世、回归原始自然精神的洒脱。人也必须遵循现行法律、法规和道法准绳。也许先秦时期的庄子并未想过这许多，但对于后世的人们，不论是简单理解抑或是过度解读，但凡能对自己生命之逍遥有一分帮助，则"小大之辩"便有永远争论下去的意义和生命力，这也是《庄子》作为经典文本带给我们的力量，也是庄子哲学超越时空而始终可以慰藉我们灵魂的魅力所在。

‖作品来源‖

　　《发展》2018 年第 9 期。

逍遥游乎人生路
——《逍遥游》中庄子的成才观

蔡　鑫　蒋亚龄

导　读

> 庄子是先秦道家的代表人物，对于中国的社会思想和人生态度，无论是积极或是消极方面，其思想对后世都产生了深远影响。长期以来，人们对庄子思想的关注焦点大都集中在消极避世、致虚守静等消极方面，但就当时社会而言，庄子的思想当中也不乏在社会中体现个人价值的积极因素。

春秋末年，面对礼崩乐坏的社会局面，诸子争鸣竞起，在不断的碰撞与融合中开创了中国文学和思想的黄金时代。这一时期所产生的各种思想在中国思想史上打出了不断变幻的旗帜，在几千年的中华文明中上演了彼此交锋亦相互融合的剧幕。其中，儒、墨、道三家对后世影响尤为深远。

正如葛兆光先生在《中国思想史》中所指出的，儒者、墨者和道者代表了理智的三种趋向："一是道德意味突出的以人格修养为追寻目标的理智；一是崇尚现实以利益实现为追寻目标的理智；一是以精神超越与人格永恒为追寻目标的理智。"[1]而道家又与儒家、墨家不同，儒墨两家在战国初期已经成为显学，俨然初具思想流派的雏形。道家在当时却并未形成一个完整明确的思想流派，并未建立起一个一致而清晰的思想体系，甚至道家的起源和传续在历史上都鲜有印迹。《汉书·艺文志》中说："道家者流，

---

[1]　葛兆光：《中国思想史》第一卷，复旦大学出版社，2001年，第111页。

盖出于史官，历记成败存亡祸福古今之道，然后知秉要执本。清虚以自守，卑弱以自持。"这样的"追本溯源"显然是汉代学者的笔附，无关乎道家思想的起源。

庄子是先秦道家思想的集大成者，他主张精神的超脱与人格的自由，主张将自然之道推衍到社会与人类。在知识分子的心目中，老庄，尤其是庄子的哲学最贴合他们内心深处隐微的部分，它在儒家的规矩严整与墨家的禁欲严峻之间，给中国的知识分子提供了一方可以自由呼吸的空间，它是率性的，是顺应自然的，是反对人为的束缚的，它在保全自由生命的过程中，竭尽了最大的心力。毫无疑问，对于中国的社会思想和人生态度，无论是积极或是消极方面，庄子思想对后世都产生了深远影响。

一、庄子其人其世

关于庄子的生平，史书上鲜有记载，因此后人对其知之甚少。汉代史学家司马迁在《史记·老子韩非列传》中对庄子有一段简单的叙述，颇具参考价值："庄子者，蒙人也，名周。周尝为漆园吏，与梁惠王、齐宣王同时……其言洸洋自恣以适己，自王公大臣不能器之。楚威王闻庄子贤，使使厚币迎之，许之以相。庄子笑谓使者曰：'千金，重利；卿相，尊位也。子独不见郊祭之牺牛乎？养食之数岁，衣以文绣，以入大庙。当是之时，虽欲为孤豚，岂可得乎？子亟去，无污我。我宁游戏污渎之中自快，无为有国者所羁，终生不仕，以快吾志焉。'"

从这段文字中，可以大致了解庄子的生活年代和活动地域，以及他对入仕的态度。关于楚威王聘相一事，《庄子》书中也有几处记载，内容基本相当。

《秋水》中记载庄子去魏国看望惠子，表明自己志向远大，对相位不屑一顾的言行，那么，他至少是一个衣食无忧的隐者吧？不是。宋人曹商曾讥讽庄子住在贫民窟狭窄的巷子里，处境困窘，以织草鞋为生，落得面黄肌瘦（《列御寇》）。这样看来，庄子是一个织草鞋的手工业者，曾做过漆园吏，就是掌管漆树种植和漆脂生产的官员。

《山木》中还记载了一次庄子见魏王的故事，因庄子穿得破破烂烂，魏王讥笑他困顿。庄子区别了贫穷和困顿的意义，指出像当时那样君王昏庸、大臣淫乱的时代，知识分子要想不困顿是做不到的。

至此，庄子拒绝楚威王聘相的原因大概浮现：想成功，施展自己的抱负，必须对现实有清醒的认识，对时势有冷静的思考。庄子处在一个战乱频繁昏君乱相的时代，他要是不逆心智地与帝王将相交游，等待他的，就是和比干一样的下场。

庄子基于对残酷现实的不满，书中多处提到战争。《则阳》就是一个关于战争的典型而形象的寓言："有国于蜗之左角者，曰触氏；有国于蜗之右角者，曰蛮氏。时相与争地而战，伏尸数万，逐北旬有五日而后反。"

"《庄子》中这些记述和这个寓言表明，庄子是生活在一个以兼地夺位为务、以攻伐战争为贤的不安定的时代，庄子对这些战争的目的表示了极度的轻蔑，明确地反对这些战争：'夫杀人之士民，兼人之土地，以养吾私与吾神者，其战不知孰善？'"[1]

除了兼地夺位的攻伐战争之外，从《庄子》中还可以看到君王的暴虐行为、丑陋嘴脸，和统治阶层的欺诈、奴役、残暴，以及百姓在水深火热之中穷困不堪。

庄子眼见在这样一个动荡摇曳、权力倾轧、暴力相向的乱世中，知识分子的命运悲惨：要么，丧失自己的立场和主张，被统治者利用，成为统治者的走狗；要么，在统治者面前坚持自我，那就被清理掉；要么，就走庄子一样的路，远离政治，独善其身，实现自我价值。

众多学者认为庄子"厌世""避世""出世"。请回到当时的社会，如苏秦之辈，算是知识分子中在官场上的佼佼者，然而除了让百姓流了更多的血，自己也免不了身首异处的下场。

庄子将其生命与世界统一起来，他没有对世界感到厌倦，也没有对世俗感到厌烦，世界、世俗是自然与人类社会的真实面貌和本来色彩。他所

---

[1] 崔大华：《庄学研究》，人民出版社，1992年，第220页。

厌恶的，是凌驾于世界之上，蒙在统治者丑恶灵魂上的虚伪面具和他们所持的美化了的为实现其不可告人目的的工具。

庄子揭下统治者的面具，让人们真切地认识到那伪善外表下肮脏的本质，他发出了"彼窃钩者诛，窃国者诸侯"（《胠箧》）的呼喊，对统治者表示强烈的不满。这样的做法，无疑会使统治者气急败坏。他原本可以选择逃避，无视其所见，可是他没有，他真正进入到政治的本质，用语言做刀剑与统治者做斗争。庄子热爱这个世界，他同世界、同受压迫的百姓成为一个整体，"天地与我并生，而万物与我为一"（《齐物论》），对于天地，他没有敬畏，对于万物，他不会轻视。把这一切当作朋友、兄弟甚至是自己，这怎么能是避世、厌世呢？

诚如清人胡文英所言，"庄子眼极冷，心肠极热"。作为一个手工业者，一个底层穷困的劳动人民，庄子从未置身世外，他于政治上显示的出世，正是他为受压迫人民奔走呼喊的入世，本着对劳动人民的无限热爱，与统治者划清了界限。

面对残酷的现实，诸子各抒己见，在不同的人生境遇中，在进与退之间，他们给出世人安身立命的哲学依据，貌似截然不同，却又殊途同归——《汉书·艺文志·诸子略》："皆起于王道既危，诸侯力政，时君世主，好恶殊方。是以九家之说，蜂出并作，各引一端，崇其所善，以此驰说。"庄子作为先秦道家集大成者，深知伴君如伴虎，唯有独善其身才能保全的道理。

社会是由若干个体构成，如若越来越多的个体不去追求功名、地位，社会的不安定因素就会越来越少。个体实现其最大的社会价值，人类就能得到长足的发展。自救就是救世，发展自己就是发展社会。

于是，庄子远离官场，在一个能够自由自在、最大程度发挥其价值的世界里遨游。虽然，他没能摆脱物质上的贫穷，而在人生价值上，他绝不困顿。终于，留下《庄子》一书，成为中华民族一笔宝贵的财富，在文学、哲学、美学等方面证明了自己的价值。庄子内心清虚、处乱世而自识，他用其一生告诉后人，要审时度势，这是实现自我最大价值的前提。

"迷阳迷阳，无伤吾行！郤曲郤曲，无伤吾足！"（《人间世》）"悸惧、痛心之余的庄子，仍是不辞艰辛地曲折地探寻出路，世虽弃我，我不弃世，体现了中国知识分子坚韧的信念与毅力！"[1]

二、《逍遥游》与庄子成才观

关于《逍遥游》的总旨，王先谦《庄子集解》道："言逍遥乎物外，任天而有无穷也。"[2]《让王》篇有"逍遥于天地之间，而心意自得"之语。笔者认为该篇是讲述一种对名、利、权、位无所挂念，驾驭自然规律和社会法则的至高成才观念。

（一）北冥有鱼

"北冥有鱼，其名为鲲。""鲲"，《尔雅·释鱼》释为鱼子。"鲲之大不知其几千里也"，以极小之鱼子，言极大之鱼，庄子是要告诉人们，要成才，首先不能小看自己，小小的鱼子蕴含着成为千里之大鱼的巨大潜力，一个看上去平凡而渺小的人物可以有一个无限广阔的未来。

"化而为鸟，其名为鹏。鹏之背，不知其几千里也。"那条大鱼潜在无比广大而深厚的北海之中，正如《周易》当中所说，"潜龙勿用""厚积薄发"。"一个人在年轻的时候，或者修道没有成功，需要沉潜，修到相当的程度就变化了，飞动升华。"[3]这同马克思主义世界观——量变引起质变的道理是一致的。

"怒而飞"，这是自身素质达到一定程度时就可以朝着自己的目标迈进了。大鹏之志，在天池南冥。"去以六月息者也"，六月，东南风最甚，能够承载起大鹏的千里之翅向南而去。"溟海不深则无以养巨鲲，水积不厚则无以浮大舟，风积不厚则无以展大翅。这说明积厚是大成的必要条件……北海之水不厚，则不能养大鱼，环境的限制，常使人心灵萎缩。水浅而舟大，则不足以

---

[1] 陈鼓应：《老庄新论》，商务印书馆，2008年5月修订版，第240页。

[2] 王先谦：《庄子集解》，中华书局，1954年，第1页。

[3] 南怀瑾：《庄子南华》，上海人民出版社，2007年，第13页。

游；功力浮乏，自然难以施展。任何人，无论成就事业或学问，必须经过积厚的工夫。苦学、锻炼、磨砺，都是积厚的工夫，经过积厚的工夫，才能发挥出他的功能和力量来。大成之人，须积才、积学、积气、积势，才能成其大；大鹏图南，途程遥远，必资以九万里大风而后成行。"[1] 对大鹏来说，六月一切条件完备，是其飞往南冥的最好时机。对于成才来说，也要把握合适的时机，待主客观条件成熟，才可以行动。所谓天时、地利、人和，就是这个道理。

（二）蜩鸠笑鹏

蜩与学鸠，一个小虫子，一个小鸟，竟也讥笑大鹏"奚以之九万里而南为"。庄子又打了一个比方，计程裹粮。对应起来，蜩鸠就是那"适苍莽者"，大鹏是"适千里者"。"庄子因言世人小见，不知圣人者，以其志不远大，故所蓄不深厚，各随其量而已。故如往一望之地，则不必蓄粮，此喻小人以目前而自足也。适百里者，其志少远。若往千里，则三月聚粮，其志渐远，所养渐厚。此二虫者，生长榆枋，本无所知，亦无远举之志，宜乎其笑大鹏之飞也。"[2] 朝菌、蟪蛄乃至众人，其实与蜩和学鸠无异，冥灵、大椿、彭祖和鲲鹏一类。

这里从反面论证了没有一个对自身发展有利的环境、没有远大的理想和抱负、没有深厚的积淀，也就没有了广阔的视野。由于视野有限，就目空一切，这样的人可憎亦可悲。很多时候，我们没有能力改变自己学习和生活的环境，也必须广泛与外界交流、深蓄厚养，扩大自己的视野，大成者须有广大的心灵空间。

"故夫知效一官，行比一乡，德合一君，而征一国者，其自视也亦若此矣。"这四类人"都是一曲之士、小成之人，这四等人，心灵凝滞，见识不出世俗常识的层面，他们对于礼教世界的满足和赞美，犹如小麻雀自得于一方。在宋荣子看来，世俗世界中这四等人，汲汲然于一己的浮名虚誉，

---

[1] 陈鼓应：《老庄新论》，商务印书馆，2008年5月修订版，第203页。
[2] 释德清《庄子内篇注》，载陈鼓应《庄子今注今译》，中华书局，1983年，第9页。

实如同斑鸠麻雀跳跃于蓬蒿艾草之间"。[1]

在庄子看来,即便是"举世誉之而不加劝,举世非之而不加沮,定乎内外之分,辨乎荣辱之境"的宋荣子,抑或是"御风而行泠然善"的列子,也是有一定局限的,这就是庄子所说的"有待"。要想拥有无限广大的视野,就要尽量破除这种局限,以达到"无待"的境界,就是视野从个人、从小世界中解放出来,以自然、人类社会的高度来看问题,从宏观上把握自己的位置。只有将微观置于宏观当中,将个人置于自然和社会当中,才能更好地认识自身的价值,发现自己所能逍遥驰骋的最广阔天地。

自然、社会都有其运行、发展的规律,而把握了这种规律,将个人发展与自然规律和社会发展结合起来,这便是"乘天地之正,而御六气之辩,以游无穷"。

"至人无己"并不是说人没有自我,而是超越狭隘的"我"、为功名利禄所奔走的"我",使自己从狭隘的局限中解脱出来,不计功,不为名,以成就大我。

(三)尧让天下

尧想把天下让给许由,许由拒绝了。许由认为不应该去占有不属于自己的功名,哪怕是送上门来的,因为那样不能体现他自身的价值,甚至是对他的侮辱,于是,结束了和尧的对话后,他跑去溪边洗耳朵。庄子认为,成才目标应该定在实际作为上。小鸟想要整片森林,它就会没有容身之所;鼹鼠要把一条河的水喝光,就只能丧命。一个人境界之大,目标之远,是要在一个广大的世界里将个人价值的最大化,就是所创造"实"的最大化,实至则名归,正如《老子》中讲的:"行不言之教,万物作焉而不辞,生而不有,为而不恃,功成而弗居。夫唯不居,是以不去。"功名一类的东西,是自己的,别人也抹杀不掉;不是自己的,争得只会给自己带来麻烦。

(四)肩吾之惑

接舆给肩吾讲了一个神人的故事,肩吾以为大而无当不能信之,于是

---

[1] 陈鼓应:《老庄新论》,商务印书馆,2008年5月修订版,第204页。

告诉连叔,对于肩吾的疑问,连叔首先谈到了视野,说肩吾的心智犹如瞎子的眼睛、聋子的耳朵一般闭塞不通。这里再次提到"无己"的问题,要破除自我中心的局限,以达到"无待"的境界,与自然和社会融为一体。要做到这一点,就要广泛地吸取人类文明的精华,在知识的巅峰上"吸风饮露",若"乘云气,御飞龙"般驾驭自然规律和社会法则,游弋于无限的人生境界当中。

连叔接着说,不论遇到怎样的考验,人的内心应该坚持自己的本性不随波逐流,是心灵"物莫之伤"。这似乎与视野的问题存在了矛盾,要破除心灵界限,又怎么能保持本性呢?其实并没有矛盾,一个人要坚持自己的价值观、自己的风格、自己内心的秉持,首先要让自己强大起来。怎样才能强大?就是要有选择地在人类文化中汲取营养,让自己心智健全强大起来,才能不至于流俗。

(五)宋人卖冠

宋国人到越国卖帽子,而越人断发文身,用不着戴帽子。尧治理好天下的人民,安定了海内的政事,就前往遥远的藐姑射山上、汾水的北边拜见四位得道之士,不禁茫然忘掉自己身居天下之位。

这两个故事看似无关,其实再次讲到了"无功"与"无名"。唐代成玄英疏《庄子》道:"越国逼近江湖,断发文身,以避蛟龙之难也……章甫本充首饰,必须云鬟承冠,越人断发文身,资货便成无用,亦如荣华本犹滞者,富贵起自骄矜。尧既体道洞忘,故能无用天下。故郭(郭象,字子玄)注云:'夫尧之无所用天下为,亦犹越人无所用章甫为。'"[1]

越国人一方面由于客观需要,另一方面不习礼,不追求外在的虚荣,因而帽子对他们没有用。倘若他们为了追求像中原礼仪之邦的儒者一般翩翩束发而冠,蛟龙的祸患也就要厉害些了。尧治天下,已经太平。对尧来说,治理天下的工作已经没有发挥其人生价值的空间,仅仅是一个受人尊崇的使天下得治的好名声。当尧去见四位得道之士,其中一位就是前面提到过

---

[1] (清)郭庆藩集释、王孝鱼点校:《庄子集释》,中华书局,2004年,第33页。

的，不为名而辞天下的许由。尧在这四个人的环境当中熏陶，明白了人生价值的真正意义，于是乎忘记了他所使之太平的天下。

再回到宋国人卖帽子的故事，越人固然没有帽子，也没有其他商人给他们卖帽子，看上去是一个很大的市场，可是他们不需要帽子。卖帽子的目的在越国是走不通的。假使放到重礼的鲁国，宋人的生意应该会好许多吧。我们定下一个目标，选择一条通往成才的道路，要对这条道路做充分的可行性分析，否则，不择手段或者一味标新立异，只能离目标愈行愈远。

（六）无用之用

在成才之路上跋涉，难免会遇到挫折，得不到他人赏识。很多人会因此丧失自信，认为自己一无是处，不能有所成。其实不然，表面上的碌碌无为，并不能将内心的潜质抹杀掉，简单的平凡中亦透出一种无声的伟大。

在这里，庄子讲了两段与惠子的对话。这两段对话讲到只要方法得当，无用的可以使其有用，小用的可以成就大用。第一段对话庄子和惠子就大葫芦的功能进行讨论，庄子同时向惠子讲了一个不同的人处理不龟手之药的故事，一个得百金而自满，一个以此得到土地的封赏。这段对话重在说要善于发掘自己的潜能，善于运用看上去不起眼的事物，使其在更大的环境中发挥更大的作用。要打破常规，注重创新，以小而见大。第二段对话让我们看到很多人到处奔走追逐名利，机关算尽，像跳来跳去抓老鼠的猫一样，最终落得"中于机辟，死于网罟"的下场。不能够一味迎合别人，保持真我才能获得更长远的发展。

三、《逍遥游》与庄子成才之道

《庄子》一书充分反映了庄子不与统治者同流合污的高尚品格、尊重知识分子自身价值的人格魅力和当时社会环境下知识分子的悲剧命运。《逍遥游》篇每个故事背后都反映了庄子对于成才的认识。庄子在提出了一些观念之外，还指出了一条成才之道。当然，庄子在提出理论认识、指明道路的同时，也为我们指出了条件和具备条件的方法。

树立信心：要想成才，首先便要树立"天生我材必有用"的信心，《逍遥游》一开篇，庄子便以鱼子指大鱼，暗喻每个人都大有可为。树立信心，是每个人走出第一步的基础。

价值观正确：毛泽东曾经在中共八大二次会议上说过："学问再多，方向不对，等于无用。"非但无用，还会在错误的方向上越走越远，害人害己。因此，树立正确的价值观是很重要的。许由就注意到这个问题，他追求自身价值的真正体现而不是外在的浮华，追求"实"而抛弃"宾"。

积累深厚："六月之息""三月聚粮"便是积累，有了深厚积累，才能为人生路上的前进提供动力和可能。

目标远大：大鹏有南冥之志，远举者有千里之向，这些都是远大的目标。只有拥有远大的目标，才能最充分地实现人生价值。

视野广大：蜩与学鸠之所以目空一切，不见大鹏的伟大之处，就在于它们将视野局限在榆枋之间，不知天地的广大与美好。以"知效一官，行比一乡，德合一君，而征一国"的小成就而知足的人，同样是视野受到限制，终究无法达到最广大的人生意义。

正确的方法：利用自然规律和社会发展法则发展自己，"乘天地之正，而御六气之辩"。要善于运用身边的事物，要将心灵拓展开来，在广泛的世界中发掘自身的潜能，基于自身特点进行创新，不能像给越国人卖帽子一般不合时宜、用"不龟手之药"洗衣服一般大材小用。

以上是成才的主观条件，作为一个社会人，要想成才，还要具备一定的客观因素。

环境有利：要有北冥那样深厚而广阔的海水才能培养出"不知其几千里"的大鲲，成才需要有一个有力的成才环境。怎样的成才环境才是有利的？是能够让人在其中"吸风饮露"，汲取社会文化的精华。

时机合适：要等待时机，如大鹏待六月，这时候风是最大的，合适的时机达到适当的条件才可以展翅翱翔。

庄子成才观所展现的这一条成才之路，何尝不是一个人一生努力跋涉、积极进取的写照呢？任何一个人都不能脱离他所生存的时代而存在，庄子亦是如此。正因为世道污浊，所以他才退隐；正因为有黄雀在后的经历，所以他才与世无争；正因为人生有太多不自由，所以他才强调率性。庄子是以率性而凸显其特立的人格魅力的。正因为爱得热烈，所以他才恨得彻底，他认为做官戕害人的自然本性，不如在贫贱生活中自得其乐，其实就是对现实情形过于黑暗污浊的一种强烈的觉醒与反弹。

在那样一个特殊的时代背景之下，庄子关于人生的思考有着明显的实际意义——面对纷争与暴虐，基于现实的最基础考虑便是保全自身、回归天性。在《人间世》里，庄子清醒地认识到："人皆知有用之用，而莫知无用之用也。""今世俗之君子，多危身弃生以殉物，岂不悲哉？"所谓"无用之用"便是保存生命的安全与人格的自由。

然而，这种关于人格独立和精神超脱的思索对于战国时期的统治者而言太不合时宜了，当所有人都朝不保夕地为了起码的生存空间尔虞我诈的时候，庄子也只能借助想象的翅膀构筑一个玄妙世界，来为世人铺就一条安然保真的人生路。

【作品来源】

《文学界》（理论版）2017年第12期。

第五章 奇文共赏·比较阅读

《伊索寓言》与《庄子》寓言的对比

叶凤霞

> **导读**
>
> 《伊索寓言》与《庄子》中的寓言，是东西方不同社会的文化背景下产生的经典寓言，它们产生的时期大体相当。本文从两本书中以动物、植物、人为主角的寓言来论述它们的异同。

《伊索寓言》相传是公元前6世纪希腊一位名叫伊索的奴隶创作，并由后人加工而成的、最早最完整的寓言故事集。《庄子》是庄子创作的哲理寓言。

《伊索寓言》与《庄子》寓言是东西方不同社会的文化背景下产生的经典寓言，二者产生的时期大体相当。下面就从寓言故事的主角来论述二者的异同。

一、以动物为主角的寓言故事

《伊索寓言》大部分是动物寓言，是将动物拟人化。《伊索寓言》中出现频率最高的动物依次是狐狸、狮子、狼、驴等，在这些故事中的很多动物都有其自身的固定含义，如狐狸的狡猾，狼的凶狠，驴的愚蠢等。以狐狸为主角的故事在《伊索寓言》中出现最多，大部分故事都是表现狐狸的狡猾。这些故事从侧面反映出现实生活中一些人的心理特性。以这些动物为主角的故事其目的在于用强悍的动物比喻统治者的残暴，以弱小的动物比喻下层劳动者的艰苦。

《庄子》寓言中也有一部分是以动物为主角的故事,如鲲鹏与斥鷃、庄周梦蝶、庖丁解牛等。这些故事中的动物并非像《伊索寓言》中那样有其自身特定的含义而在不同的篇目中反复出现,而是与其他寓言故事相结合,穿插于长篇寓言故事中。《庄子》寓言中的动物故事是与其他寓言故事结合,从整体上表达庄子齐生死、任自然的人生哲理。

《伊索寓言》与《庄子》寓言也有以同一动物为主角的寓言故事,如牛、马、青蛙、鱼等。但这些动物在两本书中出现的场合和要表达的寓意则有很大的不同。《伊索寓言》中的牛被完全赋予了人的特性,会讲话,有感情,并且牛就是故事的主角。《庄子》寓言中写到牛的最精彩的故事是《庖丁解牛》,在这则寓言故事里,牛并不是故事的主角,而仅仅是作为被厨师庖丁宰割的对象。其寓意在于以庖丁解牛的精湛比喻养生之道,说明处世、生活都要因其固然,依乎天理。

相同的动物在《伊索寓言》和《庄子》寓言中的不同运用。单拿马来讲,马在当时希腊人的生活中只是被看作一种交通工具。而在大约同一时期的中国,马则已成了重要的战争武器,并且在冷兵器时代,更显出马在作战中的重要性。因此,人们不但去使用马,还去欣赏马,在此状况下,马在中国的地位被抬高了,神圣化了。另一个原因在于《庄子》属于个人创作性作品,最大特色是想象奇特,变幻莫测,大自然中的任何生物,都可以被庄子拿来写进他的作品,以辅助表达他的思想。而《伊索寓言》系伊索及后世人累计而作,并非独立的个人创作,而是更具有口头文学的特色,况且在《伊索寓言》诞生的那个奴隶社会时期,没有社会地位的奴隶或者一些下层民众并不敢把心中的真实想法和对上层统治者的不满直接表达出来,只好将动物拟人化作为他们的代言人。

二、以植物为主角的寓言故事

《伊索寓言》中以植物为主角的寓言只有一小部分,这些植物大都体现了当地地理环境的特色，如无花果树、石榴树、油橄榄等多生长于地中海气候的希腊。取材于植物的这些寓言故事不但篇幅小，而且只是单纯地借助植物的某种特性或外形结构来表达某种简单的生活道理。如在《橡树和芦苇》这个故事里，芦苇虽然柔弱，却能在大风里保全自身，橡树虽然强大，却最终被大风刮断。这一现象影射到人类生活中则引申为这样一个道理：顺其自然，顺其规律，则能成功，若倒行逆施则不但不能成功，反而遭受祸患。

《庄子》寓言取材于植物的寓言故事也很少，主要有《大椿与狸狌》《匠石与栎社》《商丘大木》等几篇。在这里，庄子借树木的不成材却终享天年来表达他"无用之为有用"的哲学思想。《伊索寓言》中虽没有像《庄子》寓言这样的参天大树，但同样有"无用之用"的寓言故事，如《松树和荆棘》。

三、以人为主角的寓言故事

《伊索寓言》中取材于人物的寓言故事占了相当一部分，这些人物大多来自下层劳动者，《伊索寓言》几乎真实地记录了他们的生活状况。《伊索寓言》中以人物为主角的寓言描写正面人物的故事很少，大多都是从反面去描述这些下层劳动者的一些心理特性：或贪占小便宜，最终却一无所获，如《野山羊和牧人》；或愚蠢、做事不合时宜，如《渔夫》；当然也有赞美劳动人民善良和智慧的，如《农夫和蛇》。

《庄子》寓言中以人物为主角的寓言故事很多，这些故事中有历史人物，有处于社会底层的劳动者。对于历史人物，以孔子为主角的故事最多，在这里庄子并非是继承孔子的儒家思想，而是把他改变成一位道家人物，或是让这位儒家圣人遭遇尴尬，如《知北游》中的"孔子问道于老聃"，《盗跖》中孔子去规劝盗跖，反被盗跖严加指斥，被称为"巧伪"之人。以处于社会底层的劳动者为主角的故事主要有两种：一是对能工巧匠的劳动技能的描绘和赞颂，如《养生主》中善于解牛的庖丁；二是对备受苦难和歧视的畸人的同情。庄子赞颂这些人，主要是为了宣扬他"德充于内，遗形弃知"

的思想。

《伊索寓言》和《庄子》寓言都出现了作者本人,如《伊索在船坞里》讲伊索来到船坞被人取笑,伊索机智地做了回答,并使取笑他的人遭遇难堪。《庄子》中提到作者本人的故事则更多些,如《庄周梦蝶》《庄子钓于濮水》《妻死鼓盆》等。由于《庄子》一书系个人创作,所以书中更多地流露出自我意识;而《伊索寓言》中虽也出现了作者本人,却是极少的篇目,并且无法确定是否为本人所作,所以作者的个体意识被抹去,让动植物来代言。

四、结语

从以上比较中,可看出个人创作与集体创作的不同:庄子的寓言在于借寓言为他的哲学思想表述服务;而《伊索寓言》则更具有现实性,更能反映当时的社会现实状况。这种不同进一步体现出二者在语言运用、艺术风格上的很大不同。

作品来源

《课外语文》2017年第12期。

孔子之德与庄子之德
——两种不同的政治价值选择

郎 宁

> **导 读**
>
> 孔子之德以仁为中心,此在儒家虽是根植于人心、依从于人情,然而对于社会大众而言其实质亦是约束人、使人承担一定社会责任与义务的规矩绳墨。因此,儒家道德之归旨在于外在的社会与政治,而非人本身。老庄之德是得之于道者,是大道于人在现实中的落实。因此,人之德性亦如大道之性是自然无为的。在庄子,德之实质落脚于心灵之虚静,最终指向则在于人本身。

以孔子为代表的儒家思想其所面向与所要解决的是如何为礼崩乐坏的社会提供一种政治生活的规则与对人的规约。其所主张的更多侧重于社会人应如何做以适应社会的问题,其问题的指向在于社会。因此孔子之"德"在于通过对社会之人的再造以满足其建构理想社会的需要。自老子开始,其对于"德"的阐释已然不同于儒家,其认为"上德不德是以有德,下德不失德是以无德"[1],即其所谓的"德"并非是一种刻意的作为。老子认为"孔德之容,唯道是从"[2],即德亦如道,是一种自然而然的内在于人的规范。庄子进一步继承发展了老子的思想,其对于"德"的诠释进一步落实于个人,即德作为大道在人身上的落实,合德的也即是合道的。"德"并非是一种道德属性的外在规约,而是一种属人之性的内在显现。儒道二者对于

---

[1] 汤漳平、王朝华译注:《老子》,中华书局,2014年,第22页。

[2] 同上,第34页。

"德"的不同诠释，也决定了二者对于现实政治生活的不同态度：孔子对于人的合德的要求，使得人的政治活动必然是积极的；庄子对于个体之人安命适性的张扬，使得其对于外在之政治选择必然是一种退守的道路。儒道二者学术性格之差别，亦流淌于中国传统士人的血液中，且二者对于家国天下之热忱与希冀亦对中国千年的政治社会产生着重要的影响。

一、孔子之德：为仁与克己

先秦时期，由于社会纷乱、政治更迭，生产关系亦处于不断变化之中。君与臣、上与下的政治属性的对立亦逐渐转变为君子与小人的道德属性的分立，即道德的划分逐渐取代地位的等级划分而日益成为人之为人的评判标准。由此先秦时期特别是儒家学者所讨论的主题也由民的问题转移到了人的问题，由此希冀通过名与实的归位而矫正错节的政治关系。

由于孔子生活于礼崩乐坏的时代，使得其裹挟"克己复礼"之志而辗转奔走于各国之间的同时，亦开始了对于社会的大多数，即人的思考。由于政治关系的不确定性，因此对于与君相对的民的约束已然不能解决无道的社会现实，因而孔子试图从更为根本的角度、从将君民融于一体的人的立场来作为问题的出发点，以期达到重构社会关系的目的，使社会形成"君君、臣臣、父父、子子"的政治秩序。具体到《论语》中孔子与学生的对话，人的问题在此亦进而转化为君子与小人的关系问题。在此，君子与小人的政治意义被无限下放与弱化，而成为一个道德品质上的意义与标准的分界。对于君子与小人问题，《论语》指出：

君子固穷，小人穷斯滥矣。[1]（《卫灵公》）

君子和而不同，小人同而不和。[2]（《子路》）

君子哉蘧伯玉！邦有道则仕，邦无道则可卷而怀之。[3]（《卫

---

[1] 陈晓芬译：《论语》，中华书局，2016年，第34页。

[2] 同上，第42页。

[3] 同上，第46页。

灵公》)

> 君子成人之美，不成人之恶，小人反是。[1]（《颜渊》）
> 人不知而不愠，不亦君子乎？[2]（《学而》）

在孔子看来，君子与小人的分立已然是道德品质的分界，而非上层阶级与下层阶级的等级对立。而君子与小人分立之根本就在于二者道德品质的差距问题，此也即是"仁"的问题。在儒家孔子的仁学体系中，亦呼吁人人都要有士君子之行，以君子的规范要求自身，此即：

> 为政在人，取人以身，修身以道，修道以仁。[3]（《中庸》）

即在儒家之孔子，相对于外在之等级地位，内在之道德品质更为重要，其可成为判断人之为人的价值标准。因此，人之所以为人而称得上君子之关键在德，德之关键则在仁。

在孔子的仁学体系中，仁的出发点实为匡正礼崩乐坏的统治秩序，其落脚点在于为社会大众承担社会责任、履行社会义务、扮演自身社会角色提供一套行之有效的理论依据，以正名的方式使君臣礼法各归其位，以维护上层建筑、君主统治。具体到仁德的内涵，孔子以亲亲孝悌之德为起点，以克己为外延，以恢复周礼为终点，以此建构起其仁学体系。

孔子以亲亲之情、孝悌之德作为仁德的源发点，即"孝悌也者，其为仁之本欤"[4]（《学而》），也即子之爱亲在孔子是人之为人所本然具有情感的自然流露，因此仁之关键也就在于顺己自然之情，即"仁者，爱人"。李泽厚将孔子之亲亲之情归结为其仁学结构的心理原则，认为孔子并没有把人的情感心理引导向外在的崇拜对象或神秘境界，而是把它消溶在以满足亲子关系为核心的人与人的世间关系之中，这样一种现实的伦理—心理模式，正是仁学思想和儒学文化的关键所在。[5]

---

[1] 陈晓芬译：《论语》，中华书局，2016年，第56页。
[2] 同上，第23页。
[3] 王国轩注：《中庸》，中华书局，2016年，第54页。
[4] 陈晓芬译：《论语》，中华书局，2016年，第46页。
[5] 李泽厚：《中国古代思想史论》，生活·读书·新知三联书店，2008，第136页。

从孔子对宰我问"三年之丧"的回答,亦可以看出孔子将这种亲亲之情内化为人之心理原则的路径:

> 宰我问:"三年之丧,期已久矣。君子三年不为礼,礼必坏;三年不为乐,乐必崩。久谷既没,新谷既升,钻燧改火,期可已矣。"子曰:"食夫稻,衣夫锦,于女安乎?"曰:"安。""女安,则为之!"[1](《阳货》)

三年之丧作为儒家孝亲之传统礼制,在孔子这里,将其与人之内在心理状态,即"安"与"不安"相连接,由此而将外在的礼制规约内化为人之内在心灵与情感的必需。在孔子看来,此亲亲仁爱之情的关键并不仅局限于己之一身,而是要本着忠恕之道的原则,"己欲立而立人,己欲达而达人"。即孔子将此亲亲之情进一步展开外延,而达到推己及人的目的效果。在此过程中,由于人本身所沾染的社会上的恶、欲的因素,因此,我们亦要"克己",如此方能"复礼"。

孔子有言:

> "克己复礼为仁。一日克己复礼,天下归仁焉。"[2](《颜渊》)

朱子认为:

> 克是克去己私。己私既克,天理自复,譬如尘垢既去,则镜自明;瓦砾既扫,则室自清。
>
> 克己复礼,间不容发,无私便是仁。
>
> 天理人欲,相为消长,克得人欲,乃能复礼。[3]

王阳明亦有言:

> 去山中贼易,去心中贼难。[4]

因此,在孔子,为仁之关键不仅在于自身感情之本然外流,更在于对一己私欲之克除,如此方能恢复周礼。因此孔子之德在于仁,而仁之所源

---

[1] 陈晓芬译:《论语》,中华书局,2016年,第65页。
[2] 同上,第33页。
[3] 黎靖德:《朱子语类》(二),中华书局,1986年,第342页。
[4] 王阳明:《传习录》,中州古籍出版社,2012年,第67页。

发虽本自人之真情实感，但是其价值指向则在于"礼"，此是根本的社会性指向，也即"礼"方是孔子仁德之终点与目的。冯友兰认为：在古代思想中，特别是儒家的思想中，所谓"礼"的意义，相当广泛。《左传》引"君子"的话说："礼，经国家，定社稷，序民人，利后嗣者也。"（隐公十一年）这个"君子"，指的就是孔丘。照这个意思说，"礼"包括社会组织、政治体制、社会秩序等上层建筑。[1]

因此，有了礼，方能达到孔子正名的目的，从而亦可以匡正不正的政治秩序、匡扶日益下坠的君主权威，如此无道的社会亦会变为有道的世间："道之以政，齐之以刑，民免而无耻；道之以德，齐之以礼，有耻且格。"[2]（《为政》）否则，"名不正，则言不顺"，人间世自然混乱，百姓自然无所适从。

以孔子之仁学为代表的儒家思想，其所面对的是礼崩乐坏的社会现实，其所要解决的更多是社会个体如何承担起自身责任、作为君主如何使民富国强的问题。因而儒家之德虽然多是内倾向的规约，强调的主要是作为个体人所应具备的德性与品质，然而其目的仍然是向外的，即儒家给人赋予的天然的德性其所真正要服务的则是外在的政治世界："为政以德，譬如北辰，居其所而众星共之。"[3]（《为政》）孔子之德终究落实于现实的家国天下，这也就是孔子周游列国，孟子徘徊于齐梁之间的原因了。

二、庄子之德：安命与虚心

对于老庄道家之德，我们须从"德"之本义切入："德"之甲骨文从直，金文从心从直。因此，从字形来讲，"德"也即关涉于人之心、人之行，《说文》解"德"为"德，升也"，[4]因此，其也即有遵循本心本性之自然而行之意。具体到"道"与"德"之关系，《老子》三十八章，有"上德不德，

---

[1] 冯友兰：《中国哲学史新编》上卷，人民出版社，2011年，第86页。

[2] 陈晓芬译：《论语》，中华书局，2016年，第71页。

[3] 同上，第72页。

[4] 许慎：《说文解字》，中华书局，2013年，第44页。

是以有德。下德不失德，是以无德。上德无为而无以为，下德为之而有以为"[1]，在老子看来，道之本性即自然无为，因而上德不以德为德，此即是合道之德，此亦即是道"为而不恃，生而不有"[2]之性；《老子》亦有"常德不离，复归于婴儿"[3]，"含德之厚，比于赤子"[4]，道生万物，因而对于尚处混沌之中的婴儿与赤子，其亦合于大道之自然而没有人为的矫饰，如此之常德亦是人之天然本性，亦即是道之在人身上的具体展现。王弼于《老子》三十八章之注，有"德者，得也，常得而无丧，利而不害，故以德为名焉，何以得德，由乎道也"[5]；其于五十一章，注有"道者，物之所由也；德者，物之所得也，由之乃得"。[6]《管子》中有"德者，道之舍。物得以生，生知得以知道之精，故德者，得也；得也者，其谓所得以然也，以无为之谓道，舍之之谓德，故道之与德无间，故言之者不别也，间之理者，谓其所以舍也"。[7]《文子》中，有"循性而行谓之道，得其天性谓之德"。[8]因此，综上而言，道家老庄之"德"即所谓得之于道者，其也即是人之所得于道的自然本性，其是道在人间的现实中的落实。人之含德，亦即顺人之性、顺物之情，而非以好恶内伤其身。因此，在庄子，德之最终指向在于内在之人，其实质落脚于心灵之虚静，此即安命与适性。

在阶级地位与道德品质之间，孔子重视以道德品质来作为区分君子与小人的评判标准。与此相似，在庄子，就德与形而言，其亦认为相较于形体的完全，人之道德的内充方是人之为人的根本。在《德充符》中，庄子就以形体残缺之人的道德内充来彰显人之为人的关键，在此极端的反差中展现出于此无道的人间世中，对于人而言，最为迫切与关键的并不在于秩

---

[1] 汤漳平、王朝华译注：《老子》，中华书局，2014年，第22页。

[2] 同上，第31页。

[3] 同上，第33页。

[4] 同上，第40页。

[5] 王弼：《老子道德经注》，中华书局，2011年，第87页。

[6] 同上，第134页。

[7] 李山译：《管子》，中华书局，2016年，第41页。

[8] 王利器：《文子疏义》，中华书局，2009年，第54页。

序与伦常，而在于人之切己的生命。因此在德与形之间的张力中，作为有着个体生命自觉的人似乎亦可在无可奈何中开辟出属于自己的一扇天窗，此即安命而适性。

对于个体之人而言，身处无道的人间世，外在形体的保全与否并不在我们所能及的范围之内，且其亦是我们所不能选择的命，然而对于心灵的持守则是我们可以作为的，因此安命亦是德。诚如兀者申徒嘉所言：

> 自状其过以不当亡者众；不状其过以不当存者寡。知不可奈何而安之若命，唯有德者能之。游于羿之彀中。中央者，中地也；然而不中者，命也。[1]（《德充符》）

对于孔子与庄子而言，其所面对的是同一个世间。因此二者亦面临着相同的社会问题，此即在无道的人间世中，政治秩序混乱而民如草芥。然而孔子与庄子在解决问题的方式上却为我们展现了两种不同的思想路径。在孔子，欲恢复周礼以维护上层统治秩序，就必须人人以士君子之行要求自己，克己复礼为仁，知其不可而为之；在庄子，欲安稳人心、安顿精神，以使人真正过一种属于人的生活，就必须虚心充德，知其无可奈何而安之若命。在孔子与庄子，此也即是"为"与"安"的分立："安"所体现的并不是不为，而是一种在头脑透彻的基础上的对于客观外在条件的理智分析。在无道的人间世，"为"与"不为"对于人本身而言都是一种戕害，人道之患与阴阳之患并存；且"为"与"不为"无论是在孔子还是在老子，最终价值指向都是在于外在的统治与君主，对于人本身而言并不能起到真正的解放与引导的作用，其目的仅在于将无道之世变为有道人间，并不知"来世不可待，往世不可追"[2]，"方今之时，仅免刑焉"[3]的社会现实。庄子正是透彻于此人间世的无奈与人身处其中的艰难之境，因此方有"知其不可奈何而安之若命"的人生感叹，对于我们人之所无力作为与无法干涉改变之事，我们所能做的就是保守我们内心的安宁与虚静而安时处顺于无奈之命运。

---

[1] 方勇注：《庄子》，中华书局，2015年，第22页。

[2] 同上，第25页。

[3] 同上，第27页。

对于个体的人而言，其本身并无统治之权，亦没有干政之资，因此"安"相对于"为"与"不为"而言，在实质上是一种更难达到的境界。这是一种对现实无奈的清醒认知，更是一种对于现实生活的超越与放达。因此，在庄子，内充之德在实质上亦是对命运的清楚认知，即安时处顺于无可奈何之命，"不论处逆处顺，不论遭遇何事，均能泰然处之。既不怨天，亦不尤人；既不抗拒，亦不逃避；既不喜，亦不忧"。[1]此亦是对大道的体认而达到的德之极致处：

> 不就利，不违害，不喜求，不缘道。[2]（《齐物论》）
>
> 不乐寿，不哀夭，不荣通，不丑穷。[3]（《天地》）
>
> 死生亦大矣，而不得与之变；虽天地覆坠，亦将不与之遗；审乎无假而不与物迁，命物之化而守其宗也。[4]（《德充符》）

相比于孔子以仁作为儒家德之内容，庄子的内充之德不仅在于安命之心，更在于体道而适性。在老庄之道家系统中，德与性是一体两面的，德与道二者亦是一种不分离的状态，此即是"常"，也即是自然而原初的状态，道即是德之体，德即是道之用。因此，在庄子《德充符》中，人之所内充之德，其实质亦是大道在人身上的体现，其所体现的也即是人得之于道的本然、自然之性。在庄子，人之本性亦如大道之性是自然、自在而自由的，在《庚桑楚》有：

> 道者，德之钦也；生者，德之光也；性者，生之质也。性之动谓之为，为之伪谓之失。[5]

也即人之性是自生而有、是得道而有之德，此是顺人之天然之自然，而非有人为的矫饰。万物包括人在内都是一种"莫之为而常自然"的状态：

> 缮性于俗学，以求复其初；滑欲于俗思，以求致其明：谓之蔽

---

[1] 罗安宪：《道家天命论的精神追求》，《中国人民大学学报》2007年第3期。

[2] 方勇注：《庄子》，中华书局，2015年，第4页。

[3] 同上，第71页。

[4] 同上，第23页。

[5] 同上，第81页。

蒙之民。古之治道者，以恬养知。……古之人，在混芒之中，与一世而得淡漠焉。……当是时也，莫之为而常自然。[1]（《缮性》）

因此，在庄子，内充之德即是得之于大道而顺己之天然本性而看待、对待外在的人与事，此即亦是人之为人的内在修为，亦是一种体道的生活态度。因而内充之德对于外在形体之残缺亦会有"德有所长而形有所忘"[2]之感，此是对于心灵的真正解放，亦是成和之修。庄子意在通过《德充符》中对于德与形的分立，而使人真正放弃那些出于人为的情意。

因此，在庄子，其于《德充符》之中在倡导"德有所长而形有所忘"之外，更在于使人通过对本于大道之德的再发现，而认识到本有之天然自性，如此实德内充、安时处顺。在庄子，德与形之间终究是一种对立着的和同，其根本落脚处仍在于人对于生命的态度，此即安命而适性。庄子内充之德即是安顺命运之形而坚守本然之性。相比于儒家之孔子所希冀的有道之世，庄子则在无可奈何的人间世于一己之德、形间坚守着心灵的大道。此即：

德充符者，言德充于内，自然征验于外，非形所能为损益，非智所能我隐现。[3]

虚者，心斋也。在庄子，含德而内充之关键在于个体生命的保全与心灵精神的自由，因而虚心亦应是庄子之德的题中应有之义。

在《人间世》中，本着"治国去之，乱国就之"[4]的儒家积极治世、入世之决心，颜回请行之卫，然就其所要面对的危险境地，庄子借仲尼之口深入分析了其请行之卫的可能性，以及其劝诫卫君之可能结果，进而提出了其于君臣关系中的自处之方，即"虚者，心斋"：

回曰："敢问心斋。"仲尼曰："若一志，无听之以耳而听之以心；无听之以心而听之以气。听止于耳，心止于符。气也者，虚而待

---

[1] 方勇注：《庄子》，中华书局，2015年，第109页。
[2] 同上，第23页。
[3] 方勇、陆永品：《庄子诠评》，巴蜀书社，2007年，第234页。
[4] 方勇注：《庄子》，中华书局，2015年，第22页。

物者也。唯道集虚。虚者，心斋也。"[1]

所谓"心斋"，即专一你的心志，对于外在事物，不要用你的耳朵去听，也不要用你的心去听，而要听之以气。耳朵只能限于听闻声音而已，心的思虑亦只能使人去寻找与之相符的外物。而所谓的气，由于其本身的虚空的特性，因而可容纳万物。因此，如若以虚灵不昧之心去看待外物，则作为个体之人亦不会迷失自我而使自己陷于危境。

庄子仅以一"虚"字言"心斋"，即说明心斋之所以不同于耳目、祭祀之斋的关键就在于其"虚"的特点。"虚"之本义为丘，《说文》中有"虚，大丘也。昆仑丘谓之昆仑虚"。[2]作为形容词的"虚"则与"实"相对，意即空虚之意；《尔雅》中有"虚，空也"。[3]在老庄道家体系中，《老子》有：

　　致虚极，守静笃；万物并作，吾以观复。夫物芸芸，各复归其根，归根曰静，静曰复命。复命曰常，知常曰明。不知常，妄作凶。知常容，容乃公，公乃全，全乃天，天乃道，道乃久，没身不殆。[4]

王弼在解《老子》中，有：

　　凡有起于虚，动起于静，故万物虽并动作，卒复归虚静，是物之极笃。[5]

即在老子，致虚守静不仅是观道体道之方式，虚静其本身就是道。即虚静是道体亦是体道之方。庄子进一步发展了老子的虚静之说，在《知北游》中，有：

　　孔子问于老聃曰："今日晏闲，敢问至道。"老聃曰："汝齐戒，疏瀹而心，澡雪而精神，掊击而知。"[6]

此即说明，至道之方，在庄子，亦需如以雪洗身，使得神志精神得

---

[1] 方勇注：《庄子》，中华书局，2015年，第23页。
[2] 许慎：《说文解字》，中华书局，2013年，第45页。
[3] 管锡华译：《尔雅》，中华书局，2014年，第41页。
[4] 汤漳平、王朝华译注：《老子》，中华书局，2014年，第54页。
[5] 王弼：《老子道德经注》，中华书局，2011年，第78页。
[6] 方勇注：《庄子》，中华书局，2015年，第87页。

以清醒，此即是清除意念中的杂而不纯的部分，使得心灵精神得以虚静安宁，此亦是含德之厚。

在《人间世》中，庄子所言之"心斋"是一种心灵的虚静状态，此是一种与道合一的境界。然处在人间世之特定的政治环境与政治关系中，"心斋"在此之含义亦不单纯是就体道之境界而言，其于人间世之中的我们来说，更是一种保身之策、全生之道，亦是一种处世应世之智慧。因此，对于心斋，庄子除以观道体道之意义引出此之外，亦以政治生存之意义为其附上了浓重的现实色彩。宣颖亦言：

> 盖上古之世，尝少事矣，其人少也；中古之世，尝有事矣，其人多也；叔季之世，尝多事矣，其人纷不可纪也。今使一人处于寥廓之宇，优游自得，与太古何异。惟群萃杂处，而机变丛生。即是以观，可以知阅世之故矣。[1]

庄子之德紧密连接于道，德之于人亦是道体在人身上的显现与落实。因此庄子之德的内涵即是体道之后的安命与虚静，如此方能保全个体之人的生命完全与精神自由。然庄子对于人之德性的诠释亦在根本上植根于现实的无道世间，因而庄子方有"知其不可奈何而安之若命"的政治价值选择。然此在庄子，其选择并非是一种消极的逃避，而是一种积极的退守，其对于家、国、天下的抱负亦在这种退守中指向于人本身。

三、两种不同的政治价值选择

道家庄子所认同的"德"是一种体道之后的安命与虚心，其与儒家孔子所倡导的为仁与克己之德相去甚远。这也表明二者思想立足点的差异：孔子修德在于为其"知其不可而为之"的修身、齐家、治国、平天下的政治抱负；而庄子关注的则是个体切己生命的安顿与精神的自由，面对外在不可预知的政治变幻，庄子做出了"知其不可奈何而安之若命"的判断与选择。此也即是由二者不同的学术径路、思想指向而导致的对于外在家、国、

---

[1] 宣颖：《南华经解》，广西人民出版社，2008年，第29页。

天下的不同政治价值选择——为与安。

儒家所高扬的德性修养、其所要求于世人的行为规范、其所标榜的君子形象,都是一种附加于人身的,或者说是儒家在人身上"再发现"的东西。孔子为了维护礼、维护社会秩序,将这种外在附加于人身的、合于礼的德行内化为人内在的心理机制,也即人内心情感本身所需要的东西,即标明仁义礼智就是人之所以为人者。儒家之德在孔子处是从孝悌之情出发,在孟子处有了更确切的论述,而将这种德的先天性进一步完整而理论化。孔子重建儒家之德的主要原因亦在于通过人人合德的君子之行而重构礼的秩序,以维护君主的统治、政治的安定。孔子也将这种合于礼的德性贯穿到人的日常之中,在《论语·颜渊》中,有:"颜渊问仁,子曰:'克己复礼为仁。一日克己复礼,天下归仁焉。为仁由己,而由人乎哉?'颜渊曰:'请问其目。'子曰:'非礼勿视,非礼勿听,非礼勿言,非礼勿动。'"[1]因此,在孔子,仁德不仅是合于礼的,且合于礼的规范本身亦是一种仁德的表现,并且,合于礼而行事亦应贯穿到人的政治生活之中。在一生致力于维护周礼的孔子眼中,理想的政治社会就是一个合于礼的社会,就是一个以德为政的社会,"为政以德,譬如北辰,居其所而众星共之"。[2]

因此,在孔子,为了达到这种"众星共之"政治效果,为了实现"君君、臣臣、父父、子子"的政治秩序,其所要宣扬与挺立的就是这种积极外扩的"为"——"知其不可而为之"。不能否认,孔子的这种积极有为的态度对于个体人格的张扬、个体价值的确立都有着积极的意义,对于后世儒家学者亦有良好的行为精神的导向作用。然而,这种近乎完美的德性标准、井然的生活秩序和君子的行为示范,其所服务的对象却是在上的君主、使得国家得以运行的国家机器,即以孔孟思想为代表的儒家对于社会、对于政治的态度是一种积极外扩性的趋向。即使孔子"再逐于鲁,削迹于卫,伐树于宋,穷于商周,围于陈蔡"[3](《让王》),受到种种磨难,他仍然要向

---

[1] 陈晓芬译:《论语》,中华书局,2016年,第64页。

[2] 同上,第43页。

[3] 方勇注:《庄子》,中华书局,2015年,第54页。

各国国君推行尧舜之道、周公之礼，他知其不可而为之的积极入世态度亦为后世儒家学者奠定高昂的进取基调。

  然反观庄子，其对于政治的态度不仅不及儒家学者般热切，反而抱持"曳尾于涂中"[1]的退守姿态。庄子曾做过漆园吏，让人不能不想到其或许也有对国家、对社会的关切，或许也有为帝王师的梦想。然而，如今我们看到的庄子却是冷眼静观的庄子、视宰相之位如腐鼠的庄子。在"天下无道，戎马生于郊"[2]的无道乱世，很多有志之人只能隐居山林，静待时局变化。然而这种"隐"在道家看来只能算是独善其身的"小隐"，是一种形体上的隐迹于世，在庄子则未如"陆沉"。在庄子看来，天下有两个东西是人所无法逃避的：一种是人一出生就会面对的亲缘关系，即父与子，这是命；一种是人所处的社会政治环境，这也是人在世上的一个无所逃避的现实，即君与臣，这是义。因此，既然这二者是人无所逃避于天地之间的，那么那些隐于山林的、试图与世隔离的人也就失去了其行动的意义。既然形体的隐不能解决人所希望远离的嘈杂，那么，对于形体，庄子认为我们只能采取"随顺"的态度，即"形莫若就"。[3]于是庄子提出了解决问题的另一种方法，这种方法在于我们心灵的平和，即"心莫若和"。[4]这是一种心灵的归隐，庄子称之为"陆沉"。如此，在庄子看来，此种随顺的态度、心灵的平和即是一种"德"，它是一种心灵的虚空状态，又是一种体道而随顺的达观。庄子无意于以方内、方外之两种不同的对待原则，行两种不同之生存方式，此亦无助于人之生命本身，其对于人之心灵精神在根本上亦是一种劳与伤。因此，庄子之所以为庄子，亦是深刻体察到儒家之积极入世之对于人本身的戕害。《人间世》篇中，庄子亦是在与儒家思想的反差中暗藏其真实本旨，即生命在何种情况、何种境遇下都应该是优先而首要的，亦不论生命之高低贵贱。因此，庄子在危险的政治环境中亦以心斋对之，如此虚心安命，

---

[1] 方勇注：《庄子》，中华书局，2015年，第75页。

[2] 同上，第66页。

[3] 同上，第26页。

[4] 同上，第26页。

则无道的人间世亦不能奈我何。诚如郭象所言：

> 与人群者，不得离人。然人间之变故，世世异宜，唯无心而不自用者，为能随变所适而不荷其累也。[1]

在庄子，政治上的退守实质是在其清醒认知外在环境下的一种无奈选择。既然环境是无法改变的，那么我们所能做的就是改变我们自己，以远离政治的伤害与刑戮。因此，在庄子，处于无道而不可测的政治环境中，保身全生成为首要选择。要体道而安命，如此方能虚心而逍遥。因此，在庄子，如此的"知其不可奈何而安之若命"的政治选择亦是合德而合道的。这不仅是一种对于政治的姿态，更是庄子对于生活的态度。因为只有安命而虚心方能使我们静观外物的变化而不为所动、游于物而不被外物所役使。我们不能由此而责难庄子的这种不动心、"陆沉"、退守是一种消极的不作为，因为庄子的这种出于"德"的选择——"知其不可奈何而安之若命"亦是无奈的必然。庄子之思想本旨是一贯而统一的，其理论思想之根本落脚点仍在于人之生命的保全、心灵的安宁与精神的自由。

以孔孟为代表的儒家思想和以老庄为代表的道家思想是中华民族性格的主要构成要素。儒家仁义礼智信的德行使得我们本身有了遗传于先祖知其不可而为之的积极的生命血液，也是一代又一代中国脊梁的性格象征。然而，在我们奔腾不息的血液中又不失对于外界环境进行冷静思考与抽离分析的思维特质，历史上自由出入于庙堂与山林之中的也大有人在，庄子遗风对我们亦有深远影响。儒道二家对于"德"的不同认知与把握不仅展现了中国性格的两面性，而且这两种对于"德"的态度也使得二者对于政治生活有了全然不同的面向。而这种面向一直流淌于中国传统士人的血液中，深刻影响着中国几千年的政治发展。

‖作品来源‖

《延安大学学报》（社会科学版）2018年10月。

---

[1] 郭象注、成玄英疏：《庄子注疏》，中华书局，2012年，第60页。

逍遥与虚无
——论庄子与萨特的自由观

刘 琅

> **导 读**
>
> 本文通过探讨庄子与萨特自由观的异同、实现自由的方式异同，阐述两种自由观对当下的启示。

两千多年前，庄子写下逍遥而游的鲲鹏；六十多年前，萨特写下寻找自由的苍蝇。跨越两千年，跨越东西，两位哲学家都共同指向了"自由"一词。大鹏遨游，是一种与天合一的超越自由；苍蝇，在荒诞世界里拥有选择的自由。那么，两位哲学家对自由的关切，都有哪些异同，对当代又有哪些指示意义呢？

庄子出生在战国，彼时战乱连年，百姓生活朝不保夕。面对乱象，他认为要投身到变化中，顺应自然，合乎"道"，以达逍遥。在其代表作《庄子》里，名篇《逍遥游》更被后人视为著作的中心脉络。而经历了第二次世界大战的萨特，对世界的荒诞与虚无，也有深刻体会。他投身于法国抵抗运动，当过德军的战俘。面对战后的空虚幻灭，他提出"存在主义是一种人道主义"。虽然所处时代的社会发展水平不同，但二者都生活在乱世。日本学者福永光司认为，庄子是古代中国的存在主义。庄子与萨特都以个人如何生存作为哲学思想核心，以个人的自由为哲学理论的第一要义和人生最高目标。

一、相同的自由起点——个人

庄子《逍遥游》的开篇叙述了大鹏和小鸟的故事。大鹏和小鸟的飞行能力是不同的，大鹏可以扶摇直上九万里，但小鸟只能从一棵树飞到另一棵树。但当大鹏和小鸟各自尽力飞翔的时候，它们都感到非常高兴。从这一点看，万物不是天生一致的，强求一致也无必要。"只有当人得以充分自由发挥个人的天赋才能时，他便感到快乐。庄子认为，为达到快乐，第一步是充分发展人的本性。顺应自然，乃是快乐和自由的由来。"

1946年萨特发表了影响广泛的演讲《存在主义是一种人道主义》，他提出经典表述："存在先于本质。"作为无神论者，萨特相信没有上帝，就不会有"被给予"的人性。人的本性不能被预先规定。人只是存在，后来才成为我们的本质自我。因此，人首先存在，遇到自己，出现在世界上，然后再规定自己。我们首先存在，然后成为我们自己造就的东西。"自我造就自己"就是萨特的"自由"。个人是被判为自由的：我们发现自己被抛在世界中。然而是自由的，因为一旦意识到我们自己时，就要对我们所做的一切负责。

由上可以看出，庄子与萨特都强调人的个体性：人具有差异，人自己塑造自己。当发挥个人天赋时，便感到快乐自由。当意识到我们自己时，我们就要做选择，承担自由的责任了。

二、不同的自由终点——"道"与个人

《逍遥游》描述了大鹏和小鸟各自体会到的快乐后，庄子提到战国时期郑国的思想家列子能御风而行，在世上并不常见。即便如此，列子虽然不必徒步行走，但还要靠风，所以他的快乐也还是相对的。如果有人凭借自然本性，顺应六气（阴阳风雨晦明）变化，而游于无穷之中。这样的人，就是至人、神人、圣人，"至人无己，神人无功，圣人无名"。这样心灵自由的人，超越了我与世界、我与非我、主观与客观的界限。因此，个人在自由发挥才能后，庄子给出自由的阶段性目标，从至人、神人，到圣人，最终走向自由的终点——与"道"合一。

对萨特来说，只有存在的人。换句话说，我们没有上帝，没有客观的

价值体系，也没有既定的本质，最重要的是，我们没有决定论。因此，人的超越只能是超越个人自身，而个人自由的终点只能是个人。"这里的自由，并不令人激动，而是惊骇"，因为没有什么能迫使我们以某种既定方式行动，也没有精确的模式引导我们走向未来。我们每个人都是唯一的存在。我们都是自由的，所以我们必须选择，那就是"创造"，因为没有普遍的道德准则告诉我们应如何去做。"人是人的未来。"个体，就这样成为个人自由的终点。

庄子与萨特的自由终点是不同的：庄子指向了虽然看不见却充盈于万物的"道"，追求人"与道同行"的境界；而萨特在否定了上帝作为超越的意义后，只有人的"存在"，人的"形成过程"，也就是"人选择要成为的那个人"成为个人超越的追求。

三、不同实现自由的方式——无为与行动

就实现"超越的自由"而言，"庄子主张通过'吾丧我'的'坐忘''心斋''虚己'等方法，将人从'人类中心主义'和'自我中心主义'的狭隘视角中解放出来，申明万物齐一。他一再强调'天地与我并生，而万物与我为一'，只有在消除以自我为中心的排他性后，打破人欲设置的自我隔阂，以有道之我通向天地自由之境"。

在庄子看来，俗世人不自由的原因是对外物的追求，我们试图通过对外物的追求来满足自己的欲望，但最终，人却被物役和异化。庄子认为人生于自然，应顺应自然，超越世俗欲望去获得自由。而人在时间和空间上都只是"寄宿"，也就是暂时的存在。我们只有把握这种存在，才能超越外物束缚，"依道而行"，实现个人自由。"'寄寓'意味着对现实有清晰认识，不贪恋世俗之欲，不以世俗价值标榜并不断追求超越。具体而言，他提出'坐忘'，将妨碍体'道'的外在形体与内在智巧一并忘去，与大道融为一体。而所谓'心斋'就是将嗜好欲望、俗事牵累、智巧思虑统统排解掉，进而使心灵进入洞明虚静的状态。最后，'虚己'的功夫就在保持'心'

虚，不被名、物、智、巧等所主宰，一任自然，用心若镜。正如庄子《天地》所言，'忘乎物，忘乎天，其名为忘己。忘己之人，是之谓入于天'"。庄子所推崇的"清静无为""天人合一"正是通向道家的自由之路。

而在萨特看来，自由与行动紧密联系在一起，而非庄子所倡导的"无为"。它通过行动来说明人的本质。人类命运掌握在自己手中，除了行动就没有额外希望。存在主义的核心思想是"自由承担责任的绝对性质"。人通过承担自己的责任，来选择自己成为什么样的人。萨特认为，是懦夫自己把自己变成懦夫，英雄自己把自己变成英雄。而且也可能存在：懦夫振作起来，不再是懦夫，英雄也不再是英雄。重要的是一以贯之地承担整个责任，而不是通过某个特殊事件或行动就成为自己。也就是说，我们有选择的自由，但同时也必须肩负起自由的责任。选择成为什么样的人，重要的是采取行动。"人要设计、选择自己，就必须对现在进行否定，对具体的物进行'虚无化'，这一活动过程就是自由。人们在选择、设计一种可能性的自我，就是对另一种可能性自我的否定和虚无，这里同样体现了自由。"

庄子和萨特实现自由的方式也不相同——"无为"与行动，两种相反的途径。但两者也都是在不断变化的。"无为"也是一种修行，具有清晰的阶段性目标；行动更是一种积极的自我塑造，没有逃避，只有承担。

四、对当下的启示

庄子与萨特都强调"个人"的自由，但自由的终点不同，实现自由的路径也不同，一个是"无为"，一个是"行动"。看来两相矛盾，但也可以把不同的自由观看作自由的开放性和可能性。庄子主张的"至人无己，神人无功，圣人无名"，似乎理想主义色彩很浓，很难有实操性。反观萨特的个人选择、个人承担自由、个人承担责任，"不选择也是一种选择"，看来给人很大的压迫感，"自由也是被强加的"。但萨特认为"存在主义本质上是一种对人生充满希望的乐观主义哲学"，只有直面人生的荒诞与虚无，我们才能更勇敢更有自主性地生活。萨特给予我们自由的压迫感，人身处荒原，孤独而茫然；而庄子却赋予一种逍遥的境界、"天人合一"的向往。如果说萨特的自由观更适用于青年人的积极进取与勇敢担当，庄子的自由观就更适用于经历了风浪、拼搏后的暮年，修身养性，羽化登仙。萨特可以说："我们无法为自己的行为寻找借口。他是在逼我们成为能承担自由的'成年人'"。而庄子，却是轻盈的"清静无为"，指引我们看淡得失，放下自己的欲望，追求"无"与"道"的大智慧，这也可以给我们在忙碌疲劳失意的现实生活里送去一片清凉与清静。

庄子代表了中国美学的"境界"，他对荒诞世界的自由超越精神，利于人从各种作茧自缚的状态中超脱出来，以"鲲鹏"遨游于"无极"的逍遥心态开启人的想象力，开拓人的心胸，也开阔自由的可能性。而萨特的思想根植于西方现代社会，没有了上帝的规范，科技高度发达，人逐渐被物质奴役，失去对超越意义的追寻。他振聋发聩地喊出"人是自我的选择与设计"，我们无法再逃避自己的自由，只有勇敢面对。可以说对当今只讲"自由"不讲"责任"的自利风气，无疑是一次正本清源。所以，一个是庄子的放下，一个是萨特的承担，看似矛盾，却缺一不可。也正因为如此，两种看似矛盾的自由观，都是关怀人的人本主义，在人生的不同情境下都可以灵活应用。

【作品来源】

《现代交际》2018 年第 17 期。

《庄子》名言释诵

  《庄子》一书分内、外、杂篇，原有五十二篇，乃由战国中晚期逐步流传、糅杂、附益，至西汉大致成形，然而当时流传版本，今已失传。目前所传三十三篇，已经郭象整理，篇目章节与汉代亦有不同。内篇大体可代表战国时期庄子思想核心，而外篇、杂篇发展则纵横百余年，掺杂黄老、庄子后学形成复杂的体系。

  1. 大知闲闲，小知间间；大言炎炎，小言詹詹。——《庄子·齐物论》
  【释义】最有智慧的人，总会表现出豁达闲适之态；小有才气的人，总爱为微小的是非而斤斤计较。合乎大道的言论，其势如燎原烈火，既美好又盛大，让人听了心悦诚服。那些耍小聪明的言论，琐琐碎碎，废话连篇。

  2. 吾生也有涯，而知也无涯。——《庄子·养生主》
  【释义】人的生命是有限的，而知识是无限的。我们应该将有限的生命投入到无限的学习之中。

  3. 且夫水之积也不厚，则其负大舟也无力。——《庄子·逍遥游》
  【释义】如果水积的不深不厚，那么它就没有力量负载大船。从大舟与水的关系看，我们至少可以得到这样的启示：求大学问，干大事业，必须打下坚实、深厚的基础。

  4. 相与于无相与，相为于无相为。——《庄子·大宗师》
  【释义】相互结交在不结交之中，相互有为于无为之中。交友要达到相交出于无心，相助出于无为。这才是"莫逆之交"。

5. 庖人虽不治庖，尸祝不越樽俎而代之矣。——《庄子·逍遥游》

【释义】厨师即使不做祭品，主持祭祀的司仪是不会越过摆设祭品的几案，代替厨师去做的。此谓尽管庖人不尽职，尸祝也不必超越自己祭神的职权范围代他行事。表现了庄子无为而治的思想，成语"越俎代庖"出此。

6. 以无厚入有间，恢恢乎其于游刃必有余地矣。——《庄子·养生主》

【释义】以无厚入有隙，所以运作起来还是宽绰而有余地的。说明做事要"依乎天理"，"以无厚入有间"，这是庄子养生论的核心。同时说明了要认识自然规律，按自然规律办事。成语"目无全牛""游刃有余"都出自这里。

7. 以火救火，以水救水，名之曰益多。——《庄子·人间世》

【释义】用火来救火，用水来救水，这样做不但不能匡正，反而会增加（卫君的）过错。这是假借孔子教导颜回的话，来阐明一种处世之道。成语"以火救火""以水救水"出此。

8. 物无非彼，物无非是；自彼则不见，自知则知之。故曰：彼出于是，是亦因彼。——《庄子·齐物论》

【释义】世上一切事物，无不存在对立的另一面，无不存在对立的这一面。从另一面看不明白的，从这一面就可以看得明白些。所以说，彼出于此，此也离不开彼。即事物对立的两面，谁也离不开谁。揭示了事物发展的对立统一规律，是对形而上学和绝对论的否定。比德国物理学家爱因斯坦创立相对论早2400多年。

9. 汝不知夫螳螂乎？怒其臂以当车辙，不知其不胜任也，是其才之美者也。——《庄子·人间世》

【释义】你不知道那个螳螂吗？舞起它那两把大刀式的胳臂，妄图挡住滚滚前进的车轮。它不了解自己的力量是根本无法胜任的，却自以为是地认为自己的本领很强大。成语"螳臂当车"的典故由此而来，用以比喻不自量力。

10. 泉涸，鱼相与处于陆，相呴以湿，相濡以沫，不如相忘乎江湖。

——《庄子·大宗师》

【释义】天久旱无雨，河水干涸了。许多鱼被困在河中滩地上，它们亲密地互相依靠着，嘴巴一张一合地吐着唾沫，来润湿它们的身体（借以延缓生命，等待大雨降临），倒不如在江湖里彼此相忘。这里暗喻世人应忘掉生死，而游于大道之乡。成语"相濡以沫"（也作"以沫相濡"）源出于此。

11. 不以物挫志。——《庄子·天地》

【释义】因外物而扰乱自己的心志，这样德性就没有了。不可玩物丧志。

12. 夫鹄不日浴而白，乌不日黔而黑。——《庄子·天运》

【释义】天鹅并不天天沐浴，而羽毛却是洁白的；乌鸦并不天天暴晒，而羽毛却是乌黑的。万物出自本性，不能强行改变。

13. 夫哀莫大于心死，而人死亦次之。——《庄子·田子方》

【释义】最大的悲哀莫过于心如死灰，精神毁灭，而人的身体的死亡还是次要的。人是要有点精神的。

14. 天地有大美而不言，四时有明法而不议，万物有成理而不说。

——《庄子·知北游》

【释义】天地有伟大的造化和功德而不言语，春夏秋冬四季有分明的规律而不议论，万物有自然形成的道理而不解说。办任何事都得遵循事物的发展规律。

15. 筌者所以在鱼，得鱼而忘筌；蹄者所以在兔，得兔而忘蹄；言者所以在意，得意而忘言。——《庄子·外物》

【释义】竹笼是用来捕鱼的，有人捕到了鱼却忘了竹笼；兔网是用来捕兔的，有人捕到兔子却忘了兔网；语言是用来表达思想的，有人领会了思想却忘了语言。以鱼、兔喻意，以筌、蹄喻言。强调得鱼、得兔是目的，筌、蹄只是达到目的的手段，形象地说明了"得意忘言"的合理性。"得鱼忘筌"这一成语便由此而来。

16. 知足者不以利自累也，审自得者失之而不惧，行修于内者无位而不怍。——《庄子·让王》

【释义】知足的人，不为利禄而去奔波劳累；明白自得其乐的人，有所失也不感到忧惧；讲究内心道德修养的人，没有官位也不感到惭愧。知足自得，不逐名位才会超脱。

17. 大寒既至，霜雪既降，吾是以知松柏之茂也。——《庄子·让王》

【释义】大寒季节到了，霜雪降临了，这时候更能显出松树和柏树的茂盛。"松柏之茂"喻君子品德高尚。

18. 一尺之棰，日取其半，万世不竭。——《庄子·天下》

【释义】一尺长的鞭杖，每天截取一半，永远也截不完。物质可无限分割。

19. 有机械者必有机事，有机事者必有机心。机心存于胸中，则纯白不备；纯白不备，则神生不定；神生不定者，道之所不载也。

——《庄子·天地》

【释义】有了机械，就会产生机巧之事；有了机巧之事，就会产生机巧之心。机巧之心放在胸中，就会破坏纯白的品质；不具备纯白的品质，就会心神不定；心神不定的人，就会被道所抛弃。功利机巧的确是坏事害人的东西。

20. 指（脂）穷于为薪，火传也，不知其尽也。——《庄子·养生主》

【释义】脂膏烧完了，火种却流传下去，无穷无尽。此句以薪喻形，以火比喻精神。薪尽火传，是说形体虽死而精神永存。后以"薪尽火传"喻学业师徒相传。

21. 凫胫虽短，续之则忧；鹤胫虽长，断之则悲。——《庄子·骈拇》

【释义】野鸭的腿虽短，如果给它接上一段，它就会痛苦；仙鹤的腿虽然长，如果给它截去一段，它就会悲伤。说明强以为之，必然造成不幸和痛苦。成语"鹤长凫短""断鹤续凫"都出自这里。

22. 君子之交淡若水，小人之交甘若醴。——《庄子·山木》

【释义】君子之间的交情，淡薄如水，而小人之间的交情，看上去甘甜如酒。真朋友不言利。

23. 人生天地之间，若白驹过隙，忽然而已。——《庄子·知北游》

【释义】人生在天地之间，就像透过缝隙看到白马飞驰而过，不过一瞬间罢了。成语"白驹过隙"出此。人生短促，切勿浪费。

24. 小知不及大知，小年不及大年。朝菌不知晦朔，蟪蛄不知春秋。

——《庄子·逍遥游》

【释义】知识少的不了解知识多的，年寿短的不了解年寿长的。早晨生出晚上就死的菌和夏天出生秋天就死的昆虫，因为年寿短而难以经历和知晓更多的事物。

25. 井蛙不可以语于海者，拘于虚也；夏虫不可以语于冰者，笃于时也。——《庄子·秋水》

【释义】对井里的蛙不可与它谈论关于海的事情，是由于它的眼界受着狭小居处的局限；对夏天生死的虫子不可与它谈论关于冰雪的事情，是由于它的眼界受着时令的制约。

26. 至乐无乐，至誉无誉。——《庄子·至乐》

【释义】最大的快乐就是摆脱了世俗所谓的快乐，最高的荣誉就是摆脱了世俗所谓的荣誉。我们若能把世俗的财色、名利都放下，才能体会到生活中真正的快乐。

27. 道隐于小成，言隐于荣华。——《庄子·齐物论》

【释义】主观偏见会妨碍对真理的追求，花言巧语容易掩盖真言。

28. 朴素而天下莫能与之争美。——《庄子·天道》

【释义】如果一个人能保持淳朴本性的话，那他就是这世界上最完美的人。

29. 语之所贵者意也，意有所随。意之所随者，不可以言传也。

——《庄子·天道》

【释义】世人所贵重的道，载见于书籍，书籍记录的不过是语言，语言自有它可贵之处。但语言所可贵的是在于它表现出的意义，意义自有它指向之处。意义的指向之处是不可以用言语传达的。

30. 故不为轩冕肆志，不为穷约趋俗，其乐彼与此同，故无忧而已矣！

——《庄子·缮性》

【释义】所以不可以为了富贵荣华而恣意放纵，也不应因为穷困贫乏而趋炎附势流于低俗，有道德的人无论显赫与穷困都是一样的，所以他们总是无忧无虑啊！

材料来源：古诗文网。

敬　　启

　　《中外文化文学经典系列》是由常汝吉、李小燕主编，众多一线教师参与选编的一套大型的中学生阅读指导丛书，旨在提高中学生文学素养，使他们能从多角度了解这些文学经典著作，引导他们建立发散性的阅读思维，让他们了解中外文化文学经典著作的深刻精髓，终身受益。

　　本丛书在选编过程中，得到许多著作权人的理解和支持，欣然允诺我们选编，在此表示衷心的感谢。由于本丛书选编工作量浩大，涉及著译者甚广，我们实难一一查实。恳请本书中我们未能及时取得联系的著译者理解我们的求全之心，以免本书有遗珠之憾。为保护著作权人的合法权益，我们将稿酬专账暂留我社，敬请相关作者与我们接洽并给予谅解。

　　联系人：王老师
　　电　话：010-64251036

现代教育出版社
2019 年 6 月